EMYNAU FFYDD 3

100 O FYFYRDODAU
AR RAI O EMYNAU ENWOCAF CYMRU

IWAN LLEWELYN JONES

CYHOEDDIADAU'R
GAIR

Cyflwynaf y gyfrol i eglwysi
Rhyd-y-main; Brithdir; Tabor; Y Ffrwd,
Llanfachreth; Libanus, Ganllwyd, a Salem, Corris
am faddau i mi sawl camgymeriad
ar ddechrau 'ngweinidogaeth,

ac i eglwysi Salem, Porthmadog; Soar, Pen-y-groes;
Siloam, Morfa Bychan; Bethel, Borth-y-Gest,
a Jerusalem, Cricieth am fy nioddef i cyhyd!

Ⓑ Cyhoeddiadau'r Gair 2010

Testun gwreiddiol: Iwan Llewelyn Jones

Dymuna'r cyhoeddwyr gydnabod cymorth
Adrannau Cyngor Llyfrau Cymru
a chydnabod Pwyllgor *Caneuon Ffydd* fel prif ffynhonnell yr emynau
a geir yn y casgliad hwn.

Golygydd Cyffredinol: Aled Davies

ISBN 978 1 85994 656 9
Argraffwyd ym Mhrydain.

Cyhoeddwyd gan
Cyhoeddiadau'r Gair, Cyngor Ysgolion Sul Cymru,
Ael y Bryn, Chwilog, Pwllheli, Gwynedd LL53 6SH
www.ysgolsul.com

CYNNWYS

MYFYRDODAU AR EMYNAU ERAILL

RHAGAIR

Mae'n debyg i mi fabwysiadu hoffter o'r 'emyn' fel cyfrwng i addoli Duw gan fy nhad. Drwy gydol ei weinidogaeth faith a golau, agorodd fy llygaid i sawl emyn na ŵyr neb amdanynt bellach! Digon yw dweud, fe'm cyfoethogwyd. A dim ond diolch yw fy lle.

Eisoes rhoddodd Huw Powell Davies ac A. Wayne Hughes ddechrau cwbl nodedig i'r gyfres hon, a'm braint innau yw eu dilyn.

Ceir y rhan fwyaf o'r emynau hyn yn y gyfrol *Caneuon Ffydd*, ond cefais, na, nid tragwyddol heol, ond heol ddigon llydan er hynny, i grwydro ambell dro i'r *Caniedydd, Llyfr Emynau y Methodistiaid Calfinaidd a Wesleaidd* a'r *Atodiad, Llawlyfr Moliant Newydd* a *Mawl yr Ifanc*. Er godidoced *Caneuon Ffydd*, o raid, collwyd ambell i berl, a da gennyf geisio atgyfodi rhai o'r perlau hynny o'r llwch.

Fel Huw a Wayne o'm blaen, ceisiais innau roi mynegai ysgrythurol i'r myfyrdodau gan ddefnyddio Argraffiad Diwygiedig y Beibl Cymraeg Newydd (2004), a gorffen pob myfyrdod â gweddi fer.

Cefais bob cefnogaeth gan f'eglwysi, a chystal i mi eu henwi - Salem, Porthmadog; Soar, Pen-y-groes; Siloam, Morfa Bychan; Bethel, Borth-y-Gest (yr adrannau Cymraeg a Saesneg o'r eglwys) a Jerusalem, Cricieth. Bu sawl ymholiad caredig 'lle mae'r llyfr arni?' Eisoes treuliais ddwy flynedd ar bymtheg ymhlith fy mhobl yn y lle hwn, a mawr yw fy mraint a'm diolch cynnes iddynt am eu cyfeillgarwch. Diolch i'm cyfaill Iolo Tudur Owen o Ben-y-groes am fwrw golwg manwl dros y proflenni, ac i'm cyfaill o ddyddiau coleg ym Mangor, Aled Davies, a Chyhoeddiadau'r Gair am eu cydweithrediad a'u hamynedd.

Ni fyddwn yn y weinidogaeth heb gymorth yr aelwyd a'm magodd. Derbynied yr aelwyd honno, yn weinidogaeth fy nhad a gofal fy mam, y diolchgarwch cynhesaf. Ond wrth lunio'r gyfrol hon, cafodd Elen a Mari ddos cyson o Elfed a'r emynwyr eraill i frecwast a swper (ni fyddwn fyth yn ciniawa â'n gilydd ond ar y Sadwrn a'r Sul! A chystal cyfaddef mai yng nghrombil y cyfrifiadur yr arhosodd yr awduron a'u hemynau bryd hynny!), ac oherwydd hynny, iddynt hwy y mae'r diolch mwyaf am eu cefnogaeth a'u cariad.

Iwan Llewelyn Jones

CYFLWYNIAD

O gofio pwysigrwydd yr emyn yn hanes y traddodiad Cristnogol Cymreig, nid yw'n syndod o gwbl fod diddordeb o hyd yn hanes emynau, ac yn eu cynnwys fel mynegiant o athrawiaethau'r ffydd ac o argyhoeddiadau dyfnaf pobl. Hyd yn oed ymhlith y rhai nad ydynt byth yn mynychu man o addoliad, gwelir bod diddordeb o leiaf yn sŵn yr emynau. Awgryma hyn fod i'r traddodiad emynyddol wydnwch rhyfedd ac annisgwyl, ac ni allwn ond gobeithio y bydd yn parhau i'r dyfodol, nid yn unig fel cyfrwng i gadarnhau ac adeiladu'r saint, ond hefyd fel dolen gyswllt rhwng eglwys a byd, neu rhwng cynulleidfa a chymuned.

Dyma'r drydedd gyfrol o'i bath i Gyhoeddiadau'r Gair ei chyhoeddi, a chymwynas werthfawr yw fod hyn yn digwydd. Mae angen llif cyson o lenyddiaeth ddefosiynol ar Gristnogion, a gwae'r traddodiad os bydd yn anghofio'i wreiddiau, yn anwybyddu'r rhai a roddodd fodolaeth iddo, neu'n diystyru'r rhai a roddodd fynegiant i'w werthoedd dyfnaf a phwysicaf.

Y mae awdur y gyfrol hon yn dra chymwys i'w pharatoi. Yn gerddor medrus, gwasanaethodd Iwan Llewelyn Jones fel gweinidog i Iesu Grist am dros ugain mlynedd. Yn ardal y Brithdir, fel yn ardaloedd Pen-y-groes a Phorthmadog, bwriodd i'r gwaith o fugeilio'i bobl gyda'r gofal mwyaf, gan ymgynefino'n gyflym â'u profiadau, eu hanghenion, eu gobeithion a'u dyheadau. Rhan o'r weinidogaeth oedd medru ymateb i'w hamrywiol sefyllfaoedd gyda'r Efengyl a phob agwedd o'r diwylliant sydd wedi deillio ohoni. Buan y gwelod werth yr emynau, i hyfforddi a dysgu, i gysuro a diddanu, i wefreiddio ac ysbrydoli, ac i roi'r gallu, hyd yn oed i'r gwannaf, i fedru addoli gydag eglurder a graen. Oherwydd hynny, nid oedd yn ddim syndod i mi iddo gael ei wahodd i baratoi'r gyfrol hon.

Peth arall sydd yn nodweddu'r awdur yw ei ddawn i ddweud stori. Un peth yw meddu gwybodaeth neu brofiad, peth arall yw meddu'r gallu i'w gyfleu mewn dull gafaelgar a diddorol. Yn y mynych ohebu electronig sy'n digwydd rhwng pobl heddiw, buan y sylweddolais fod y ddawn hon gan Iwan, ac mae darllen ei negeseuon, sydd bron yn ddieithriad yn cynnwys hanes o ryw fath, wedi bod yn bleser pur bob amser. Y mae ei ddefnydd o ymadrodd ac iaith yn gyfoethog, a'r pleser y mae'n ei gael o fod ynglŷn â phob agwedd ar y gwaith Cristnogol yn amlwg. Diau y daw hynny'n amlwg yn y tudalennau sy'n dilyn.

Pleser, felly, yw cael cyfrannu pwt o gyflwyniad fel hwn i'r gyfrol, gan ddiolch i Iwan ac i Gyhoeddiadau'r Gair amdani. Yr un yw fy ngobaith i a gobaith yr awdur ei hunan, sef y bydd y sawl fydd yn ei ddarllen yn cael budd o wneud hynny, ac y bydd y cynnwys nid yn unig yn cael ei ystyried yn adeiladol, ond hefyd yn ennyn diolchgarwch a mawl.

Geraint Tudur
Bangor

Agorwn ddrysau mawl

Caneuon Ffydd: Rhif 3

Agorwn ddrysau mawl
i bresenoldeb Duw;
pan fydd ein calon ni'n y gân
ei galon ef a'n clyw.

Creawdwr nerthoedd byd,
efe, Gynhaliwr bod,
yw'r un a rydd i ninnau nerth
i ganu cân ei glod.

Haelioni llawn y Tad,
pob enaid tlawd a'i gŵyr;
ei dyner air a'i dirion ras
a ddena'n serch yn llwyr.

Mae cenedlaethau'r nef,
pob cenedl a phob gwlad,
a'r cread oll yn chwyddo'r gerdd
o fawl i'r Duw sy'n Dad.

JOHN GWILYM JONES

MYFYRDOD

Fel y nodir yn *Cydymaith Caneuon Ffydd*, mae'n amlwg o'i henw i'r cerddor William Mathias gyfansoddi'r dôn 'Drysau Mawl' yn benodol ar gyfer yr emyn hwn gan John Gwilym Jones. Mae'n emyn rhagorol i agor oedfa.

Ym mhennill cyntaf yr emyn tanlinella'r awdur bwysigrwydd agor drysau ein calonnau mewn mawl i synhwyro presenoldeb Duw. Os nad agorwn ein calonnau, ni fydd ef yn gweithio ynom, ac mae oedfa yn gyfle cwbl unigryw i Dduw weithio ynom a thrwom.

Yn ail bennill yr emyn cawn ein hatgoffa o fawredd anesboniadwy Duw. Y mae'n Greawdwr ac yn Gynhaliwr. Arno ef y dibynnwn, yr un a roes anadl ynom i fedru canu ei glodydd. Yn y pennill hwn nid oes ffoi rhag cadernid Duw.

Ond mae'r trydydd pennill yn ein hatgoffa bod y Duw Mawr y soniwyd amdano yn yr ail bennill yn Dduw agos-atom hefyd, a defnyddia John Gwilym yr epithed 'Tad' i'w ddisgrifio.

Fel Tad y mae'n denu'r gorau ohonom, ac wrth gwrs mae pob tad yn llawn o gariad. Rwy'n siŵr ei bod yn haws i ferched o blant droi braich eu tad mewn perswâd na braich eu mam. Dyna brofiad yr aelwyd hon, beth bynnag! 'Os na wnaiff Mam, dw i'n siŵr y gwnaiff Dad!' A dyma Dduw: mae tynerwch a haelioni tad yn gwbl nodweddiadol ohono. Yng ngeiriau'r Salmydd: 'Fel y mae tad yn tosturio wrth ei blant, felly y tosturia'r Arglwydd wrth y rhai sy'n ei ofni' (Salm 103:13). Dylai'r tosturi hwn ein denu felly i roi iddo'r gorau mewn mawl.

Byrdwn y pennill olaf yw fod 'cenedlaethau'r nef, pob cenedl a phob gwlad, a'r cread oll yn chwyddo'r gerdd o fawl i'r Duw sy'n Dad'. Mae ffigur y tad yn Nuw yn hynod bwysig, a'n braint ninnau, fel y'n dysgwyd gan Iesu, yw dweud 'Ein Tad ...'

Agorwn ein hunain, felly, i'r Duw sy'n Greawdwr ac yn Gynhaliwr, ond yn fwy na hynny, i'r Tad sydd â chonsýrn am ei blant.

GWEDDI

Ein Tad, yr hwn wyt yn y nefoedd, diolch i ti am ddangos dy hun i ni ag agosatrwydd tad yn ogystal â mawredd Crëwr a Chynhaliwr. Diolch i ti hefyd fod Iesu Grist wedi dysgu inni bwysigrwydd dy adnabod fel Tad. Amen.

Bydd gyda ni, O Dduw ein Tad

Caneuon Ffydd: Rhif 5

Bydd gyda ni, O Dduw ein Tad,
　　ar uchel ŵyl dy blant,
a derbyn di ein hufudd glod
　　ar dafod ac ar dant.

I'th enw sanctaidd, Arglwydd Iôr,
　　y canwn oll ynghyd;
tydi yn unig fedd yr hawl
　　i dderbyn mawl y byd.

Am bob rhyw ddawn diolchwn ni,
　　am leisiau pur a glân,
am emyn hoff a'i eiriau cain
　　a pheraidd sain y gân.

Esgynned ein haddoliad gwiw
　　mewn gorfoleddus lef
a chwydded seiniau o bob man
　　y gytgan "Iddo ef."

W. EMLYN JONES, 1903-88

MYFYRDOD

Mae'n bur debyg mai emyn ar gyfer agor cymanfa ganu yw'r emyn hwn o waith W. Emlyn Jones, Dyffryn Ardudwy, ac os cofiaf yn dda, cynnyrch buddugol Cymanfa Ganu Annibynwyr Dolgellau a'r Cylch yw'r emyn a'r dôn fywiog 'Treforian' o waith Gwilym Roberts, Rhyd-y-main.

　　　Daeth y termau Beiblaidd 'gŵyl' ac 'uchel ŵyl' yn eiriau cyffredin yn ein bywyd crefyddol ninnau yng Nghymru am 'gyfarfodydd mwy eu cynulleidfa na'r cyffredin', megis cymanfaoedd pregethu a chanu, undebau a sasiynau. Gorchymyn pendant Duw i Pharo oedd iddo ollwng yr Israeliaid yn rhydd. Pam? Dyma'r adnod: 'Gollwng fy mhobl yn rhydd er mwyn iddynt gadw gŵyl i mi yn yr anialwch' (Exodus 5:1). Ond y gwir amdani yw fod yr Hen Destament yn arbennig yn gyforiog o gyfeiriadau at wyliau'r genedl, ac mai eu holl bwrpas oedd diolch i Dduw am waredigaeth a rhyddhad a'i ganmol am ei holl ddaioni tuag at ei bobl. Diolch i Dduw a'i ganmol am ei waredigaeth yn Iesu Grist yw ein dyletswydd ninnau ym mhob addoliad, a dylid ystyried pob addoliad yn 'uchel ŵyl' er bod y cynulleidfaoedd bellach yn llai nag o'r blaen. Gwna Emlyn Jones ddefnydd hyfryd o'r term ym mhennill cyntaf yr emyn.

　　　Yn y trydydd pennill, gwna'r awdur yn siŵr ein bod yn diolch i Dduw am y doniau amrywiol a gawsom ganddo i ganu ei glodydd, a'n bod yn diolch am emynwyr a'u hemynau a cherddorion a'u cerddoriaeth. Tybed a ydym yn gwerthfawrogi gwychder traddodiad emynyddol Cymru a dyfnder ysbrydol a barddonol y rhan fwyaf o'n hemynau? Meddwn ar etifeddiaeth gwbl unigryw. Dylem ymfalchïo ynddi fel yr ymfalchïai'r Iddew yn Llyfr y Salmau, ei lyfr emynau ef. Mae i ninnau draddodiad rhagorol anghyffredin. Gesyd W. Rhys Nicholas hyn yn daclus mewn emyn:

> Mawrygwn di, O Dduw,
> am ein treftadaeth hen,
> am rin y bywyd gwâr
> ac am drysorau llên. (*Caneuon Ffydd*, 822)

Dywed yr ail bennill a'r pedwerydd mai i Dduw y perthyn pob mawl ac nad ein heiddo ni mohono. Mae Llyfr y Salmau, fel y'i gelwir gennym, yn arbennig yn y rhan olaf, yn orlawn o'r anogaeth hon i roi pob clod i Dduw. Crynhoir hyn yn odidog iawn yn Salm 98: 'Canwch i'r Arglwydd gân newydd, oherwydd gwnaeth ryfeddodau ... Cofiodd ei gariad a'i ffyddlondeb tuag at dŷ Israel; gwelodd holl gyrrau'r ddaear fuddugoliaeth ein Duw. Bloeddiwch mewn gorfoledd i'r Arglwydd, yr holl ddaear, canwch mewn llawenydd a rhowch fawl.' Pam? Mae'r ateb yn yr adnod olaf: 'oherwydd y mae'n dod i farnu'r ddaear; bydd yn barnu'r byd â chyfiawnder, a'r bobloedd ag uniondeb.'

Bydd Duw, pan ddaw drachefn ym Mherson Iesu Grist yn Frenin ac yn Farnwr, yn gofyn a roesom ni'r mawl dyledus iddo am ein caru ni cymaint fel y rhoes ei fywyd trosom.

Awn ninnau ymlaen yn ein moliant yn ysbryd y dorf a gerddodd i Jerwsalem yng nghwmni Iesu: 'Hosanna i Fab Dafydd! Bendigedig yw'r un sy'n dod yn enw'r Arglwydd. Hosanna yn y goruchaf!'

GWEDDI
Derbyn ein moliant, O Dad nefol, a hyderwn fod y moliant hwnnw'n gymeradwy ger dy fron. Ti sy'n ei deilyngu, ac mae diolch am y waredigaeth fawr a gawsom trwy Grist yn ollyngdod i ninnau. Amen.

Wel dyma hyfryd fan

Caneuon Ffydd: Rhif 36

Wel dyma hyfryd fan
  i droi at Dduw,
lle gall credadun gwan
  gael nerth i fyw:
fry at dy orsedd di
  'rŷm yn dyrchafu'n cri;
O edrych arnom ni,
  a'n gweddi clyw!

Ddiddanydd Eglwys Dduw,
  ti Ysbryd Glân,
sy'n llanw'r galon friw
  â mawl a chân,
O disgyn yma nawr
  yn nerth dy allu mawr;
o'r nefoedd tyrd i lawr
  mewn dwyfol dân.

Iachawdwr mawr y byd,
  bywha dy waith;
a galw'r saint ynghyd
  drwy'r ddaear faith;
mae'n calon yn llesgáu,
  O tyred i'n bywhau,
i'n harwain a'n cryfhau
  ar hyd y daith.

FRANCES J. VAN ALSTYNE, 1820-1915
efel. WATCYN WYN, 1844-1905

MYFYRDOD

Rhan annatod o fywyd myfyrwyr Diwinyddiaeth yng Ngholeg Bala-Bangor, fel mewn sawl coleg diwinyddol arall, mae'n debyg, oedd cynnal oedfaon yn y Coleg – y *sermon class* bondigrybwyll. Yn yr oedfaon hynny disgwylid i'r myfyrwyr bregethu, arwain yn y gweddïau, cyflwyno emynau a darllen rhannau o'r Ysgrythur. Yna, ar y diwedd, byddai'r gwrandawyr yn pwyso a mesur rhinweddau'r pregethwr cyn bod y ddau athro – yn ein hachos ni, fyfyrwyr yr wythdegau, y Dr R. Tudur Jones a'r Dr E. Stanley John – yn cloriannu'r cwbl, a hynny'n rasol iawn, chwarae teg! Rhoddid sylwadau ar hyd yr oedfa ac ar bob ystum o'n heiddo fel pregethwyr, gan gynnwys ein dull o ddweud y peth-a'r-peth. Cofiaf un o gynghorion gwerthfawr y Doctor Tudur: 'Pan godwch ar eich traed i siarad yn gyhoeddus, peidiwch byth â dechrau'ch sylwadau efo "Wel", fel yn yr enghraifft "Wel, croeso i chi oll". Dudwch, yn syml iawn, "Croeso i chi oll".' Ceisiais roi sylw dyladwy i'r cyngor hwn droeon, ond droeon y methais hefyd!

Tybed beth fyddai ymateb y Doctor Tudur i'r efelychiad hwn gan Watcyn Wyn o emyn Frances J. Van Alstyne? Gair cyntaf yr emyn yw 'Wel' – 'Wel dyma hyfryd fan i droi at Dduw'. (Sylwer ym mynegai *Caneuon Ffydd* ar nifer y penillion sy'n cychwyn â'r un gair.) I mi fe berthyn rhyw anwyldeb i'r gair, er gwaethaf ei statws fel gair llanw yn ein geirfa.

Os oes y fath beth ag emyn syml, dyma fo. Mae'n gwbl blwyfol yn y pennill cyntaf ond yn agor allan wedyn. At yr addoldy y cyfeiria'r emynydd yn y pennill agoriadol, ac mae yma adlais cryf o'r geiriau: 'Mor brydferth yw dy breswylfod, O Arglwydd y Lluoedd' (Salm 84:1). Y cyhuddiad cyfarwydd yn erbyn addolwyr yn y blynyddoedd a fu oedd eu bod yn gaeth i un addoldy, a thestun tristwch mawr yw amharodrwydd rhai addolwyr, pan gaeir drysau ambell gapel heddiw, i esgyn i'r un cysegr arall. Ond gadewch i ni fod yn gwbl deg am eiliad: mae rhywbeth arbennig iawn am le sy'n gyfarwydd ac yn ysgogi cynifer o atgofion am brofiadau mawr ein bywydau. Dyma'n union sydd gan Watcyn Wyn yma, sef 'anwyldeb ein haddoldai i'r rhai a fagwyd ynddynt'.

Ond yn glyfar iawn symudir yn yr ail bennill o'r adeilad lleol i'r Gymdeithas Grediniol, sef yr Eglwys, gan erfyn ar i'r Ysbryd Glân oleuo'r galon ddynol i weld mai rhan o gymdeithas o gredinwyr yw'r addolwr. Nid yr adeilad sy'n bwysig ond yr hyn sy'n digwydd ynddo i gynnal cymdeithas Gristnogol y Gair a'r Ysbryd. Yn yr adnod ganlynol, sy'n sôn am yr apostolion cynnar ar ôl i'r Ysbryd ddisgyn arnynt, ceir disgrifiad cwbl gymwys o'r hyn a olygaf: 'Yr oeddent yn dyfalbarhau yn nysgeidiaeth yr apostolion ac yn y gymdeithas, yn y torri bara ac yn y gweddïau' (Actau 2:42).

Ar ddiwedd yr emyn ceir eto'r tinc cenhadol sy'n nodweddu cynifer o emynau Watcyn Wyn ('Rwy'n gweld o bell y dydd yn dod', er enghraifft). Tuedd yr Eglwys ymhob oes yw edrych arni ei hun yn unig yn hytrach na gweld bod Duw yn Iesu Grist, o dan arweiniad yr Ysbryd, yn Un sy'n caru'r byd hefyd: 'Do, carodd Duw y byd gymaint nes iddo roi ei unig Fab, er mwyn i bob un sy'n credu ynddo ef beidio â mynd i ddistryw ond cael bywyd tragwyddol' (Ioan 3:16). A'r alwad, yn sgil hynny, yw ar i ni ddal ar bob cyfle i gydweithredu â Christnogion o wahanol draddodiadau yn lleol ac yn fyd-eang.

Dyma emyn sydd â'i gynfas yn ehangu, a diolch amdano.

GWEDDI

Dduw'r Crëwr a'r Cynhaliwr, O Ysbryd Glân, y Diddanydd Anfonedig, O Iachawdwr Bywiol, bywha'n tystiolaeth ninnau ac agor ein llygaid o'n plwyfoldeb i ehangder mawr dy fyd drwy Iesu Grist. Amen.

Arglwydd, mae yn nosi

Caneuon Ffydd: Rhif 43

Arglwydd, mae yn nosi,
    gwrando ar ein cri;
O bererin nefol,
    aros gyda ni.

Llosgi mae'n calonnau
    gan dy eiriau di;
mwy wyt ti na'th eiriau,
    aros gyda ni.

Hawdd, wrth dorri'r bara,
    yw d'adnabod di;
ti dy hun yw'r manna,
    aros gyda ni.

Pan fo'n diwrnod gweithio
    wedi dod i ben,
dwg ni i orffwyso
    atat ti, Amen.

ELFED, 1860-1953

MYFYRDOD

Er ei fod, am resymau amlwg, yn draddodiad i gynulleidfaoedd ganu pennill cyntaf yr emyn hwn fel math o hwyrol weddi, emyn wedi'i seilio ar ran gyfarwydd o'r Ysgrythur ydyw yn y bôn.

Mae i'r emyn gwreiddiol chwe phennill, ond teimlaf i drefnwyr *Caneuon Ffydd* a'r *Caniedydd* wneud cymwynas â ni drwy hepgor dau o'r penillion. Mae'r penillion a hepgorwyd, yn fy marn i, yn amharu ar rediad gweddill yr emyn, ac felly'n amharu ar rediad y rhan o'r Ysgrythur a welir mor amlwg ynddo. Dyma'r ddau:

Gwywo mae pleserau,
    a breuddwydion bri;
ti yw'r pleser gorau –
    aros gyda ni.

Mae ein hoff gyfeillion
    wedi croesi'r lli;
ti yw'r Cyfaill ffyddlon –
    aros gyda ni.

Mae'r penillion a geir yn *Caneuon Ffydd* yn seiliedig ar ran olaf stori'r ddau ddisgybl yn cerdded i Emaus. Dehongliad Efengyl

Luc yw'r mwyaf cyfarwydd, a gwelir yr hanes ym mhennod 24, adnodau 13–35.

Dywedir ar ddechrau'r stori fod y ddau ddisgybl, Cleopas ac un arall dienw, yn drist i'r eithaf oherwydd croeshoeliad Iesu Grist. Pan oeddent ar eu taith o Jerwsalem i gyfeiriad pentref Emaus, a hithau'n nosi, a hwythau'n trafod digwyddiadau'r croeshoeliad a'r sibrydion fod Iesu wedi atgyfodi, dyma ddyn yn ymuno â hwy. Iesu Grist – y Crist Atgyfodedig – oedd y 'dieithryn', ond methodd y ddau ddisgybl â'i adnabod. Yn nirgelwch y daith hon, rwy'n siŵr i Iesu gael modd i fyw wrth wrando ar y ddau yn ei drafod ef a'r sibrydion amdano. Gadawodd Iesu iddynt barhau â'u 'stori ddifyr'. Cofiaf gyfaill yn dweud wrthyf am ddyn yn dweud pethau go ddirmygus wrtho am ei dad heb sylweddoli mai'r mab oedd yn y siarad ag ef ar y pryd. Pan ddarganfu ei lanast maes o law, buan iawn y newidiodd ei gân. Roedd y sefyllfa honno'n ddigon annifyr, ond roedd hon yn waeth – o leiaf, pethau caredig a ddywedodd y rhain am Iesu!

Pan ddaethant yn agos i Emaus, 'cymerodd ef arno ei fod yn mynd ymhellach. Ond meddent wrtho, gan bwyso arno, "Aros gyda ni, oherwydd y mae hi'n nosi, a'r dydd yn dirwyn i ben"' (adnod 29). Aeth i mewn i'w lety hwy, a phan eisteddodd wrth y bwrdd a chyflawni'r weithred seml o dorri'r bara, adnabuont ef. Gwelsant mai'r un Iesu oedd hwn yn Emaus ag a dorrodd fara yn y Swper Olaf cyn ei ddioddefaint.

Nid oes ryfedd, felly, fod calonnau'r disgyblion ar dân – roeddent wedi gweld eu Harglwydd, yn union fel y gwelodd Thomas ef yn y diwedd pan floeddiodd: 'Fy Arglwydd a'm Duw' (Ioan 20:28).

Yng nghanol nos dywyll pechod, braf yw gwybod bod Iesu yn ein hymyl i oleuo'r tywyllwch hwnnw yn ein hanes.

GWEDDI

Boed i'n calonnau ninnau fod yn llosgi'n 'fflam angerddol gadarn, gref' wrth i ni weld o'r newydd y Crist Atgyfodedig, trwy nerth ei Ysbryd Glân, yn ein glanhau, ein sancteiddio a'n bywiocáu. Amen.

Af i mewn i byrth fy Nuw

Caneuon Ffydd: Rhif 52

Af i mewn i byrth fy Nuw â diolch yn fy nghalon i,
af i mewn i'w gynteddau â mawl,
a chyhoeddaf: "Hwn yw'r dydd a wnaeth ein Duw,
dewch, gorfoleddwn yn ei enw ef!"

Dewch gyda ni,
"Iesu" yw ein cri,
dewch, gorfoleddwn yn ei enw ef!
Dewch gyda ni,
"Iesu" yw ein cri,
dewch, gorfoleddwn yn ei enw ef!
LEONA VON BRETHORST
cyf. ARFON JONES

MYFYRDOD

Gwnaeth Arfon Jones gymwynas â ni pan gyfieithodd bennill a chytgan Leona Von Brethorst, ac mae'n gyfieithiad syml, cofiadwy a bywiog.

Cwestiwn a ofynnwyd droeon yw ym mha ysbryd yr awn i addoli? Dau o hanfodion pob addoliad, medd yr awdur, yw diolch a mawl. Onid oes tinc o'r Ganfed Salm yma: 'Dewch i mewn i'w byrth â diolch, ac i'w gynteddau â mawl'? Dydd yr Arglwydd yw'r diwrnod delfrydol i ddiolch a moli. Dyma'r dydd a neilltuwyd gan Dduw i'w addoli ef, a'n dyletswydd resymol ninnau fel unigolion yw ufuddhau. Pe baem wedi canolbwyntio gynt yn ein haddoli ar *ddiolch* a *mawl* i Dduw yn hytrach na rhoi pwyslais ar ddefodaeth a thraddodiad, mae'n bosibl y gwelem lawer mwy yn addoli heddiw; ond stori arall yw honno, wrth gwrs. Y cwbl a ddywedaf ar y mater yw fod bywyd yn ei gyfanrwydd wedi newid yn syfrdanol ac y dylem ddiolch i Dduw am y troeon hynny y bydd pobl yn addoli.

Mae llonder amlwg yn y cytgan: 'Dewch gyda ni, "Iesu" yw ein cri ...' Ac os caf awgrymu, clywaf dinc o ysgafnder yn y gair 'dewch', fel pe bai'r emynydd yn dweud: 'Dowch efo ni, basai'n braf eich gweld chi yno pan fedrwch.' Annog y mae, nid gorfodi. Nid mewn cyfnod o orfodaeth yr ydym yn byw, ac am fod gennym gryn ryddid i wneud fel y mynnwn, mae'r modd y defnyddiwn y gair 'dewch' yng nghyd-destun yr Efengyl yn gofyn sensitifrwydd llwyr.

Mae Arfon yn gorffen y cytgan yn hollol sicr ei feddwl mai addoli Iesu byw a wnawn ac mai Iesu yw canolbwynt yr oedfa. Pan ddown yn ôl at lawenydd a rhyddid y bywyd Cristnogol, efallai y daw gwell siâp ar bethau. Nid i gadw traddodiad nac arferiad y'n galwyd ond i ryddid y bywyd Cristnogol yn union fel y mynegodd Elfed:

I ryddid pur y'n galwyd,
O cadw ni'n dy waith.

GWEDDI
Diolchwn i ti, Arglwydd, am gael dod atat trwy Iesu Grist, a hynny mewn llawenydd a gostyngeiddrwydd. Maddau i ni am roi gwedd mor dywyll i oedfa ac am i'r cwbl droi'n fwrn ar bobl. Amen.

Abba, fe'th addolwn

Caneuon Ffydd: Rhif 53

Abba, fe'th addolwn,
ac o'th flaen ymgrymwn,
ti a garwn.

Iesu, fe'th addolwn,
ac o'th flaen ymgrymwn,
ti a garwn.

Ysbryd, fe'th addolwn,
ac o'th flaen ymgrymwn,
 ti a garwn.

TERRYE COELHO
cyf. IDDO EF

MYFYRDOD

O'r Unol Daleithiau y daeth yr emyn a'r dôn yma o waith Terrye Coelho, a gwnaeth y Parchedig Enid Morgan gymwynas â ni drwy lunio cyfieithiad Cymraeg syml ac effeithiol. Y bwriad gwreiddiol oedd y dylid canu'r emyn yn null y dôn gron, ond gellir ei ganu fel arall hefyd.

Pan ddown ynghyd i addoli, yr elfen bwysicaf yn yr addoliad yw'r ymwybyddiaeth ein bod yn cyfarch y Tad, y Mab a'r Ysbryd Glân. Un o gymwynasau mawr W. H. Evans, neu Gwyllt y Mynydd a rhoi iddo'i enw barddol, oedd llunio emyn sy'n tanlinellu pwysigrwydd y Drindod yn ein haddoliad. Mae'n emyn hynod gyfarwydd ar ddechrau oedfa, ac yn un na ellir rhagori arno:

Addolwn Dduw, ein Harglwydd mawr,
mewn parch a chariad yma nawr;
y Tri yn Un a'r Un yn Dri
yw'r Arglwydd a addolwn ni.

A dyna'n union a wna Terrye Coelho, yn symlach o lawer, yn ei hemyn gwreiddiol. Ond yn y cyfieithiad defnyddia Enid Morgan yr enw 'Abba' i gyfarch Duw. Roedd grŵp pop poblogaidd iawn yn y saithdegau o'r un enw; a dweud y gwir, fe wirionais ar eu canu a'u perfformio! Ond yr ystyr yma yw 'Tad'. Ac wrth ddefnyddio'r gair 'Tad', fel y gwna Paul, ceir perthynas ryfeddol o glòs: 'Yr ydym trwyddo (yr

Ysbryd) yn llefain, "Abba! Dad!"' (Rhufeiniaid 8:15). Nid Duw pell, er ei fod yn Grëwr byd, yw ein Harglwydd ni, ond Un rhyfeddol o agos sydd wedi ei ddatguddio'i hun ym Mherson Iesu Grist, a chan fod Iesu'n rhan o'r Drindod, addolwn yntau hefyd drwy ei Ysbryd. Nid digon cyfarch Duw yn Dad heb wneud hynny yn enw Iesu Grist a than arweiniad ei Ysbryd.

Addoliad Trindodaidd ddylai addoliad yr eglwys Gristnogol fod yn gyson, oherwydd dyma'r sianelau, y Mab a'r Ysbryd, sy'n ein tywys at y Tad, a rhan fawr o weinidogaeth Iesu Grist, os nad y brif ran, oedd ymostwng a chydio ynom. Fel y dywed yr Apostol Paul yn ei lythyr cyfoethog at y Philipiaid: 'O'i gael ar ddull dyn, fe'i darostyngodd ei hun, gan fod yn ufudd hyd angau, ie, angau ar groes.' Â ymlaen i egluro gwir bwrpas ein haddoliad: 'Am hynny, tra-dyrchafodd Duw ef, a rhoi iddo'r enw sydd goruwch pob enw, fel wrth enw Iesu y plygai pob glin yn y nef ac ar y ddaear a than y ddaear, ac y cyffesai pob tafod fod Iesu Grist yn Arglwydd, er gogoniant Duw Dad' (Philipiaid 2:8–11). A'r Ysbryd ei hun sy'n datguddio hynny, fel y dywed Dafydd William yn ei bennill:

> Dy Ysbryd sy'n datguddio
> yr heirdd drysorau drud
> na chenfydd llygad natur –
> cuddiedig iawn i'r byd;
> dy Ysbryd sydd yn ennyn
> cynhesol, nefol dân;
> dy Ysbryd pur yn unig
> sydd yn melysu 'nghân.

GWEDDI

Nid ydym yn haeddu dod atat, O Dduw, yn ein henw na'n haeddiant ein hunain, ond fe gawn ddod yn enw Iesu Grist ac o dan arweiniad a dylanwad dy Ysbryd, ac yn sicr dyna'n braint. Diolch i ti am gyfle ym mhob oedfa i glodfori'r Drindod Fendigaid ac i wneud hynny'n syml yn yr emyn hwn. Amen.

Molwch ar yr utgorn

Caneuon Ffydd: Rhif 57

Molwch ar yr utgorn
a thympan a dawns,
molwch ar y nabl ac ar delyn,
molwch, molwch enw yr Iôr:
molwch ar y symbal llafar,
molwch ar y symbal llafar,
pob perchen anadl, molwch yr Iôr.

Halelwia! molwch yr Iôr,
Halelwia! molwch yr Iôr,
pob perchen anadl, molwch yr Iôr.
Halelwia! molwch yr Iôr
Halelwia! molwch yr Iôr,
pob perchen anadl, molwch yr Iôr.

Molwch ei gadernid,
molwch ei nerth,
molwch ei sancteiddrwydd a'i holl fawredd,
molwch, molwch enw yr Iôr:
molwch ar y symbal llafar,
molwch ar y symbal llafar,
pob perchen anadl, molwch yr Iôr.

JOHN KENNETT
cyf. SUSAN WILLIAMS

MYFYRDOD

Sail yr emyn hwn a gyfieithwyd gan Susan Williams yw Salm 150, adnodau 3–5, lle y ceir y Salmydd yn annog addolwyr i ddefnyddio offerynnau o bob math i foli Duw. Dyma'r offerynnau a restrir: (1) Utgorn – offeryn a ddefnyddid yn gyson gan yr Iddewon yn arbennig i alw pobl ynghyd; (2) Nabl – offeryn tebyg i delyn fawr â thannau aneirif; (3) Telyn – offeryn â llai o dannau na'r nabl, ond a ddaeth yn hynod boblogaidd yng nghyfnod Dafydd; (4) Tympan – offeryn hynod debyg i dambwrîn ein dyddiau ni; (5) Symbal llafar – offeryn wedi'i greu o ddarnau o bres neu fetel, hynny yw, offeryn a greai ddigon o sŵn heb unrhyw fath o donyddiaeth. Cyfeiria'r Salm hefyd at linynnau a phibau (organau'r cyfnod). Holl bwrpas hyn yw nodi pwysigrwydd defnyddio pob offeryn posibl i foli Duw, gan gynnwys y llais (mewn tiwn neu allan o diwn!). Erbyn ein cyfnod ni, gellir rhestru amryw o offerynnau eraill hefyd, ac fe ddylem eu defnyddio yn fynegiant o'n moliant i Dduw.

Ond pam defnyddio'r offerynnau hyn i gyd? I wneud sŵn? Ie, ond beth yw diben y sŵn? Dyma'r atebion: (1) Moli Duw am ei gadernid a'i nerth. 'Y mae'r nefoedd yn adrodd gogoniant Duw, a'r ffurfafen yn mynegi gwaith ei ddwylo' (Salm 19:1); (2) Moli Duw am ei sancteiddrwydd. 'Yr wyt ti, y Sanctaidd, wedi dy orseddu yn foliant i Israel' (Salm 22:3).

Am fod Duw mor gadarn a grymus a sanctaidd, y mae'n haeddu'r cwbl a feddwn a dylem wneud y defnydd gorau o'n hadnoddau i'w foli.

Drwy ddefnyddio offerynnau amrywiol, caiff y rhai cerddorol yn ein mysg gyfle i foli Duw. Dyna neges May Harries mewn un pennill o emyn:

> Dewch â'r organ, dewch â'r delyn,
> sain gitâr a thambwrîn,
> cenwch ar yr utgorn arian
> glod a mawl i Fab y Dyn;
> gorfoleddwch, llawen unwch
> mewn cerddorfa fawr gytûn.

GWEDDI

Diolch, Arglwydd, am bob sŵn os yw'r sŵn hwnnw'n d'addoli di. Diolch i ti am dy fawredd a'th sancteiddrwydd. Mewn byd sy'n ceisio dy fychanu a'th ddiystyru, helpa ni i'th osod yn Ben ar bopeth. Mewn byd sydd hefyd yn ceisio halogi dy enw, helpa ni i foli dy sancteiddrwydd gan gofio mai sanctaidd yw dy ffyrdd yn Iesu Grist. Amen.

Gofala Duw a Thad pob dawn

Caneuon Ffydd: Rhif 63

Gofala Duw a Thad pob dawn
  yn dyner iawn amdanom:
mae'n tai yn llawn o'i roddion rhad,
  O boed ei gariad ynom.

Y cynnar law a'r tyner wlith,
  diferant fendith unwedd;
y ddaear, rhydd ei ffrwythau da,
  a'r haul, cyfranna'i rinwedd.

Am ffrwythau hael y flwyddyn hon
  a'i mawrion drugareddau
moliannwn enw Duw bob dydd
  gan iawn ddefnyddio'i ddoniau.

BENJAMIN FRANCIS, 1734-99

MYFYRDOD

Emyn sy'n tanlinellu gofal Duw amdanom yw hwn o waith Benjamin Francis.

Yn y pennill cyntaf dywedir yn blaen fod ein 'tai yn llawn o'i roddion rhad'. Mae gan bawb ohonom yn ein cartrefi stôr o drugareddau anhygoel. Mae bwyd yn y gegin, dillad yn y cypyrddau, setiau teledu a radio fan hyn a fan draw, gwelyau cysurus yn y llofftydd, a systemau gwresogi i'n hamddiffyn rhag oerfel y gaeaf. Tristwch mwy na thristwch yw gweld ambell aelwyd yn orlawn o drugareddau ond yn brin o gariad – cariad at Dduw ei hun a chariad at bobl eraill. A phan chwâl cariad, chwalu a wnaiff popeth arall drwy fynd yn gwbl ddiystyr a diangen. Gweddi fawr Benjamin Francis, felly, yw 'boed ei gariad ynom'.

Yna, yn yr ail bennill, cyfeirir at ofal Duw yn y cread a'r holl fendithion a ddaw drwy gyfrwng 'cynnar law' a 'thyner wlith'. Daw'r rhain â'u bendithion i'r ddaear, ac i ni, cyn i neb ohonom eu gweld – cyflawnant eu gwaith yn blygeiniol. Tristwch arall, wrth gwrs, yw ein bod yn eu cymryd mor ganiataol. Heb y glaw a'r gwlith a'r haul, ni fyddai'r un o'r trugareddau y soniwyd amdanynt yn y pennill cyntaf ar gael i ni sydd mor ddibynnol arnynt.

Yng nghyfnod fy mhlentyndod, a chyn hynny wrth reswm, rhoddid pwyslais trwm ar gadw'r trydydd dydd Llun ym mis Hydref yn ddydd o ddod ynghyd i addoli ac i ddiolch i Dduw am roddion ei greadigaeth. Cofiaf yn dda y byddai plant yr ysgol Sul yn dod ynghyd yn y bore i leisio'u diolch, ac y byddai'r oedolion yn y prynhawn a'r hwyr yn cynnal cyfarfodydd gweddi i ddiolch i Dduw am ei holl ofal. Perthynai rhyw swyn nodedig i ddydd Llun y Diolchgarwch na fyddai mor amlwg ar y Sul, ac mae hynny'n ddirgelwch i mi. Erbyn hyn, ysywaeth, yn llawer o'n heglwysi, cyfyngwyd y Diolch i'r Sul, ac mewn llu o eglwysi, oedfa bregethu a gynhelir yn hytrach na chyfarfod gweddi, sy'n dristwch yn fy marn i. Ond un peth nodedig am y Llun oedd presenoldeb rhai na welid mohonynt wedyn am flwyddyn gyfan! Yn y blynyddoedd a fu, nid yn gymaint erbyn hyn, os cawn wahoddiad i bregethu ar nos Lun y Diolchgarwch i eglwys y tu allan i'm gofalaeth, gallwn fod yn sicr o lond capel. Diolchwn am eu presenoldeb, wrth gwrs, ond ergyd fawr Benjamin Francis yw y dylem foliannu Duw *bob dydd*.

'Beunydd y'th fendithiaf' oedd profiad y Salmydd yntau.

GWEDDI
Gwared ni, Arglwydd da, rhag cyfyngu'n diolch i ti. Yr un wyt ti bob amser. Yr wyt ar gael yn wastad ar ein cyfer. A ydym ni ar gael yn wastad i ti, Arglwydd? Holwn ein hunain yn enw Iesu Grist. Amen.

Halelwia! Halelwia!

Caneuon Ffydd: Rhif 89

Halelwia! Halelwia!
  Seinier mawl i'r uchel Dduw;
ef yw Brenin y brenhinoedd,
  Arglwydd yr arglwyddi yw:
pwysa eangderau'r cread
  byth ar ei ewyllys gref;
ein gorffwysfa yw ei gariad:
  Halelwia! Molwn ef.

Halelwia! Halelwia!
  Gwylio mae bob peth a wnaed;
cerdd mewn nerth drwy'r uchelderau
  a'r cymylau'n llwch ei draed:
ynddo mae preswylfa'r oesau,
  dechrau a diwedd popeth yw;
newydd beunydd yw ei ddoniau:
  Halelwia! Molwn Dduw.

Halelwia! Halelwia!
  Yn ei Fab daeth atom ni;
cyfuwch â'i orseddfainc ddisglair
  yw y groes ar Galfarî:
ef yw sicrwydd ei arfaethau,
  ef mewn pryd a'u dwg i ben;
tragwyddoldeb sydd yn olau:
  Halelwia byth! Amen.

ELFED, 1860-1953

MYFYRDOD

Un o emynau mawr Elfed yw hwn yn fy marn i. Ceir melyster cyson yn ei emynau a daw nodweddion personoliaeth yr awdur i'r amlwg yn llawer ohonynt: y nodwedd amlycaf, yn ôl pob sôn, oedd addfwynder. Nid am ddim y gosodwyd Elfed yn nosbarth y beirdd-bregethwyr. Ond yn yr emyn hwn, mae rhyw frys ynddo i ddweud ei stori. Wrth gwrs, gwna'r dôn 'Harford' o waith Alun Davies gymwynas fawr â ni drwy bwysleisio'r mawredd hwn.

Y gair amlwg yw 'Halelwia', a ddefnyddir i fynegi gorfoledd a llawenydd. Yn y pennill cyntaf gesyd yr awdur y cywair drwy ein hatgoffa mai Duw ei hun yw 'Brenin y brenhinoedd' ac 'Arglwydd yr arglwyddi'. Saif Duw, yn ôl y disgrifiadau hyn ohono, ben ac ysgwydd yn uwch na phob brenin ac arglwydd daearol, ac mae'r cread oll yn ddibynnol arno. Hebddo, byddai'r cread yn siglo ac yn chwalu. Ef sy'n dal y sgaffaldiau i gyd. Sawl tro y cawsom gais i afael mewn ysgol i rywun ei dringo? Ofnir y bydd yr ysgol yn cwympo heb rywun i'w dal yn gadarn. Dyna'r teimlad sydd wedi meddiannu Elfed: heb gynhaliaeth Duw, cred y byddai'r cread nid yn unig yn simsanu, ond yn disgyn ac yn chwalu'n deilchion.

Yn yr ail bennill ceir darlun o Dduw yn syllu ar y greadigaeth ac yn rhyfeddu at ei waith ei hun. Pwysleisir agwedd Duw at ei greadigaeth yn y frawddeg 'A gwelodd Duw fod hyn yn dda' a ailadroddir yn hanes y creu yn Genesis. Ardderchog! Mae'r byd yn dda, ac mae gan Dduw ymhob cyfnod hawl i ganmol yr hyn a greodd. Duw, wedyn, 'yw preswylfa'r oesau' a 'dechrau a diwedd popeth'. Ond 'newydd beunydd yw ei ddoniau', sy'n golygu nad yw Duw yn heneiddio, er gwaethaf hynafiaeth y cread – erys yn ddigyfnewid, ond bydd ei ddoniau bob amser yn newydd a ffres. Wedi cyfnod o un mlynedd ar bymtheg o wasanaethu yn yr un ofalaeth, y gamp fwyaf i'r gweinidog hwn yw chwilio am rywbeth newydd i'w ddweud bob Sul. (Byddaf yn ddistaw eiddigeddu wrth y gweinidogion hynny nad oes angen arnynt ond un bregeth newydd y mis!) Ond nid oes prinder newydd-deb a ffresni yn naioni a bendithion Duw. 'Y maent yn newydd bob bore' oedd disgrifiad Jeremeia o'r bendithion hynny (Galarnad 3:23).

Daw'r emyn i ben gan ganmol Duw am ddod atom ym Mherson Iesu Grist ac am fod holl-allu Duw'r Tad wedi ei drosglwyddo i Dduw'r Mab yn Iesu Grist. 'Myfi a'r Tad, un ydym,' meddai Iesu yn Efengyl Ioan. Rhoddodd Duw'r Tad yr awdurdod i Dduw'r Mab ddod â'r byd hwn i ben yn ei amser ei hun, a'r groes a'r atgyfodiad yn sail sicr i hynny ('gwelant Fab y Dyn yn dyfod yn y cymylau gyda nerth mawr a gogoniant', Marc 13:26). Ac egyr hynny ddrysau i dragwyddoldeb golau i bob crediniwr mewn ffydd.

GWEDDI

Rhoddwn floedd o halelwia i ti, Arglwydd yr arglwyddi a Brenin y brenhinoedd, am i ti fod wrth y llyw yn hanes y cread hyd y foment hon, a gwyddom yn dda y byddi wrth y llyw eto.

Gad i ni sylweddoli hynny a gweld bod pob gallu llawn drwy'r byd a'r nef yn dy law di yn Iesu Grist. Amen.

Arglwydd mawr y nef a'r ddaear

Caneuon Ffydd: Rhif 93

Arglwydd mawr y nef a'r ddaear,
   ffynnon golud pawb o hyd,
arnat ti dibynna'r cread,
   d'ofal di sy'n dal y byd;
am gysuron a bendithion,
   cysgod nos a heulwen dydd,
derbyn ddiolch, derbyn foliant
   am ddaioni rhad a rhydd.

Am brydferthwch nef a daear,
   haul a sêr a bryn a dôl,
ac am gariad mwyn rieni
   a chartrefu yn eu côl,
am fwynderau bywyd ieuanc
   a meddyliau pur a glân,
Arglwydd mawr y nef a'r ddaear,
   derbyn ddiolch drwy ein cân.

J. LLOYD HUMPHREYS, 1875-1947

MYFYRDOD

Bob tro y clywaf eiriau J. Lloyd Humphreys wedi'u priodi â chlasur cerddorol Mozart 'Diolch â Chân', caf fy nwyn yn ôl i ddyddiau ysgol. Emyn o ddiolch yw hwn, a diolchir mai Duw yw 'ffynnon golud pawb o hyd'. Duw ei hun yw'r ffynnon, ac mae'r ddelwedd o ffynnon yn agos iawn at fy nghalon fel yr egluraf maes o law. Ef yw'r wir ffynhonnell i hapusrwydd bywyd, am ei fod yn Dduw mor lân a sanctaidd. Yn un o'i gyfrolau sonia'r diweddar Barchedig Idwal Jones, brodor o Dal-y-sarn yn Nyffryn Nantlle, amdano'i hun yn mynd ar wyliau at fodryb iddo yn Nrws-y-coed, er nad oedd ond rhyw bedair milltir o Dal-y-sarn! Arferai'r fodryb ei anfon i gyrchu dŵr o'r ffynnon gyferbyn â'r tŷ; golygai hynny gryn dipyn o gario, ond roedd yn werth yr ymdrech oherwydd glendid y dŵr a'r wên serchog a ddeuai i wyneb y fodryb. Roedd y ffynnon fach ar dir uwch na'r tŷ. A dyma Dduw. Mae'n uwch, yn lân ac yn llawn bendithion. Ac fel y dibynnai teulu

Idwal Jones ar ddŵr y ffynnon, dibynnol yw'r cread ar Dduw, ffynhonnell popeth. Â'r awdur ymlaen yn y pennill i ddiolch am bob bendith a chysur, yn 'gysgod nos a heulwen dydd', a ddaw i'n rhan yn rhad ac am ddim heb neb i'w cadw oddi wrthym, fel mewn sawl gwlad arall.

Yn rhan gyntaf yr ail bennill, yn syml iawn, canmol harddwch y cread a wna'r awdur. Â ymlaen i ddiolch am gariad rhieni, sydd yn ein cynnal yn ein bywydau. Onid yw'n bwysig, fel y nodir yn y Deg Gorchymyn, i ni anrhydeddu ein tad a'n mam? Os na wnawn hynny yn blant, rhad arnom! Deuir â'r emyn i ben drwy ddiolch am 'fwynderau bywyd ieuanc a meddyliau pur a glân'. Heneiddio yr ydym i gyd, wrth gwrs, a bydd y byd hwn yn gadael ei farc. Mae'n gadael staen pechod arnom, ac anodd iawn yw cael gwared â'r staen hwnnw ond trwy waed Iesu Grist, sy'n 'ein glanhau o bob pechod' (1 Ioan 1:7). Ond yn narlun yr awdur, cyfnod o fwynderau yw ieuenctid, a thristwch o'r mwyaf yw clywed am bobl ifanc sy'n cael eu hamddifadu o lawenydd a diniweidrwydd oherwydd creulondeb y gymdeithas gyfoes. Yn rhy fuan o lawer yr ehed y blynyddoedd. Cofiaf fy nhad yn dweud wrthyf pan gyrhaeddais fy neugain oed rai blynyddoedd yn ôl: 'Wel, rwyt ti wedi cyrraedd dy ganol oed bellach.' Roeddwn yn reit ddigalon am eiliad wrth i mi holi i ble yr aethai'r blynyddoedd. 'Treuliasom ein blynyddoedd fel chwedl,' meddai'r Salmydd, a gwir hynny.

GWEDDI
Derbyn ein diolch, Ffynnon ein golud, am dy holl ddaioni. Nid oes eisiau dim arnom gan ein bod mor ddibynnol arnat. Diolch i ti, O Dad. Amen.

Pan dorro'r wawr dros ael y mynydd llwm

Caneuon Ffydd: Rhif 106

Pan dorro'r wawr dros ael y mynydd llwm,
pan euro'r haul las erwau llawr y cwm,
pan byncia'r adar gân yn gynnar gôr
mi ganaf innau fawl i'r Arglwydd Iôr.

Pan welaf wên ar wedd blodeuyn hardd,
pan welaf wyrth aeddfedrwydd ffrwythau'r ardd,
pan glywaf su aur donnau'r meysydd ŷd
mi ganaf innau fawl i Grëwr byd.

Pan ddelo'r hwyr a'i gwrlid dros y byd
a'r lloer a'i llewyrch llon yn gwylio'i grud,
wrth fynd i gysgu, am gael bod yn fyw,
mi ganaf innau fawl i'r Arglwydd Dduw.

GLYNDWR RICHARDS, 1920-96

MYFYRDOD

Bu Glyndwr Richards a Rhys Jones yn cydweithio am flynyddoedd yn Nyffryn Clwyd, ac nid gormod dweud iddynt fod yn golofnau'r diwylliant Cymraeg yn y Dyffryn a sawl cylch arall.

Yn yr emyn hwn cawn eiriau Glyndwr Richards a'r dôn 'Caryl' o waith Rhys Jones yn briodas berffaith. (Enwodd y dôn, gyda llaw, ar ôl ei ferch amryddawn Caryl Parry Jones.)

Emyn i gyffro'r cread yw hwn. Popeth yn deffro yw swm a sylwedd y pennill cyntaf. Y wawr yn torri 'dros ael y mynydd llwm', a'r haul yn sirioli 'las erwau llawr y cwm'. Ac yna daw'r adar â'u cân 'yn gynnar gôr'. Onid yw'n gampwaith o ddisgrifiad o'r dydd cynnar yn ymagor? Ni ellir gwadu swyn y wawr.

Yn yr ail bennill cawn yr awdur yn canmol Duw am harddwch blodau, am 'wyrth aeddfedrwydd ffrwythau'r ardd', ac am 'su aur donnau'r meysydd ŷd'. Gwn i Glyndwr Richards dreulio'r rhan helaethaf o'i oes yn nhref y Rhyl, ond un o frodorion Llanuwchllyn ym Meirionnydd ydoedd. Hoffaf feddwl mai at gyfaredd y wlad yn

Llanuwchllyn y cyfeiria yn yr emyn hwn drwyddo. Rwy'n siŵr y maddeua trigolion y Rhyl imi am y fath honiad!

Ym mhennill olaf yr emyn cyfeiria at yr 'hwyr a'i gwrlid', sef y nos a'i mantell yn disgyn drosom. Y gwir amdani yw na cheid goleuni a bwrlwm y bore oni bai am dywyllwch yr hwyr yn sibrwd 'Dos i gysgu', fel mam a thad wrth blentyn.

Roedd cân boblogaidd rai blynyddoedd yn ôl o'r enw 'Joio Byw'. A dyma'r Cristion: mae'n 'joio byw' ac yn rhoi clod i'w Arglwydd Dduw am bopeth. 'O Arglwydd, ein Iôr, mor ardderchog yw dy enw ar yr holl ddaear!' (Salm 8:1).

GWEDDI

> Nef a daear, tir a môr
> sydd yn datgan mawl ein Iôr:
> fynni dithau, f'enaid, fod
> yn y canol heb roi clod?
>
> (Joachim Neander, *cyf.* Elfed)

Amen.

Canaf yn y bore

Caneuon Ffydd: Rhif 118

Canaf yn y bore
  am dy ofal cu;
drwy yr hirnos dywyll
  gwyliaist drosof fi.

Diolch iti, Arglwydd,
  nid ateliaist ddim;
cysgod, bwyd a dillad,
  ti a'u rhoddaist im.

Cadw fi'n ddiogel
  beunydd ar fy nhaith;
arwain fi mewn chwarae,
  arwain fi mewn gwaith.

Boed fy ngwaith yn onest,
  rho im galon bur;
nertha fi i ddewis
  rhwng y gau a'r gwir.

"Diolch iti, Arglwydd,"
  yw fy llawen gân;
canaf nes im gyrraedd
  broydd Gwynfa lân.

W. BRYN DAVIES, 1865-1921

MYFYRDOD

Â'r emyn syml hwn â ni, rwy'n siŵr, i gyfnod cynnar bywyd. Yng nghyfnod fy mhlentyndod i fe'i cenid yn gyson mewn gwasanaethau boreol yn yr ysgol yn fwy nag yn y capel. Mae'n weddi ardderchog i'w dysgu i blant i blannu'r ymwybyddiaeth ynddynt fod Duw yn gwylio drosom ddydd a nos, gan ofalu bod gennym 'gysgod, bwyd a dillad'. Neges yr emyn hwn i blant yw fod Duw yn eu hymyl, a'i fod yn eu caru pan fyddant yn gweithio yn y dosbarth neu allan yn yr iard yn chwarae. Nid drwg chwaith yw plannu'r ymwybyddiaeth mewn plentyn fod Duw yn caru gonestrwydd, calon bur a gweithredoedd da. Yn yr oes sydd ohoni, a bwlio yn broblem gyffredin yn y rhan fwyaf o'n hysgolion, mae'r ymwybyddiaeth fod Duw ar waith mewn gwaith a chwarae yn rhywbeth y dylid ei ddysgu yn gynnar i blentyn.

Mae'n syndod ar un wedd fod y pennill olaf wedi'i gynnwys yn *Caneuon Ffydd*. Hepgorwyd sawl emyn i blant a oedd wedi'u cynnwys yn y casgliadau cynt oherwydd gorbwyslais ar y nefoedd. Meddyliwch sawl emyn i blant oedd â chyfeiriadau at y nefoedd yn *Y Caniedydd*, er enghraifft. Yn Adran yr Ieuainc yn y casgliad hwnnw yr oedd 31 o emynau, a rhyw gyfeiriad neu'i gilydd at y nefoedd neu at farwolaeth yn 17 ohonynt. Mae'r emyn hwn o waith W. Bryn Davies yn eu plith. O gynnwys yr emyn, byddai'n well o lawer yn fy marn i pe bai'r pennill olaf wedi'i hepgor, a pheidied neb â chyhuddo awdur y geiriau hyn o fod yn erbyn y nefoedd! Dweud yr wyf mai trymaidd, a dweud y lleiaf, mewn emynau i blant yw cyfeiriadau o'r fath. A beth ddywedwch chwi y mae 'broydd Gwynfa lân' yn ei olygu i blant heddiw? Beth mae'n ei olygu i ni?

GWEDDI
Fe ddylem fod yn diolch i ti yn gyson, Arglwydd, am dy holl ddaioni. Maddau i ni am beidio. Gad i ni blygu bob bore a diolch i ti am yr holl fendithion a ddaw oddi wrthyt yn Iesu Grist. Amen.

Disgwyliaf o'r mynyddoedd draw

Caneuon Ffydd: Rhif 120

Disgwyliaf o'r mynyddoedd draw:
 ble daw im help 'wyllysgar?
Yr Arglwydd, rhydd im gymorth gref,
 hwn a wnaeth nef a daear.

Dy droed i lithro, ef nis gad,
 a'th Geidwad fydd heb huno;
wele dy Geidwad, Israel lân,
 heb hun na hepian arno.

Ar dy law ddehau mae dy Dduw,
 yr Arglwydd yw dy Geidwad;
dy lygru ni chaiff haul y dydd,
 a'r nos nid rhydd i'r lleuad.

Yr Iôn a'th geidw rhag pob drwg
 a rhag pob cilwg anfad;
cei fynd a dyfod byth yn rhwydd:
 yr Arglwydd fydd dy Geidwad.

EDMWND PRYS, 1544-1623

MYFYRDOD

Pe bai rhywun yn holi ynghylch fy hoff Salm, atebwn yn hyderus mai Salm 121 yw honno. Roedd Edmwnd Prys yn athrylith am osod y Salmau ar ffurf caneuon, a gwnaeth gymwynas fawr â'i genedl pan osododd Salm 121 ar ffurf emyn, a'i gynnwys yn ei *Salmau Cân*.

Wrth gymharu'r Salm a'r emyn ceisiaf egluro ambell air nas ceir yn y Salm ond a welir yn yr emyn.

Y pwynt cyntaf, a'r un pwysicaf mewn gwirionedd, yw'r gwahaniaeth rhwng y cyfieithiadau Cymraeg yn y ddwy adnod gyntaf. Dyma gyfieithiad William Morgan: 'Dyrchafaf fy llygaid i'r mynyddoedd, o'r lle y daw fy nghymorth. Fy nghymorth a ddaw oddi wrth yr Arglwydd, yr hwn a wnaeth nefoedd a daear.' A dyma'r cyfieithiad diweddaraf yn y Gymraeg: 'Codaf fy llygaid tua'r mynyddoedd; o ble y daw cymorth i mi? Daw fy nghymorth oddi wrth yr Arglwydd, creawdwr nefoedd a daear.' Yn y cyfieithiad newydd ceir marc cwestiwn ar ôl yr adnod gyntaf nas ceir yn yr hen gyfieithiad, a'r newydd sy'n gywir. Nid digon codi ein golygon i gyfeiriad y mynyddoedd uchel: rhaid edrych ymhellach na hynny i gyfeiriad yr Arglwydd a'u creodd. Diolch byth fod y marc cwestiwn hwn wedi'i ychwanegu ym mhennill cyntaf yr emyn yn *Caneuon Ffydd*.

Â'r Salm ac ail bennill yr emyn ymlaen i amlygu cariad Duw a'i ofal diflino yn gwarchod drosom 'heb huno ... na hepian'. Onid yw 'hepian' yn air gwych – rhyw hanner cysgu, fel y gwnaf innau yn gyson os eisteddaf o flaen y teledu gyda'r nos! Nid yw Duw yn hepian hyd yn oed.

Yn y trydydd pennill, pwysleisia'r awdur fel y Salmydd na wneir niwed bythol i'r rhai sy'n credu yn Nuw. Gall eraill wneud niwed i'n cyrff, ond os yw ein henaid yn eiddo i Dduw, fel y cadarnhaodd Iesu Grist, ni all neb ei niweidio.

Deuir â'r Salm a'r emyn i ben drwy gadarnhau y bydd Duw ei hun yn ein gwarchod rhag pob drwg. Ond beth yw ystyr 'cilwg anfad'? Y Saesneg am 'cilwg' yw *scowl*. Ystyr 'anfad' yw erchyll. Felly, os bydd rhai yn edrych atom yn llawn casineb – ac mae Cristnogion wedi bod yn gyfarwydd â hynny erioed – bydd Duw yn gofalu y cawn 'fynd a dyfod byth yn rhwydd'. Ac y mae llawenydd yn hynny ac adlais o'r rhyddid Cristnogol a geir yng Nghrist.

GWEDDI
Diolchwn i ti, Arglwydd, am dy ddiogelwch a'th arweiniad. Rwyt yn Un sy'n gwarchod dy bobl ym mhob profiad ac yn taenu d'adain drostynt. Taena d'adain drosom ninnau, os gweli'n dda, a chadw ni o fewn terfynau dy gariad dwyfol yn Iesu Grist. Amen.

Tydi, a roddaist liw i'r wawr

Caneuon Ffydd: Rhif 131

Tydi, a roddaist liw i'r wawr
a hud i'r machlud mwyn,
tydi, a luniaist gerdd a sawr
y gwanwyn yn y llwyn,
O cadw ni rhag colli'r hud
sydd heddiw'n crwydro drwy'r holl fyd.

Tydi, a luniaist gân i'r nant,
a'i su i'r goedwig werdd,
tydi, a roist i'r awel dant
ac i'r ehedydd gerdd,
O cadw ni rhag dyfod dydd
na yrr ein calon gân yn rhydd.

Tydi, a glywaist lithriad traed
ar ffordd Calfaria gynt,
tydi, a welaist ddafnau
gwaed y Gŵr ar ddieithr hynt,
O cadw ni rhag dyfod
oes heb goron ddrain na chur na chroes.

T. ROWLAND HUGHES, 1903-49

MYFYRDOD

'Cerdd ddefosiynol' yw disgrifiad Alan Luff o emyn cyfarwydd T. Rowland Hughes, 'Tydi a roddaist'. Nid af i ddadlau ag Alan Luff o gwbl. Yr unig beth a nodaf yw godidowgrwydd geiriau'r bardd o Lanberis, pa label bynnag a roddwn arnynt.

Rhai o ogoniannau'r cread yw swm a sylwedd y ddau bennill cyntaf, a chyfeirir at y wawr, y machlud, y nant, y goedwig a'r ehedydd. Daw'r ddau bennill i fwcl drwy i'r awdur weddïo na fydd i ni golli 'hud sydd heddiw'n crwydro drwy'r holl fyd', na'r awydd yn ein calonnau i yrru 'cân yn rhydd'. A dyma'r afiechyd sydd yn sicr yn blino'r ddynoliaeth heddiw, sef anallu i ryfeddu at hudoliaeth y cread. O gyfeirio at Lanberis, cofiaf i ni fel teulu fynd rai blynyddoedd yn ôl 'ar y trên bach i ben yr Wyddfa fawr', ys dywedodd Hogia Llandegai. Nid oeddwn wedi bod ar y copa ers blynyddoedd. Roedd yn ddiwrnod clir a chynnes, ac nid anghofiaf byth y wefr o sylwi ar ysblander yr olygfa o gopa'r mynydd: yr afonydd, y coedwigoedd, y môr a'r mynyddoedd. Roedd hi'n olygfa gyfareddol, a gwae fi pe na bawn wedi rhyfeddu at fawredd y cread a'r Crëwr y diwrnod hwnnw. O edrych o'n cwmpas ar y byd, gwelwn swyn na ellir mo'i ddisgrifio'n llawn, ac ni allwn ond diolch i Dduw amdano. Pan gollwn y ddawn i ryfeddu, collwn hefyd y ddawn i ddiolch, ac aiff y gân sydd yn ein calonnau'n fud. Mae tuedd i ni gymryd popeth yn ganiataol a disgwyl i Dduw roi'r cyfan inni.

Mae'r darlun yn newid yn y pennill olaf wrth i Rowland Hughes droi tua Chalfaria a dioddefaint y groes. Byddai llawer un yn dymuno hepgor Calfaria, y Calfaria sy'n cynrychioli poen, dioddefaint a marwolaeth, ond nid dyna ddymuniad yr emynydd yn y ddwy linell olaf: 'O cadw ni rhag dyfod oes heb goron ddrain na chur na chroes.' Yr awgrym, yn fy marn i, yw fod perygl i ni beidio â gweld croes Iesu yn ganolog i'n ffydd a'n cyfnod, a bod perygl hefyd i rai ddisgwyl bywyd di-boen, dibryder a diafiechyd: mae'n syndod faint o bobl sy'n dychmygu'r bywyd o arddel ac o ddilyn Iesu yn fywyd rhwydd, di-groes. Nid addawodd Iesu hynny o gwbl i'w ddisgyblion. Felly, dylem ymroi i sicrhau na ddaw cyfnod 'heb goron ddrain na chur na chroes'. Pan fyddai'r cerddor, y diweddar W. Matthews Williams, yn arwain yr emyn hwn mewn cymanfa ganu, rhoddai bwyslais trwm ar y gair 'heb' gan ofyn i'r cantorion arafu cryn dipyn ar y gerddoriaeth wrth ddod at y gair hwn.

GWEDDI
Diolch i ti am swyn y cread a'i holl brydferthwch. Maddau i ni am golli rhyfeddod ei werthfawrogi ac am fethu, neu wrthod, diolch amdano. Diolch i ti am Galfaria, a chadw golwg, os gweli'n dda, ar neges y groes i bob cyfnod trwy Iesu Grist. Amen.

Ces lygaid ganddo imi weld

Caneuon Ffydd: Rhif 155

Ces lygaid ganddo imi weld
   y ddaear hardd i gyd,
a heb fy llygaid ni chawn weld
   yr un o blant y byd;
ces glust i glywed glaw a gwynt
   a thonnau ar y traeth:
rhaid imi ddweud wrth bawb o'r byd,
   ef a'm gwnaeth.

Mi ges ddwy wefus ganddo ef
   i mi gael sgwrs bob dydd,
a heb ddwy wefus byddwn i
   yn dawel ac yn brudd;
y meddwl hefyd sy'n fy mhen
   oddi wrtho ef y daeth:
rhaid imi ddweud wrth bawb o'r byd,
   ef a'm gwnaeth.

Dwy law i allu cydio'n dynn
   a gefais ganddo'n rhodd,
i allu sgwennu, ac i nôl
   a danfon yr un modd;
ces ddeudroed ganddo i gael
   bod mor rhydd â'r awel ffraeth:
rhaid imi ddweud wrth bawb o'r byd,
   ef a'm gwnaeth.

ALAN PINNOCK
cyf. R. GWILYM HUGHES, 1910-97

MYFYRDOD

Y diweddar Barchedig R. Gwilym Hughes, un o weinidogion amlycaf y Presbyteriaid yng Nghymru yn yr ugeinfed ganrif, a gyfieithodd yr emyn hwn o waith Allan Pinnock o'r Saesneg i'r Gymraeg. Bu'n weinidog mewn sawl cylch yng ngogledd Cymru yn ystod ei yrfa faith, gan gynnwys Maentwrog, Dwyran (Môn), Caergybi a'r Wyddgrug. Diweddodd ei yrfa weinidogaethol lawn yn eglwys Penmount, Pwllheli, cyn ymddeol i Gaernarfon ym 1981. Roedd yn dad i'r athrylithgar Carys Hughes, yr organyddes fyd-enwog a fu farw'n gynamserol yn 2004.

    Pan oedd yn weinidog ym Mhwllheli, ymwelai Gwilym Hughes yn gyson ag Ysgol Troed-yr-Allt, ac ar wahoddiad yr ysgol honno y cyfieithodd yr emyn hwn i'r Gymraeg a'i gyflwyno i'r ysgol.

    Byrdwn yr emyn yw 'ef a'm gwnaeth', sy'n adlais cryf o drydedd adnod y Ganfed Salm: 'Ef a'n gwnaeth, a'i eiddo ef ydym, ei bobl a defaid ei borfa.' Mae'n rhyfeddol o bwysig i ni sylweddoli mai Duw yw ein Crëwr ni oll, ond os caf awgrymu'n gynnil, mae'r emyn yn fwy personol na'r Salm. Y lluosog, 'Ef *a'n* gwnaeth' a geir yn y Salm; 'Ef *a'm* gwnaeth' – yr unigol – a geir gan Gwilym Hughes. Os yw'r 'nefoedd yn adrodd gogoniant Duw, a'r ffurfafen yn mynegi gwaith ei ddwylo' (Salm 19:1), dylem ninnau ddal ar bob cyfle i'w foliannu ac i sylweddoli mai ei eiddo ef ydym. Rai blynyddoedd yn ôl, aeth gweinidog o Gymru i Lundain bell i gadw cyhoeddiad am Sul. Pan ddaeth oedfa'r hwyr i ben, ac yntau'n barod i ddal y trên i Fangor o orsaf Euston, penderfynodd ffonio'i wraig – roedd hyn cyn dyddiau'r ffôn symudol – i'w hysbysu ei fod yn cychwyn o Lundain. Yn anffodus, nid oedd yn cofio rhif ffôn ei gartref a bu'n rhaid iddo estyn i'w boced am flwyddiadur ei enwad i chwilio am y rhif. Fe'i cafodd, ac aeth rhagddo i ddeialu a gadael ei neges. Esgynnodd i'r trên, ac wedi i'r siwrnai gychwyn, penderfynodd fwrw golwg ar ei flwyddiadur. Aeth i'w boced arferol, ond nid oedd sôn amdano. Cofiodd yn sydyn iddo'i adael ar silff fach yn y caban ffôn yn Euston! Gwyddai na fyddai'n debygol o weld ei flwyddiadur eto. Fodd bynnag, ymhen deuddydd neu dri, dyma'r postmon yn carlamu i'w gartref a phecyn mwy na'r cyffredin yn ei law. Beth oedd yn y pecyn ond y blwyddiadur! Ar y clawr roedd lle i'r perchennog ysgrifennu ei enw, ei gyfeiriad a'i rif ffôn, ac roedd yn amlwg fod rhyw Samariad wedi mynd i'r drafferth o'i lapio'n daclus a'i bostio at ei berchennog. Eiddo'r perchennog ydoedd, ac fe'i hanfonwyd ato'n ôl. Eiddo Duw yw'r 'ddaear a'i llawnder, y byd a'r rhai sy'n byw ynddo' (Salm 24:1). Da i ni gofio nad oes dim yn eiddo i ni, a'n bod ni fel popeth arall yn eiddo i Dduw.

Rhestrir yn yr emyn yr hyn a gawsom gan Duw i'w foliannu – llygaid, clustiau, gwefusau, meddwl, dwylo a thraed. Defnydiwn ein llygaid i weld gogoniant y byd; ein clustiau i glywed ei synau; ein gwefusau i sgwrsio; ein dwylo i gydio a helpu; a'n traed i gerdded a chicio pêl. Dyma emyn bywiog i blant ac emyn sy'n cyhoeddi'n eglur fod bywyd yn rhodd lawen gan Dduw i'w ddefnyddio i bwrpas.

Gan mai ef a'n piau, bydded i ni gofio hynny ac ildio iddo.

GWEDDI

Rydym yn hynod ddiolchgar i ti, ein Duw, am ein creu bob un yn unigryw. Helpa ni i gofio, yng nghanol llanast a chwerylon ein byd, mai dy eiddo di ydym yn Iesu Grist. Amen.

Cyduned y nefolaidd gôr

Caneuon Ffydd: Rhif 165

Cyduned y nefolaidd gôr
a llwythau dynol-ryw
i ganu'n llon â llafar lef
mai cariad ydyw Duw.

Eglura gwirioneddau'i air,
a'i drugareddau gwiw,
ac angau Crist dros euog ddyn
mai cariad ydyw Duw.

Dwyn rhyfedd waith ei ras ymlaen
mewn calon ddrwg ei lliw
a ddengys drwy'r eglwysi oll
mai cariad ydyw Duw.

Derbyniad euog ddyn i'r nef,
O'r fath ryfeddod yw,
a ddengys drwy'r trigfannau fry
mai cariad ydyw Duw.

Fy enaid clwyfus, na lesgâ,
mae modd i wella'r briw;
ti gefaist achos da i
ddweud mai cariad ydyw Duw.

GOMER, 1773-1825

MYFYRDOD

Ni synnwn i fawr mai'r adnod gyntaf i bob un ohonom ei dysgu oedd 'Duw, cariad yw'. A dyna fyrdwn pob un o benillion Gomer yn yr emyn hwn.

Geilw yn y pennill cyntaf ar i bawb – yn y nefoedd ac ar y ddaear – ddod ynghyd i gyhoeddi'n llawen 'mai cariad ydyw Duw'.

Yn yr ail bennill, ein braint a'n cyfrifoldeb ninnau yw cyhoeddi'r Gair ac egluro bod 'angau Crist dros euog ddyn' – yr aberth ar y groes dros bawb – yn brawf 'mai cariad ydyw Duw'.

Yn y pennill nesaf ceir prawf pellach o'i gariad ar waith. Sonnir am waith gras yng nghalonnau unigolion 'drwy'r eglwysi oll' yn eu rhyddhau o afael pechod ac yn eu glanhau.

Onid yw'n rhyfeddod pur fod Iesu Grist wedi dod i'r byd i achub pechaduriaid? Pechaduriaid ydym oll, ac fel y dywedodd Paul, 'minnau yw'r blaenaf ohonynt'. Eto i gyd, caiff y pechadur mwyaf ran yng ngwledd teyrnas Dduw trwy Iesu Grist a'i groes.

Wrth gloi'r emyn mae'r awdur yn cyfarch ei enaid ac yn ei annog i ymfywiogi am fod 'achos da i ddweud mai cariad ydyw Duw'. Ym Mhen-y-groes ac yng nghapel Soar yr oedd un o'r cymeriadau anwylaf i mi gwrdd ag ef erioed – Thomas Elwyn Griffiths, neu 'Llenyn' i bawb a'i hadwaenai. Gallwn ymddiried yn Llenyn bob amser, fel y gallasai pob un o'm rhagflaenwyr yn Soar. Roedd yn driw i bawb. Cafodd fywyd llawn, a threuliodd flynyddoedd olaf ei oes, wedi ymddeol o siop y teulu, yn teithio'r byd fel darlithydd llongau i gwmni P&O. Ni ellid ei well fel hanesydd a darlithydd: roedd yn ymgorfforiad o allu ac anwyldeb, a chymerai ddiddordeb ym mhawb. Cafodd fywyd llawn o bron i 87 o flynyddoedd, a dyma'r llinell a fynnai ar ei garreg fedd ym mynwent Macpelah, Pen-y-groes: 'Ti gefaist achos da i ddweud mai cariad ydyw Duw.' Ac mae achos da i ni oll ddweud hynny, oherwydd yr un ydyw Duw a'i gariad yn holl brofiadau bywyd. Diolch iddo.

GWEDDI
I ti, y Cariad Tragwyddol, y byddo pob gogoniant am ddangos pob diddordeb ynom ni fel pobl. Fe allet fod wedi ein gadael yn uffern ein pechodau, ond nid dyna dy hanes di: fe'n codaist o farwolaeth i fywyd trwy Iesu Grist. Amen.

Am air ein Duw rhown â'n holl fryd

Caneuon Ffydd: Rhif 172

Am air ein Duw rhown â'n holl fryd
soniarus fawl drwy'r eang fyd;
mae'n llusern bur i'n traed, heb goll,
mae'n llewyrch ar ein llwybrau oll.

Fe rydd i'n henaid esmwythâd,
fe'n tywys tua'r nefol wlad
gan ddangos cariad Un yn Dri
ac ennyn cariad ynom ni.

I'r cryf mae'n ymborth llawn o faeth,
i'r gweinion blant yn ddidwyll laeth;
rhydd ddysg a chysur yn ein gwaith
a nerth i gyrraedd pen y daith.

GOMER, 1773-1825

MYFYRDOD

Pe bawn yn gorfod chwilio am destun ysgrythurol yn bennawd i'r emyn hwn, i Lyfr y Salmau y trown heb ddim amheuaeth: 'Y mae dy air yn llusern i'm troed ac yn oleuni i'm llwybr' (Salm 119:105).

Emyn yw hwn a ddefnyddir yn rheolaidd i ddiolch i Dduw am ei Air, a gall pob cenhedlaeth ymuno yn y diolch hwnnw oherwydd perthnasedd ei Air i bob sefyllfa. Mae'r Gair yn un nerthol, ac y mae angen cynhaliaeth gadarn arnom i wynebu profiadau bywyd. Gwêl yr awdur fod y Gair yn ei dywys drwy bob helbul, a bod y Gair hwnnw yn un ysgogol. Nid ein hannog i eistedd yn ôl a gwylio'n oddefol y mae Gair Duw, ond ein herio i weithredu. Am gyfnod pan oeddwn yn blentyn, aem fel teulu ar wyliau byr i faes carafannau. Aem yn ôl i'r un garafán bob blwyddyn, a dyna lle y byddai, yn yr un lle bob tro. Cofiaf awgrymu rywbryd mai da o beth fyddai i ni fel teulu brynu ein carafán ein hunain a mynd i leoedd gwahanol. Cystal i mi gyfaddef mai negyddol fu'r ymateb. Teimlaf weithiau fod ein bywyd ysbrydol, fel y garafán honno, yn llawer rhy statig ac nad ystyriwn Air Duw yn un deinamig, ysgogol a heriol. Dyna a wêl Gomer ym mhennill cyntaf yr emyn hwn.

Yn yr ail bennill cyflwynir agwedd arall ar y Gair. Mae Gair Duw yn un sy'n cysuro'r eiddil ac yn esmwytháu'r gwan, fel yr amlygir yng ngwahoddiad Iesu Grist ei hun: 'Dewch ataf fi, bawb sy'n flinedig ac yn llwythog, ac fe roddaf fi orffwystra i chwi' (Mathew 11:28).

Yn y pennill olaf deuir â'r ddwy elfen y cyfeirir atynt yn y penillion cyntaf at ei gilydd, sef y cryf a'r gwan, a dywedir bod y Gair yn 'ymborth llawn o faeth' i'r naill ac yn 'ddidwyll laeth' i'r llall. Pwrpas Gair Duw yma yw ein gwneud 'yn fwy na choncwerwyr' drwy Grist a'n galluogi i bwyso arno am gysur a diddanwch hyd nes cyrraedd y nefoedd. Y nefoedd ei hun yw ein cartref, wrth reswm, ond ar y ddaear yr ydym yn byw, a thra ein bod yma, ein braint yw gwneud yn fawr o'n cyfle, y cyfle a roes Duw i ni drwy gyfrwng ei Air.

GWEDDI
Helpa ni, O Dduw, i fyw â'n golwg ar y nefoedd a'n traed ar y ddaear drwy Iesu Grist, y Cyfryngwr mawr rhwng nef a daear a rhyngot ti a ni. Amen.

Am blannu'r awydd gynt

Caneuon Ffydd: Rhif 178

Am blannu'r awydd gynt
  am Feibil yn ein hiaith
a donio yn eu dydd
  rai parod at y gwaith
o drosi'r gair i'n heniaith ni
diolchwn, a chlodforwn di.

Am ddycnwch rhai a fu
  yn dysgu yn eu tro
yr anllythrennog rai
  i'w ddarllen yn eu bro,
am eu dylanwad arnom ni
diolchwn, a chlodforwn di.

Am yr aneirif lu
  a ddaeth drwy olau'r gair
i gredu yn y Gŵr
  a aned yn fab Mair
ac a fu farw drosom ni
diolchwn, a chlodforwn di.

O planna ynom oll
  sydd heddiw yma'n byw
yr awydd er ein lles
  i ddarllen gair ein Duw:
am nad wyt fyddar fyth i'n cri
diolchwn, a chlodforwn di.

DEWI TOMOS

MYFYRDOD

Un o drysorau llên, os nad pennaf drysor ein gwlad, yw'r Beibl Cymraeg. Yr hyn a wna Dewi Tomos yn ei emyn hyfryd yw diolch yn syml am y trysor hwn.

Ym mhennill cyntaf yr emyn cydnebydd ein dyled i bobl fel William Morgan a William Salesbury am eu gorchestwaith yn 'trosi'r gair i'n heniaith ni'. Ac wrth gwrs, mae cyfieithiadau di-rif o'r Gair wedi ymddangos ers eu hamser hwy. Yn ystod fy oes i cafwyd cyfieithiad o'r Testament Newydd ym 1975 ac o'r Salmau ym 1979, ac yna, ym 1988, ymddangosodd cyfieithiad gorchestol newydd o'r Beibl cyfan. Yn gynnar yn 2004 cafwyd argraffiad diwygiedig o'r cyfieithiad hwnnw. Caed cyfieithiadau eraill hefyd nad oes lle i mi ymhelaethu arnynt yn awr.

Â Dewi Tomos yn ei flaen yn yr ail bennill i ddiolch am y rhai a fu wrthi'n gyson yn dysgu'r werin i ddarllen y Beibl. Nid oes amheuaeth mai at yr Ysgol Sul y cyfeiria. Bu dylanwad yr Ysgol Sul ar werin Cymru yn anhygoel a dweud y lleiaf.

Yn nhrydydd pennill yr emyn cyhoedda'n glir nad cyfrol i'w darllen fel unrhyw gyfrol arall mo'r Beibl. Nid addysgu yw ei hunig ddiben: cyfrwng ydyw i ddwyn llu mawr i gredu yn y 'Gŵr a aned yn fab Mair ac a fu farw drosom ni'. Mae'n syndod sut y daw'r geiriau yn Air bywiol yn ein calonnau pan ddarllenwn y Beibl. Mae'n syndod hefyd mor ddeinamig o berthnasol yw'r gyfrol sanctaidd i ni heddiw. Aeth yn ffasiynol i ddifrïo'r Beibl ac i wadu ei berthnasedd i'n cyfnod ni. Os bu cyfrol berthnasol erioed, dyma hi, a hi yw'r unig un sy'n cyhoeddi'r posibilrwydd o fywyd tragwyddol drwy ein Harglwydd Iesu Grist.

Mae mwy o werthu ar y Beibl trwy'r byd nag ar yr un gyfrol arall, ond a ddarllenwn ef yn yr ysbryd cywir? A adawn i'r Ysbryd gymryd meddiant o'r darllen? A roddwn le i'r Beibl? Nid cyfrol i ddal pot blodau yn ein cartrefi, nac yn sicr yn ein capeli, yw hon, ond un sydd yn mynnu ei lle yn ein bywydau.

A fedrech chi daflu copi o'r Beibl? Ceir copïau niferus ohono ar yr aelwyd hon, mwy na digon a dweud y gwir. Pe bai gennyf yn fy meddiant fwy nag un copi o ryw gyfrol arall, ni fyddai'n bryder gennyf daflu un ohonynt, ond am ryw ryfedd reswm ni fedraf yn fy myw â gwaredu copi o'r Beibl.

GWEDDI

Dyma Feibil annwyl Iesu,
dyma rodd deheulaw Duw;
dengys hwn y ffordd i farw,
dengys hwn y ffordd i fyw;
dengys hwn y golled erchyll
gafwyd draw yn Eden drist,
dengys hwn y ffordd i'r bywyd
drwy adnabod Iesu Grist.

(Richard Davies)

Amen.

Dyma gariad, pwy a'i traetha?

Caneuon Ffydd: Rhif 199

Dyma gariad, pwy a'i traetha?
Anchwiliadwy ydyw ef;
dyma gariad, i'w ddyfnderoedd
byth ni threiddia nef y nef;
dyma gariad gwyd fy enaid
uwch holl bethau gwael y llawr,
dyma gariad wna im ganu
yn y bythol wynfyd mawr.

Ymlochesaf yn ei glwyfau,
ymgysgodaf dan ei groes,
ymddigrifaf yn ei gariad,
cariad mwy na hwn nid oes;
cariad lletach yw na'r moroedd,
   uwch na'r nefoedd hefyd yw:
ymddiriedaf yn dragwyddol
yn anfeidrol gariad Duw.

MARY OWEN, 1796-1875

MYFYRDOD

Yn ddiau, Mary Owen yw awdur yr emyn gorau a luniwyd erioed i gariad Duw, a daeth y dôn fawr 'Garthowen' yn gyfrwng cryf i gyfleu neges yr emyn yn effeithiol.

Mae rhai profiadau mewn bywyd na ellir eu rhoi mewn geiriau. Mae rhai profiadau sy'n fwy na geiriau, a dyma i mi swm a sylwedd yr emyn hwn. Caiff yr awdur drafferth yn rhan gyntaf y pennill cyntaf i ddadansoddi cariad Duw, ond fel yr â'r pennill yn ei flaen, cawn mai'r unig ffordd o ddisgrifio'r cariad yw datgan yr hyn a wna ym mywyd y credadun. Mae'r cariad hwn yng Nghrist yn ein cyffwrdd ni, ie, ni bechaduriaid, ac yn ein codi o waelod trueni a gwarth 'pethau gwael y llawr' i ganu amdano nid yn unig yn y bywyd hwn ond 'yn y bythol wynfyd mawr'. Mae'n anodd, weithiau, i'r Cristion fynegi mewn geiriau yr hyn a ddigwydd pan gaiff cariad y tragwyddol Dduw afael arnom. Adlewyrchir hyn yn glir yn stori Saul o Darsus yn Llyfr yr Actau pan weddnewidiwyd ei fywyd. Cariad Duw yng Nghrist a'i cododd oddi ar lawr yn llythrennol.

Yn yr ail bennill cawn ddarlun o'r awdur wedi gwirioni'n llwyr, ac mae'r defnydd o'r berfau 'ymlochesaf', 'ymgysgodaf' ac 'ymddigrifaf' yn gwbl anhygoel. Mae'r groes yn rhan sylfaenol o weithred fawr cariad Duw, ac fe ddylai fod yn gwbl ganolog i'n ffydd. Yn aml iawn, bellach, byddaf i fel gweinidog yn gweinyddu sacrament y Cymun yng nghanol yr oedfa gan geisio cyfleu i'r gynulleidfa nad atodiad i oedfa mo'r Cymun ond y rhan amlycaf; ond ni ddylid cynnal yr un oedfa Gymun heb esbonio gweithred y groes chwaith. 'Dewisais beidio â gwybod dim yn eich plith ond Iesu Grist, ac yntau wedi ei groeshoelio' oedd thema fawr Paul (1 Corinthiaid 2:2). Pwy ond Duw a fyddai wedi dangos cymaint o gariad tuag atom nes rhoi ei Fab i farw drosom ar y groes?

Berf olaf allweddol yr emyn yw 'ymddiried': 'Ymddiriedaf yn dragwyddol yn anfeidrol gariad Duw.' Mae ymddiriedaeth yn elfen sydd wedi colli ei grym erbyn hyn. Sawl un ohonom a gaiff ei siomi pan fradychir cyfrinach? Os bu inni rannu cyfrinach, braint y person hwnnw yw glynu fel celain wrthi. A ninnau hefyd pan ymddiriedir cyfrinach i ni. Ni ddylem ei datgelu ar unrhyw gyfrif, ac os gwnawn fe gollir pob ymddiriedaeth. Fe ddylem fedru ymddiried yn y rhai sydd yn ein cynrychioli mewn unrhyw faes; fe ddylem fedru ymddiried yn yr eglwys a'i gweinidogaeth. Gallwn ymddiried yn Nuw am na wnaiff ein siomi byth, ac ymddiried yn ei gariad anfeidrol sy'n gweithio er daioni i'r rhai sydd yn ei garu.

GWEDDI
Diolchwn i ti, Arglwydd, am dy ymddiriedaeth ynom fel tystion drosot. Gwna ni yn deilwng, drwy dy ras, i dystio i'r cariad anfeidrol, annherfynol sydd ynot yn Iesu Grist ein Harglwydd. Amen.

Arhosaf yng nghysgod fy Nuw

Caneuon Ffydd: Rhif 203

Arhosaf yng nghysgod fy Nuw,
i mewn yn nirgelwch y nef;
dan adain ei gariad rwy'n byw,
fe'm gwrendy cyn clywed fy llef:
pe curai trallodion yn hy
i'm herbyn fel tonnau y môr,
mi ganaf wrth deimlo mor gry'-
fy nghraig a'm cadernid yw'r Iôr.

Nid ofnaf rhag dychryn y nos
na'r saeth a ehedo y dydd;
diogel bob munud o'm hoes
a fyddaf yng nghastell fy ffydd;
eiddilaf ryfelwr wyf fi
i ymladd â nerthoedd y ddraig,
ond caf fuddugoliaeth a bri
a Duw hollalluog yn graig.

AP HEFIN, 1870-1946

MYFYRDOD

Ni chawn dywydd poeth yn aml yn ein gwlad, ond pan fydd hi'n drymaidd, y cyngor a gawn yn gyson yn y cyfryngau yw i ni gofio yfed digon ac aros yn y cysgod.

Yn yr emyn hwn tanlinella Ap Hefin bwysigrwydd aros yng nghysgod ein Duw. Mae ei gysgod megis adain gref sy'n ein hymgeleddu ac yn ein cadw rhag distryw. Mae byw yng nghysgod Duw yn golygu ein bod yn agos iawn ato, a dyna a rydd ystyr i'r llinell 'fe'm gwrendy cyn clywed fy llef'. Nid yw'r awdur yn osgoi trafferthion nac yn gwadu eu bodolaeth, ond o fod yng nghysgod ein 'craig' a'n 'cadernid' teimlwn yn llawer mwy diogel. Rai blynyddoedd yn ôl aethom fel teulu ar brynhawn braf o haf i Gemaes ym Môn, lle y treuliais ran helaeth o'm plentyndod. Aethom i ymdrochi i ddŵr y môr ar ôl codi pabell dan gysgod y creigiau uchel ym mhen y traeth. Tra oeddem yn y dŵr fe dduodd yr awyr, a chyn pen dim dyma'r glaw yn dymchwelyd, mellt yn fflachio a tharanau'n hollti'r awyr. Allan o'r dŵr â ni a ffoi am gysgod y creigiau. Yn rhyferthwy'r storm honno, synnais cymaint o gysgod rhag glaw a storm oedd craig. Caem ein llochesu ganddi. A dyma'r union ddarlun sydd gan yr awdur yn y pennill cyntaf wrth feddwl am Dduw. A dyfynnu Paul, 'Os yw Duw trosom, pwy sydd yn ein herbyn?' (Rhufeiniaid 8:31).

Yn yr ail bennill, cyfeiria'r awdur drachefn at ei ddiogelwch dan adain cariad Duw: 'Nid ofnaf rhag dychryn y nos na'r saeth a ehedo y dydd.' A fedrwn feddwl am bethau gwaeth na nos dywyll a saethau yn ein trywanu? Rhag yr elfennau hyn y mae ffydd y Cristion megis castell cadarn ar graig. Mae dau gastell yn fy ardal i, yng Nghaernarfon a Chricieth, a gwn mor ddiogel y bu eu milwyr rhag ymosodiadau gelynion. Felly hefyd mae ffydd y Cristion yn amddiffynfa iddo yn ei frwydr 'â nerthoedd y ddraig'. Mae Duw yn gysgod ymhob brwydr, a brwydr yw'r bywyd Cristnogol o'i ddechrau i'w ddiwedd.

GWEDDI
Helpa ni, Arglwydd, i'th gael yn gysgod rhag pob storm ac yn gynhaliaeth yn ei chanol, trwy Iesu Grist. Amen.

Tyred, Arglwydd Iôr, i lawr

Caneuon Ffydd: Rhif 206

Tyred, Arglwydd Iôr, i lawr;
tyred yn dy gariad mawr;
tyred, una ni bob un
yn dy gariad pur dy hun.

O llefara air yn awr,
gair a dynn y nef i lawr;
ninnau gydag engyl nen
rown y goron ar dy ben.

Yma nid oes gennym ni
neb yn arglwydd ond tydi;
ac ni cheisiwn arall chwaith
oesoedd tragwyddoldeb maith.

Arglwydd, disgyn oddi fry,
ac yn awr o fewn dy dŷ
tyn ni atat, gwna ni'n un
yn dy gariad pur dy hun.

R. J. DERFEL, 1824-1905

MYFYRDOD

Nid wyf fi a'm cenhedlaeth yn cofio trafod mawr y chwedegau ar uno'r enwadau, ond cofir i ni fod yn trafod yr un pwnc yn nechrau'r ganrif hon. Gwrthodwyd y cynllun uno hwnnw hefyd. Nid dyma'r lle i fanylu ar hyn. Digon yw dweud bod gwrthod unrhyw fath o gydweithio yn gam mawr â'r dystiolaeth Gristnogol heddiw, a ninnau'n byw yn oes y capeli gweigion a niferoedd y gweinidogion traddodiadol ordeiniedig yn prinhau'n arswydus. Ond na ddigalonnwn! Teimlaf heddiw fod adfywiad i'r cyfeiriad hwn ymysg pobl ifanc, ond eu cri yn gyffredinol yw nad oes ots ganddynt ym mha enwad y gweinidogaethant. Pe bai rhywun wedi dweud wrthyf pan gefais f'ordeinio i gyflawn waith y weinidogaeth gyda'r Annibynwyr ym 1987 y byddwn yn gorfod cymryd gofal o eglwys o enwad arall, byddwn wedi ystyfnigo a mulo'n llwyr. Ond stori wahanol iawn yw hi bellach.

Rhaid i'r eglwysi a'r gweinidogion addasu yn ôl gofynion ac amgylchiadau pob cyfnod.

Ond y mae uno dyfnach nag uno gweledol, a'm safbwynt i yw fod pob ymgais weledol i uno yn gyfrwng i ddyfnhau'r uno dyfnach.

Nid yw diwinyddiaeth gadarn Williams Pantycelyn yn ei emyn mawr

> Duw, tyrd â'th saint o dan y ne',
> o eitha'r dwyrain pell i'r de,
> i fod yn dlawd, i fod yn un,
> yn ddedwydd ynot ti dy hun

ym meddiant R. J. Derfel yn yr emyn hwn, ond mae'n cyffwrdd â'r mater. Dyheu yn syml y mae am undod ysbrydol cynulleidfa wrth addoli. Er na feddwn ar yr un doniau a'r un galluoedd, gallwn gyplu â'r Tragwyddol a bod yn un ynddo ef. Ar nifer o organau ceir stopyn â'r label 'Swell to Great', ac ystyr hynny yw cyplu'r ddwy allweddell sydd gan nifer o organau i roi mwy o lawnder i'r canu. Nid oes angen i mi ychwanegu mai Duw yw'r 'Great' a'n bod ninnau, yn ein gwendid, yn dod yn un ag ef trwy Grist. Yng Nghorinth roedd dwy garfan yn yr eglwys, y naill yn tueddu i ddilyn Paul a'r llall Apolos. Ond meddai Paul wrthynt: 'Beth ynteu yw Apolos? Neu beth yw Paul? Dim ond gweision y daethoch chwi i gredu drwyddynt, a phob un yn cyflawni'r gwaith a gafodd gan yr Arglwydd' (1 Corinthiaid 3:5). Canlyniad yr ymraniad hwn oedd tensiwn ymhlith yr aelodau, ac nid yw hynny'n dderbyniol mewn eglwys.

Mae'n hanfodol felly ein bod yn osgoi unrhyw ymrannu, a dyna sy'n egluro apêl yr emynydd am undod yn y pennill cyntaf ('tyred, una ni bob un yn dy gariad pur dy hun') a'r olaf ('tyn ni atat, gwna ni'n un yn dy gariad pur dy hun').

A phan gyffeswn, fel y gwneir yn y trydydd pennill, mai un Arglwydd sydd gennym, byddwn ar yr un donfedd â'r Hollalluog ei hun. Dyma grynhoad Iesu o'r mater: 'Rwy'n gweddïo ar iddynt oll fod yn un, ie, fel yr wyt ti, O Dad, ynof fi a minnau ynot ti, iddynt hwy hefyd fod ynom ni, er mwyn i'r byd gredu mai tydi a'm hanfonodd i' (Ioan 17:21).

GWEDDI

Mewn oedfa, Arglwydd, gallwn fod ymhell iawn oddi wrthyt, yn ein meddyliau a'n teimladau. Gallwn fod ymhell oddi wrth anghenion ein gilydd hefyd. Maddau i ni'r pellter hwn yn Iesu Grist. Amen.

Arnom gweina dwyfol Un

Caneuon Ffydd: Rhif 212

Arnom gweina dwyfol Un
  heb ei ofyn;
mae ei ras fel ef ei hun
  yn ddiderfyn;
blodau'r maes ac adar nef
  gedwir ganddo,
ond ar ddyn mae'i gariad ef
  diolch iddo.

Disgwyl y boreddydd wnawn
  mewn anghenion,
ac fe dyr ag effa lawn
  o fendithion;
gad ei fendith ar ei ôl
  wrth fynd heibio;
Duw rydd eilwaith lond ei gôl:
  diolch iddo.

Ond mae bendith gyda Duw
  well na'r cyfan,
bendith y bendithion yw -
  duwiol anian;
am y bara bery byth
  heb heneiddio
canwn tra bo ynom chwyth:
  diolch iddo.

DYFED, 1850-1923

MYFYRDOD

Cofiaf Huw Jones Edwards, ysgrifennydd presennol capel Annibynwyr y Brithdir, yn adrodd stori am hen frawd yn y Brithdir yn camddarllen gair yn llinell gyntaf yr emyn hwn. 'Arnom *gweina* dwyfol Un' sy'n gywir, wrth gwrs, ond yr hyn a gafwyd gan yr hen frawd oedd 'Arnom *gwena* dwyfol Un'. Mae'n gamgymeriad da, am fod Duw yn gwenu ar y rhai sy'n ei garu. Ond 'gweini' yn hytrach na 'gwenu' oedd dewis ferf Dyfed.

    Duw yn gweini yw'r syniad, yn gweini ei roddion arnom heb i ni ofyn dim ganddo. Yr un darlun a gawn yn Salm 23, adnod 5: 'yr wyt yn arlwyo bwrdd o'm blaen'. Fel y gwyddom, eithriadau prin yw'r rhai sy'n barod i arlwyo a gweini mewn bwytai, ond mae Duw yn arlwyo ac yn gweini ar bawb a phopeth, gan gynnwys 'blodau'r maes ac adar nef'. Serch hynny, fel y nodir yn y llinell syfrdanol o bwysig ar ddiwedd y pennill cyntaf, 'ar ddyn mae'i gariad ef'. Pa mor bwysig bynnag yw anifeiliaid, pobl yw prif gonsýrn Duw. Darllener Salm 8 ar ei hyd am esboniad llawn ar gariad Duw tuag atom a'n lle yn y greadigaeth.

Yn yr ail bennill â Dyfed ymlaen i gydnabod cymaint y dibynnwn ar Dduw, sy'n arllwys arnom yn feunyddiol 'effa lawn o fendithion'. Mesur yw 'effa', a byddai effa lawn yn bwysau go drwm. Pa le bynnag yr aiff, felly, bydd Duw yn gadael stôr o fendithion ar ei ôl.

Yn y pennill olaf, a'r awdur yn cyfeirio eto at ddyn, cawn sicrwydd mai 'duwiol anian' yw'r fendith fwyaf a roes Duw i'w bobl. Dim ond trwy Iesu Grist y'n meddiennir gan yr anian hon. Ef sy'n dod i mewn i'r galon ac yn ei sancteiddio, a chrynhoir hynny'n glyfar iawn yn y trydydd pennill drwy gyfeirio at Iesu Grist fel Bara'r Bywyd. Trwy'r Bara hwn y rhoddir i ni anian ddiolchgar, ddiymhongar a duwiol.

GWEDDI

Diolch i ti, Arglwydd, am weini a gwenu arnom. Maddau i ni ein diffyg rhannu a'n diffyg gwenu yn dy waith. Helpa ni i sylweddoli mai ein braint yw cydnabod ein diolch i ti trwy Fara'r Bywyd ei hun. Amen.

Mae d'eisiau di bob awr

Caneuon Ffydd: Rhif 221

Mae d'eisiau di bob awr,
  fy Arglwydd Dduw,
daw hedd o'th dyner lais
  o nefol ryw.

Mae d'eisiau, O mae d'eisiau,
  bob awr mae arnaf d'eisiau,
bendithia fi, fy Ngheidwad,
  bendithia nawr.

Mae d'eisiau di bob awr,
  trig gyda mi,
cyll temtasiynau'u grym,
  yn d'ymyl di.

Mae d'eisiau di bob awr,
  rho d'olau clir,
rho imi nerth, a blas
  dy eiriau gwir.

Mae d'eisiau di bob awr,
  sancteiddiaf Ri,
yn Iesu gwna fi'n wir
  yn eiddot ti.

ANNIE S. HAWKS, 1835-1918
cyf. IEUAN GWYLLT, 1822-77

MYFYRDOD

Un o gyfieithiadau diwygiadol Ieuan Gwyllt yw hwn o emyn yr Americanes Annie S. Hawks, 'I need thee every hour'. Bu cryn ganu ar yr emyn hwn mewn diwygiadau yng Nghymru, a hawdd dychmygu cynulleidfa'n mynd i hwyl, yn arbennig yn y cytgan, a'r pwyslais trwm ar yr 'O': 'Mae d'eisiau, O mae d'eisiau.' Un o beryglon yr emyn hwn yw gadael iddo apelio at yr emosiwn yn unig, ond o'i ddefnyddio'n gywir, gall droi'n wir fendith. Pam, felly, mae arnom eisiau'r Arglwydd? Cynigir tri rheswm yn y penillion.

    Y rheswm cyntaf yw tyner lais yr Arglwydd. Daw hedd ohono, ac oherwydd cythrwfl y galon ddynol, mae gwir angen yr hedd hwnnw arni.

    Yr ail reswm yw fod temtasiynau'n colli'u grym yn ymyl Duw; nid yn diflannu, sylwer, ond yn colli'u grym yn llwyr yn y galon.

    Y trydydd rheswm yw fod Duw yn rhoi blas newydd ar ei eiriau. Pan ddaw person i ffydd, bydd yn gweld y Beibl a'i ymadroddion yn dawnsio fel perlau newydd, bywiog o flaen ei lygaid. I'r sawl nad yw'n perthyn i'r Ffydd, dim ond bwndel o eiriau beichus yw'r Beibl sydd wedi colli'u blas a'u pwrpas yn yr oes bresennol. Ond, a dyfynnu Elfed, i'r rhai sydd ar lwybr iachawdwriaeth,

> maent o hyd yn newydd,
> maent yn llawn o'r nef;
> sicrach na'r mynyddoedd
> yw ei eiriau ef.

Ym mhennill olaf yr emyn cyhoeddir yn berffaith eglur mai drwy Iesu Grist yn unig y gwneir y pechadur edifeiriol yn eiddo Duw. Ni ddown at Dduw drwy ein galluoedd ein hunain – trwy Iesu Grist, a neb arall, y down ato.

Nid oes amheuaeth fod yr emyn, a'r dôn hon o waith Robert Lowry, yn gallu cyffwrdd a thanio cynulleidfa, a chreu awyrgylch gwbl drydanol.

GWEDDI

Mae dy angen arnom, O Arglwydd. Waeth i ni beidio â'n twyllo ein hunain a dweud y medrwn wneud hebot. Ti a rydd ystyr i'n byw, i'n symud a'n bod trwy Iesu Grist. Amen.

Llefara, Iôr, nes clywo pawb

Caneuon Ffydd: Rhif 234

Llefara, Iôr, nes clywo pawb
dy awdurdodol lais,
a dyro iddynt ras i wneud
yn ôl dy ddwyfol gais.

Goresgyn, â galluoedd glân
dy deyrnas fawr dy hun,
bob gallu a dylanwad drwg
sydd yn anrheithio dyn.

Teyrnasa dros ein daear oll,
myn gael pob gwlad i drefn:
O adfer dy ddihalog lun
ar deulu dyn drachefn.

Gwna'n daear oll fel Eden gynt,
yn nefoedd fach i ni,
a bydded, tra bo'n ddaear mwy,
yn sanctaidd deml i ti.

R. J. DERFEL, 1824-1905

MYFYRDOD

Emyn yn galw am ddyfodiad teyrnas Dduw yw hwn gan R. J. Derfel.

Geilw'r awdur yn y pennill cyntaf ar i bawb 'wrando' ar lais Duw er mwyn gweithredu cyfiawnder. Er ei bod yn ystrydeb, mae gwirionedd yn yr honiad nad pawb sy'n clywed sy'n gwrando. Yn gyson bob bore gwrandawaf ar Radio Cymru yn y car. Byddaf yn *clywed* pob gair gan Dafydd Du ac Eleri Siôn, ond ni allaf honni i mi *wrando* ar bopeth. Bydd pobl yn *clywed* pregethwyr, ond mater arall yw a ydynt yn *gwrando*! Cystal dweud bod *gwrando* yn grefft, a bod *gwrando* lawn cyn bwysiced yng ngweinidogaeth Iesu Grist. Ni allaf ddarllen y pennill cyntaf heb i'm meddwl droi at yr adnod honno yn Llyfr Cyntaf Samuel (3:10), lle y dywed Samuel wrth Dduw: 'Llefara, canys y mae dy was yn gwrando', a phe cawn i fy ffordd, newidiwn linell gyntaf y pennill i 'Llefara, Iôr, nes *gwrendy* pawb'.

Mae'r ail bennill yn gofyn i Dduw oresgyn â 'galluoedd glân' ei deyrnas 'bob gallu a dylanwad drwg sydd yn anrheithio dyn'. I deyrnas Dduw y perthyn glendid; i deyrnas Satan, aflendid. Beth yw'r 'galluoedd glân' hyn? Cawn yr ateb, mi gredaf, gan Paul: 'Ond pethau ffôl y byd a ddewisodd Duw er mwyn cywilyddio'r doeth, a phethau gwan y byd a ddewisodd Duw i gywilyddio'r pethau cedyrn, a phethau distadl y byd, a phethau dirmygedig, a ddewisodd Duw, y pethau nid ydynt, i ddiddymu'r pethau sydd' (1 Corinthiaid 1:27–28). Dyma'r galluoedd sy'n concro pob aflendid. Wrth gwrs, Iesu Grist a'i groes yw ffynhonnell y galluoedd glân hyn.

Ni wn ai cywir yr honiad gan y diweddar amryddawn Ryan Davies mai emyn Watcyn Wyn 'Rwy'n gweld o bell y dydd yn dod' (rhif 257) yw un o emynau mwyaf Cymru. Mae'n sicr yn emyn gobeithiol, a chywir yw'r honiad mai trwy Iesu Grist a'i Efengyl y daw trefn i fyd rhanedig a bod rheidrwydd ar bob Cristion i gredu mai trwy'r groes y lleddir pob gelyniaeth (Effesiaid 2:16). Trwy'r groes hefyd yr adferir 'dihalog lun' yr Arglwydd 'ar deulu dyn drachefn'. Collwyd y 'dihalog lun' yng Nghwymp Eden; trwy'r groes y'i hadferir.

Yn y drydedd bennod yn Llyfr Genesis y ceir y cyfeiriad at Ardd Eden a'r Cwymp. Gweddi fawr yr awdur yn y pennill olaf yw y gwelwn ein daear eto yn baradwys 'fel Eden gynt'. Cofiaf y diweddar Barchedig J. W. Jones, Conwy yn dweud mewn pregeth flynyddoedd yn ôl ei fod yn hoffi 'bod' yn yr ardd ond i rywun arall ei thrin. Ameniaf innau'r gwron hwnnw! Diddorol iawn yw defnydd yr awdur o'r ansoddair 'bach' yn nechrau'r pennill hwn. Awgrymaf yn garedig nad ei ddefnyddio i gyfeirio at faint y nefoedd y mae, ond i gyfleu anwyldeb: 'Gwna'n daear oll fel Eden gynt, yn *nefoedd fach* i ni.' Bid a fo am hynny, ein dymuniad ninnau, wrth reswm, yw gweld ein daear yn lle diogel i fyw ynddo, a chyfiawnder Duw yn teyrnasu ar bob lefel.

GWEDDI

Gwna ni'n awyddus, Arglwydd, i wrando arnat ac i beidio â chlebran cymaint. Gwna ni'n barod i weithredu dy gyfiawnder fel y gŵyr y ddaear oll mai ti a'i creodd. Amen.

Cofiwn am gomisiwn Iesu

Caneuon Ffydd: Rhif 239

Cofiwn am gomisiwn Iesu
   cyn ei fyned at y Tad:
"Ewch, pregethwch yr Efengyl,
   gwnewch ddisgyblion ymhob gwlad."
Deil yr Iesu eto i alw
   yn ein dyddiau ninnau nawr;
ef sy'n codi ac yn anfon
   gweithwyr i'w gynhaeaf mawr.

Cofiwn am addewid Iesu
   adeg ei ddyrchafael ef:
"Byddaf gyda chwi'n wastadol
   pan ddaw arnoch nerth o'r nef."
Daeth ei Ysbryd Glân fel golau
   anorchfygol newydd wawr,
gan aeddfedu gwedd y meysydd
   erbyn y cynhaeaf mawr.

Cofiwn heddiw mewn cywilydd
   am fod drain ac efrau'n bla
yn dolurio wyneb daear
   ac yn tagu'r tyfiant da:
ond mae gwaith yr Iesu'n allu
   mwy na phechod dua'r llawr;
ein hanrhydedd ydyw arddel
   meistr y cynhaeaf mawr.

JOHN ROBERTS, 1910-84

MYFYRDOD

Bu'r Parchedig John Roberts yn weinidog amlwg gyda'r Presbyteriaid gydol ei oes ac yn bregethwr ac yn fardd o'r radd flaenaf. Bu'n gweinidogaethu yn y Carneddi, Bethesda; Y Garth, Porthmadog; Capel Tegid, y Bala; a Moreia, Caernarfon.

Ceir her ym mhennill cyntaf yr emyn hwn i bawb sy'n arddel y Ffydd Gristnogol, ac y mae'n her sy'n seiliedig ar eiriau Iesu Grist yn ei gomisiwn i'w ddisgyblion: 'Ewch i'r holl fyd a phregethwch yr Efengyl i'r greadigaeth i gyd' (Marc 16:15). Mor hawdd yw meddwl am genhadu fel gweithgaredd o oes a fu, ond y gwir amdani yw fod Iesu Grist yn dal i alw pobl i'r gwaith hwn heddiw. Mor hawdd yw cyfyngu cenhadu i weinidogion ac offeiriaid. Nid dyna alwad yr Efengyl; geilw bawb i'r gwaith hwn, ac er na fydd cynifer yn ymateb ag o'r blaen, bydd nifer yn ymateb gan gofio mai 'ef sy'n codi ac yn anfon gweithwyr i'w gynhaeaf mawr'. Pan gynhaliwyd fy nghyfarfod ordeinio yng nghapel Rhyd-y-main ym Medi 1987, digon naturiol ydoedd imi ofyn i'm tad draddodi'r siars yn y gwasanaeth hwnnw. Dyma un frawddeg o'r siars honno: 'Iesu Grist, nid pum eglwys yr ofalaeth hon sydd wedi dy alw di, Iwan ... Cadarnhau'r alwad honno a wnaethant hwy a dim mwy.' Syndod meddwl mai fel arall yr ymagwedda llu o eglwysi!

Yn yr ail bennill â John Roberts yn ei flaen i gyfeirio at addewid Iesu i fod gyda'i ddisgyblion 'hyd ddiwedd y byd'. Mae'r adnod ganlynol hefyd yn allweddol yn y pennill: 'arhoswch yn y ddinas nes eich gwisgo chwi oddi uchod â nerth' (Luc 24:49). Hynny yw, byddai dyfodiad yr Ysbryd Glân yn cadarnhau'r disgyblion yn eu tystiolaeth. Ac fe ddaeth yr Ysbryd yn ei rym, fel yr adroddir yn ail bennod Llyfr yr Actau. Ni waeth i neb ohonom feddwl bod ein tystiolaeth yn mynd i gael unrhyw effaith ar gymdeithas nac ar fyd heb gymorth yr Ysbryd.

Mae'r pennill olaf yn dadansoddi'r sefyllfa heddiw gan ddefnyddio dwy o ddamhegion mwyaf cyfarwydd Iesu Grist, Dameg yr Heuwr a Dameg yr Efrau. Sonia'r naill am ddrain a'r llall am efrau yn tagu pob tyfiant, ac mae'n syndod mor aml y gadawn ninnau i'r ddau ohonynt wneud llanast yn ein bywydau a siglo'n tystiolaeth. Ond nid hwy piau'r gair olaf. Dywedai'r diweddar Ddr R. Tudur Jones yn gyson nad gan bechod nac angau y mae'r gair olaf ond gan Dduw yng Nghrist. Pan welwn holl drychinebau dynoliaeth heddiw ar bob lefel, mae'n dda i ni gofio mai, ie, gan Dduw ei hun yn Iesu Grist y mae'r gair olaf, ac mai iddo ef yn y diwedd y byddwn oll yn atebol.

Mae un gair yn amlwg ar ddiwedd y tri phennill, a'r gair hwnnw yw 'cynhaeaf'. Yn Nameg yr Efrau ceir yr adnod hon lle y dywed Iesu Grist: 'Gadewch i'r ddau [yr ŷd a'r efrau] dyfu gyda'i gilydd hyd y cynhaeaf, ac yn amser y cynhaeaf dywedaf wrth y medelwyr, "Casglwch yr efrau yn gyntaf, a rhwymwch hwy'n sypynnau i'w llosgi, ond crynhowch yr ŷd i'm hysgubor"' (Mathew 13:30). A dyna i chi adnod a ddylai godi arswyd arnom, ac awydd, gobeithio, i dystiolaethu yn enw'r Meistr Mawr.

GWEDDI
Diolch i ti, Arglwydd, am alw pobl i'th wasanaeth ar hyd y canrifoedd, a'n gweddi ni yw:

> O Arglwydd, galw eto
> fyrddiynau ar dy ôl,
> a dryllia'r holl gadwynau
> sy'n dal eneidiau'n ôl.
> (Dafydd Jones)

Amen.

Rhyfeddu 'rwyf, o Dduw

Caneuon Ffydd: Rhif 283

Rhyfeddu 'rwyf, O Dduw,
dy ddyfod yn y cnawd,
rhyfeddod heb ddim diwedd yw
fod Iesu imi'n Frawd.

Dwfn yw dirgelwch cudd
yr iachawdwriaeth fawr,
a'r cariad na fyn golli'r un
o euog blant y llawr.

Ni welodd llygad sant,
ni ddaeth i galon dyn
yr anchwiliadwy olud pell
yn arfaeth Duw ei hun.

Yn wylaidd wrth y groes
myfyriaf fyth ar hyn
yng ngolau y datguddiad mawr
ar ben Calfaria fryn.

DYFNALLT, 1873-1956

MYFYRDOD

Am ddeng mlynedd cyntaf fy ngweinidogaeth yn y cylch hwn, rhwng 1993 a 2003, cefais yr hyfrydwch o gwmni'r Parchedig R. O. G. Williams (1923–2003) yn gymydog hael a hawdd ei gael ymhob cyfyngder. Magwyd Robin (un o Driawd y Coleg) gyda'r Methodistiaid Calfinaidd, neu'r Presbyteriaid, a rhoi'r enw cywir iddynt. Bu'n gweinidogaethu yn Ninmael a Glanrafon rhwng 1950 a 1960 cyn symud i Benrhyndeudraeth a'r cylch ym 1960 ac aros yno hyd 1973. O hynny ymlaen, bu Robin yn llais ac yn wyneb cyfarwydd yn y cyfryngau, a'i allu geiriol yn anhygoel. Yr oedd, heb amheuaeth, yn un o lenorion gorau Cymru. Ond wedi 1973, trodd Robin (a Doris, ei wraig) eu côt enwadol at yr Annibynwyr, a bu'n gofalu am dros ugain mlynedd am y ddiadell yn Seion, Penmorfa. Wedi hynny, gwirionodd Robin ar gyfoeth geiriau a thonau'r *Caniedydd*, ac un o'i ffefrynnau mawr oedd yr emyn hwn, wedi'i briodi â thôn odidog Joseph Parry, 'Gwengar'. 'Ma' hi'n odidog' fyddai sylw cyson Robin annwyl. 'Ma' hi'n mynd â chdi o'r dechrau i'r diwedd, yn tydi, Iwan?'

Emyn dwys-fyfyrgar J. Dyfnallt Owen (Dyfnallt) yw hwn, sy'n dechrau gyda'r rhyfeddod cwbl anesboniadwy hwnnw o Dduw yn dod atom ym Mherson Iesu Grist. Ceir adlais yn y pennill cyntaf o frolog Efengyl Ioan: 'Yn y dechreuad yr oedd y Gair; yr oedd y Gair gyda Duw, a Duw oedd y Gair … A daeth y Gair yn gnawd a phreswylio yn ein plith' (Ioan 1:1,14). Oni chollasom y ddawn i ryfeddu heddiw? Daw un o benillion Rhydwen Williams i'r meddwl yn syth:

Yn nheyrnas diniweidrwydd –
gwae hwnnw wrth y pyrth;
rhy hen i brofi'r syndod,
rhy gall i weld y wyrth.

Trychineb yw colli'r ddawn hon, a llithro i ddifaterwch *so what* ein cyfnod. Ond nid rhyfeddod yr ymgnawdoliad yn unig sydd gan Dyfnallt mewn golwg yn y pennill cyntaf; rhyfedda hefyd at agosatrwydd Iesu a'r ffaith drawiadol fod 'Iesu imi'n Frawd'.

Mae'r ail bennill yn yr un ysbryd â'r cyntaf, ac yn sôn am ddirgelwch yr ymgnawdoliad a'r 'iachawdwriaeth fawr'. Daeth yr iachawdwriaeth inni drwy'r ymgnawdoliad: 'Bydd yn esgor ar fab, a gelwi ef Iesu, am mai ef a wareda ei bobl oddi wrth eu pechodau' (Mathew 1:21). Yn ail ran y pennill gwelir na fyn y Cariad Dwyfol 'golli'r un o euog blant y llawr'. Mae hynny'n adlais cryf iawn o ddamhegion Iesu Grist, yn arbennig y rhai cyfarwydd yn y bymthegfed bennod o Efengyl Luc.

Rhaid cydnabod bod y trydydd pennill yn ein tywys i dermau pur dywyll i'n cyfnod ni:

Ni welodd llygad sant,
ni ddaeth i galon dyn
yr anchwiliadwy olud pell
yn arfaeth Duw ei hun.

Ond yr ystyr, unwaith eto, yw dirgelwch yr hyn a wnaeth Duw drosom, ac yn fwy na hynny hyd yn oed, yr hyn a drefnodd ar ein cyfer cyn creu'r byd, a ninnau, oherwydd ein cyflwr pechadurus, yn methu â dirnad yn llawn ei holl allu. Ceisia'r Apostol Paul egluro hyn yn ei adnod: 'Hysbysodd i ni ddirgelwch ei ewyllys, yn unol â'r bwriad a arfaethodd yng Nghrist' (Effesiaid 1:9).

Crynhoa'r awdur neges ei emyn yn y pennill olaf, sef na ellir gweld dim yn glir ond yng ngoleuni croes Calfaria. Ni all neb ohonom ddeall holl ddirgelwch y groes, ond mae un ffaith amdani yn eglur, fel y noda Paul: 'Oblegid y gair am y groes, ffolineb yw i'r rhai sydd ar lwybr colledigaeth, ond i ni sydd ar lwybr iachawdwriaeth, gallu Duw ydyw' (1 Corinthiaid 1:18). Dim ond drwy edrych ar y groes a'r atgyfodiad y gwelir neges yr Efengyl yn ei chyfanrwydd, a'i phwrpas yn ein hanes ni.

GWEDDI

Yn oes y datblygiadau mawr gwyddonol, Arglwydd, gwared ni rhag colli'r ddawn i ryfeddu at dy gariad anfeidrol di yn Iesu Grist. Amen.

N'ad i'm fodloni ar ryw rith

Caneuon Ffydd: Rhif 291

N'ad im fodloni ar ryw rith
   o grefydd, heb ei grym,
ond gwir adnabod Iesu Grist
   yn fywyd annwyl im.

Dy gariad cryf rho'n f'ysbryd gwan
   i ganlyn ar dy ôl;
na chaffwyf drigfa mewn un man
   ond yn dy gynnes gôl.

Goleuni'r nef fo'n gymorth im,
   i'm tywys yn y blaen;
rhag imi droi oddi ar y ffordd
   bydd imi'n golofn dân.

DAFYDD MORRIS, 1744-91

MYFYRDOD

Yn nechrau'r emyn hwn geilw Dafydd Morris ar Dduw am gymorth i beidio â bodloni 'ar ryw rith o grefydd'. Yr hyn a olygir wrth 'rith o grefydd' yw cysgod o wir grefydd lle y cedwir yr allanolion – ffurf a threfn a defod – a dim mwy. Cafwyd dos ddiamheuol o hynny yn eglwysi Cymru, cymaint o ddos nes y collwyd mwy nag un genhedlaeth o bobl. Wrth gwrs, ceir cyswllt agos iawn rhwng 'rhith' a 'rhagrith', a chanfu llawer un ein rhagrith ni dros y blynyddoedd. Condemnir rhagrith gan Iesu Grist yn gyson yn ei weinidogaeth. Pan ddechreuwyd torri pobl allan o'r eglwys am eu pechodau honedig, cafodd rhagrith droedle cadarn y tu mewn i'w drws. Pan ddaeth Dirwest yn waredwr, aeth yn rhemp.

'Gwir adnabod Iesu Grist' yw'r nod, medd yr emynydd. Pâr hynny imi feddwl am linell John Thomas 'Ei 'nabod ef yn iawn' (*Caneuon Ffydd*, 344) ac am adnod gyfarwydd Paul at Timotheus: 'y mae cyfoeth mawr mewn bywyd duwiol ynghyd â bodlonrwydd mewnol' (1 Timotheus 6:6).

Lle bynnag y ceir rhagrith bydd cariad yn brin, deddf yn bwysicach na duwioldeb, a rhyddid yn troi'n gaethiwed. Mae rhagrith yn wrthun i Iesu Grist; erfynia ef am le i gariad deyrnasu yn y galon ac yn yr Eglwys, y cariad hunanaberthol hwnnw a welwyd ar y groes, sy'n croesawu pawb yn hytrach na'r ychydig. A oes perygl hefyd, o ganlyniad i ragrith, i'n heglwysi droi'n elitaidd yn yr ystyr fod croeso i bawb ar yr amod eu bod yn derbyn yr un credo â ni, eu bod o'r un gallu â ni, neu'n perthyn i'r un blaid wleidyddol â ni? Ni ddylai'r un pregethwr esgyn i bulpud i bregethu propaganda'r un blaid wleidyddol; dylai pregethau a'r addoli yn gyffredinol gynnwys gwleidyddiaeth yn ei hystyr ehangach. Gwilym Hiraethog a anogodd weinidogion ei gyfnod i esgyn i bulpud â Beibl yn un llaw a phapur dyddiol yn y llall a cheisio gweld y gydberthynas rhyngddynt. Mae cariad Iesu yn cynnwys pawb; ni thry ef yr un pechadur edifeiriol ymaith – fe'i derbyn â breichiau agored.

Gwyddom mai Iesu yw 'goleuni'r byd' a 'goleuni'r bywyd' ac na fydd neb sy'n ei ganlyn 'byth yn rhodio yn y tywyllwch' (Ioan 8:1). A dyna'r union oleuni yr erfyn Dafydd Morris amdano ar ei daith drwy fywyd, y 'golofn dân' i'w gadw rhag 'troi oddi ar y ffordd' a mynd ar ddisberod.

GWEDDI

Am lawenydd y bywyd Cristnogol, diolchwn i ti. Am ryddid yr Efengyl, clodforwn dy enw ardderchog yn Iesu Grist. Am blannu ynom yr awydd i fyw dy gariad, derbyn ein moliant yn Iesu Grist. Amen.

Newyddion braf a ddaeth i'n bro

Caneuon Ffydd: Rhif 308

Newyddion braf a ddaeth i'n bro,
hwy haeddent gael eu dwyn ar go',
mae'r Iesu wedi cario'r dydd,
caiff carcharorion fynd yn rhydd.

O llawenhawn, cydlawenhawn
am ddyfod Iesu Grist i'n byd;
efe yw'r Gair, Duw cariad yw,
efe yw'r gobaith inni i gyd:
Halelwia! Llawenhawn, cydlawenhawn
am ddyfod Iesu Grist i'n byd.

Mae Iesu Grist o'n hochor ni,
fe gollodd ef ei waed yn lli;
trwy rinwedd hwn fe'n dwg yn iach
i'r ochor draw mhen gronyn bach.

Wel, f'enaid, bellach cod dy ben,
mae'r ffordd yn rhydd i'r nefoedd wen;
mae'n holl elynion ni yn awr
mewn cadwyn gan y Brenin mawr.

JOHN DAFYDD, 1727-83
cytgan ELFED LEWYS, 1934-99

MYFYRDOD

Crydd o Gaio, Sir Gaerfyrddin, oedd John Dafydd. Bu'n gynghorwr gyda'r Methodistiaid, ond dywedir mai gyda'r Bedyddwyr yn Bethel, Caio, yr addolai.

Cyhoedda'r emyn cyfarwydd hwn yn ddiflewyn-ar-dafod fod Iesu Grist wedi ei atgyfodi a bod angen cyhoeddi'r neges honno er mwyn i 'garcharorion fynd yn rhydd'. Cawn ein hatgoffa, wrth ddarllen y pennill cyntaf, o'r hanes hwnnw yn Llyfr yr Actau (16:16–40) am Paul a Silas yn y carchar. Ond y gwir amdani yw fod sawl math o garchar: carchar yw pechod yn ei holl agweddau, a 'chario'r dydd' ar bechod a drygioni a wnaeth y Crist Atgyfodedig. A beth yw goblygiadau hyn i ni? 'Y mae gennym fuddugoliaeth lwyr trwy'r hwn a'n carodd ni,' meddai Paul yn ei lythyr at y Rhufeiniaid (8:37).

Naturiol felly yw dod i'r casgliad fod Iesu Grist 'o'n hochor ni'. Os credwn ynddo, bydd yn achub ein cam, yn pledio drosom gerbron Duw ac yn ein cefnogi hyd yr eithaf. Dyna a ddigwyddodd ar Galfaria yn y dioddefaint – Iesu Grist yn derbyn y gosb eithaf ac yn marw er mwyn i ni gael mynediad i ffordd newydd rydd i'r 'nefoedd wen'.

Ni allwn ond codi ein pennau'n llawen a diolch iddo am yr hyn a wnaeth drosom. Os cadwn ein pennau i lawr yn barhaus, ni welwn ddim pellach na'n traed, ac y mae yn y fan honno, goddefer i mi ddweud, ddarlun rhy gywir ohonom fel Cristnogion. Cadwn ein pennau yn y tywod yn hytrach na gorfoleddu a datgan na all neb ein dinistrio. 'Colyn angau yw pechod, a grym pechod yw'r Gyfraith. Ond i Dduw y bo'r diolch, yr hwn sy'n rhoi'r fuddugoliaeth i ni trwy ein Harglwydd Iesu Grist' (1 Corinthiaid 15:56). Diolchwn fod 'ein holl elynion ni yn awr mewn cadwyn gan y Brenin mawr'.

Gwnaeth y diweddar Barchedig Elfed Wyn Lewys gymwynas fawr â ni drwy lunio cytgan i'w chanu gyda'r emyn ar y dôn 'Newyddion Braf' (*Caneuon Ffydd*, 256). I'r sawl na chafodd y fraint o'i adnabod, yr oedd Elfed Lewys yn un o'r cymeriadau hynny na welir mo'u tebyg ond unwaith yn y pedwar amser. Roedd yn weinidog cwbl anghonfensiynol o ran ei wisg a'i arddull, ac yn un bwrlwm o athrylith. Roedd yn actor ac yn faledwr, a bu'n arloeswr gydag aelwyd Penrhys ym Maldwyn tra oedd yn weinidog yno. Roedd yn ymgorfforiad o lawenydd, a hawdd iawn gan lawer ohonom fyddai dychmygu ei glywed eto'n torri allan i ganu mewn gorfoledd, ac nid o raid mewn capel:

> O llawenhawn, cydlawenhawn
> am ddyfod Iesu Grist i'n byd;
> efe yw'r Gair, Duw cariad yw,
> efe yw'r gobaith inni i gyd:
> Halelwia! Llawenhawn, cydlawenhawn
> am ddyfod Iesu Grist i'n byd.

GWEDDI

Gwna i ni sylweddoli, Arglwydd, ein braint o gael tystio i'r newyddion da o lawenydd mawr sydd yng Nghrist. Gwna i ni sylweddoli mai ef, ac ef yn unig, yw ein gobaith, yn hyn o fyd ac am byth. Diolch i ti am newyddion braf mewn byd o newyddion drwg. Amen.

Wele wrth y drws yn curo

Caneuon Ffydd: Rhif 317

Wele wrth y drws yn curo,
  Iesu, tegwch nef a llawr;
clyw ei lais ac agor iddo,
  paid ag oedi fuunud awr;
    agor iddo,
  mae ei ruddiau fel y wawr.

Parod yw i wneud ei gartref
  yn y galon euog, ddu
a'i phrydferthu â grasusau,
  gwerthfawr ddoniau'r nefoedd fry;
    agor iddo,
  anghymharol Iesu cu.

O mor felys fydd cael gwledda
  ar yr iachawdwriaeth rad,
wedi gadael byd o drallod,
  draw yn nhawel dŷ ein Tad;
    agor iddo,
  cynnig mae y nef yn rhad.

IEUAN O LEYN, 1814-93

MYFYRDOD

Nid yw pentref Llaniestyn 'ym mherfeddion hen wlad Llŷn', ys dywedodd Cynan, yn un o'r pentrefi hawsaf i ddod o hyd iddo, er i mi dreulio cyfnodau dedwydd iawn yno yn blentyn yng nghwmni perthnasau ar aelwyd ffarm Rhos-goch. (Ar yr aelwyd honno, gyda llaw, y magwyd William Lloyd, cyfansoddwr y dôn 'Meirionnydd'.) Yng ngolwg y ffarm saif capel yr Annibynwyr, Rehoboth – adeilad llydan, plaen sy'n enghraifft gwbl nodweddiadol o gapel cefn gwlad. Ar fur y capel hwnnw gwelir cofeb i John Henry Hughes, a fagwyd yn Nhy'n Pwll, Llaniestyn, ond a fu'n genhadwr am flynyddoedd yn Demerara. Ei enw barddol oedd Ieuan o Leyn, ac ef sy'n gyfrifol am yr emyn cofiadwy a syml hwn.

Sail gwbl ysgrythurol sydd i'r emyn, fel y gwelir yn y llinell gyntaf, 'Wele wrth y drws yn curo'. Nid oes ond rhaid darllen y drydedd bennod yn Llyfr y Datguddiad ac fe ddeuir at yr adnod: 'Wele, yr wyf yn sefyll wrth y drws ac yn curo; os clyw rhywun fy llais ac agor y drws, dof i mewn ato a bydd y ddau ohonom yn cydfwyta gyda'n gilydd.' O ganlyniad, mi gredaf, i gampwaith celfyddydol Holman Hunt yn dangos Iesu Grist yn sefyll wrth ddrws â lamp yn ei law, collwyd golwg ar y ffaith mai ar gyfer yr eglwys yn Laodicea, yr eglwys lugoer honno, y bwriadwyd y geiriau i ddechrau gan awdur Llyfr y Datguddiad.

Wedi dweud hynny, cystal ychwanegu os nad yw Iesu yn y galon unigol, nid yw yn yr eglwys chwaith, a dyna gyfiawnhad perffaith dros fodolaeth gorchestwaith Hunt. Galwad daer sydd yma ar i ni agor drws y galon a drws yr eglwys iddo gan sylweddoli mai ef yw'r Pen a ni yw'r corff.

Â Ieuan o Leyn yn ei flaen i nodi bod yr union Iesu hwn yn barod iawn 'i wneud ei gartref yn y galon euog, ddu', ond gyda'r bwriad o'i 'phrydferthu â grasusau, gwerthfawr ddoniau'r nefoedd fry'. Pan ddeuthum i'r cylch hwn yn weinidog ym 1993, yr oedd ar restr aelodau Soar, Pen-y-groes, enw Dan Wyn Jones, a fu farw, gyda llaw, yn nechrau'r flwyddyn 2000. Trydanwr ydoedd cyn ymddeol, a'i bennaf diddordeb wedi ymddeol oedd mynd i'r afael ag offer trydanol, yn arbennig stofau. Ar un cyfnod caem ar yr aelwyd hon drafferthion gyda'r stof, a buom yn galw'n gyson am arbenigedd Dan Wyn. Deuai yntau'n fodlon ac ymgomio'n braf am ran helaeth o'r dydd. Wedi eistedd ac yfed sawl cwpanaid ac ysmygu sawl sigâr, deuai'r frawddeg hon o'i enau'n gyson: 'Wel, 'sa'n well i mi neud rhwbath wedi 'mi ddŵad yma, yn b'asa?' A dyna'r gwir am Iesu. Pan ddaw i mewn i'r galon ddynol, dod i 'neud rhwbath' y mae, nid i adael pethau fel y maent. Mae emyn John Elias yn cerdded i'r un cyfeiriad pan ddywed:

> A'i waed a ylch y galon ddu
> yn lân fel eira gwyn.

Ym mhennill olaf yr emyn ceir adlais arall o'r adnod o Lyfr y Datguddiad a ddyfynnwyd uchod. Wedi i ni roi lle i Iesu bydd yntau'n fodlon i ni rannu mewn gwledd gydag ef – nid gwledd yn y byd a'r bywyd hwn, ond gwledd yn y nefoedd a baratowyd i bawb a gred ynddo.

Byrdwn pob pennill yw 'agor iddo'. Pam? Y mae Iesu'n werth ei weld; mae'n fwy na phawb arall, ac mae'n ei gynnig ei hun yn rhad – fe dalodd drosom ni ar y groes. Pwy a feiddia beidio ag ymateb?

GWEDDI

> O Iesu, maddau fod y drws ynghau
> a thithau'n curo, curo dan dristáu.

Boed i ninnau, Iesu Mawr, fedru dweud:

> Mae'r drws yn ddatglo, dangos im dy wedd –
> cael dod yn debyg iti fydd y wledd.

(Elfed)

Amen.

O'r nef mi glywais newydd

Caneuon Ffydd: Rhif 326

O'r nef mi glywais newydd -
    fe'm cododd ar fy nhraed -
fod ffynnon wedi ei hagor
    i gleifion gael iachâd;
fy enaid, rhed yn ebrwydd,
    a phaid â llwfwrhau,
o'th flaen mae drws agored
    na ddichon neb ei gau.

O Arglwydd, dwg fy ysbryd
    i'r ffynnon hyfryd, lân;
ysgafnach fydd fy meichiau,
    melysach fydd fy nghân;
goleuach fydd fy llwybrau,
    a'm camre fydd yn gynt,
fe redaf heb ddiffygio,
    ond teimlo'r dwyfol wynt.

Ti, Iesu, fo hyfrydwch
    fy meddwl i'w fywhau,
a gwrthrych pur fy nghariad
    i'th hoffi a'th fwynhau;
fy ymffrost a'm gogoniant
    drwy hyn o anial daith,
a'm cyflawn iachawdwriaeth
    i dragwyddoldeb maith.

DAFYDD WILLIAM, 1721?-94

MYFYRDOD

I mi, mae apêl fythol i ddelwedd y ffynnon. Fel yr wyf eisoes wedi crybwyll, treuliais ran o'm plentyndod ym mhentref Cemaes yng nghwr pellaf Sir Fôn. Un diwrnod cefais fy nghyfeirio at ffynnon mewn cae ar gyrion y pentref, heb fod nepell o gapel Bethesda'r Presbyteriaid. Fe'm cyfareddwyd gan lendid y ffynnon a bûm yn cyrchu yno'n ddyddiol bron i ddrachtio ohoni, megis Cynan gynt yn drachtio o ddŵr Ffynnon Felinfach. Yn anffodus, wrth grwydro trwy Gemaes yn ddiweddar, sylwais fod stad newydd o dai wedi'i chodi ar safle'r hen ffynnon fach.

Digon naturiol, mae'n debyg, ydoedd i mi ac eraill gyrchu at y ffynnon mor gyson, o gofio'r holl sôn ar y pryd am fflworid yn nŵr tap yr ynys. A chan mai nyrs oedd fy mam, naturiol oedd yr anogaeth i yfed y dŵr glanaf posibl. A pha ddŵr sy'n lanach ac yn burach na dŵr ffynnon?

Yng nghyfnod yr Hen Destament byddai gan bob amaethwr ei ffynnon ei hun, a pheth peryglus fyddai ceisio dwyn dŵr o ffynhonnau eraill. Byddai'r ffynhonnau hyn yn aruthrol o ddwfn, a byddai angen bwced i godi'r dŵr.

Nid ystyriaf yr emyn hwn yn un o oreuon Dafydd William. Mae gormod o ddelweddau wedi'u cymysgu ynddo, a'r canlyniad yn fy marn i yw diffyg cydlyniaeth. Er gwaethaf y cyfeiriad at 'ddrws agored' (sy'n ein harwain yn syth at y geiriau 'a dyma fi wedi rhoi o'th flaen ddrws agored na fedr neb ei gau' yn Datguddiad 3:8) ac at 'ddwyfol wynt' (geiriau sy'n britho penodau cyntaf Llyfr yr Actau), y ffynnon a gaiff sylw pennaf yr emynydd. Serch hynny, mae'r ail bennill, a oedd yn ddiarth iawn i mi cyn cyhoeddi *Caneuon Ffydd*, yn rhyfeddol o brydferth:

> O Arglwydd, dwg fy ysbryd
>   i'r ffynnon hyfryd, lân;
> ysgafnach fydd fy meichiau,
>   melysach fydd fy nghân;
> goleuach fydd fy llwybrau,
>   a'm camre fydd yn gynt,
> fe redaf heb ddiffygio,
>   ond teimlo'r dwyfol wynt.

Mae'n hyfrytach o lawer na'r ail bennill a geid yn *Y Caniedydd* gynt, yn enwedig yr ail hanner:

> Fe gododd Haul Cyfiawnder
>   yn ddisglair yn ei rym;
> gwasgarodd y cymylau
>   ar ôl y gaeaf llym;
> mae myrdd yn awr yn canu
>   telynau'r nefoedd fawr;
> paham na chanwn ninnau
>   delynau bach y llawr?

Mae'r Ysgrythur yn llawn o wahoddiadau i ni ddod i'r Ffynnon a'r Dŵr i'n glanhau a'n puro ac i ennyn ynom fywyd newydd. 'Dewch i'r dyfroedd, bob un y mae syched arno' oedd gwahoddiad Duw ym mhroffwydoliaeth Eseia (55:1). Dyna wahoddiad Iesu hefyd.

GWEDDI

Yng nghanol budreddi bywyd diolchwn i ti, Arglwydd, am wahoddiad i'n golchi a'n glanhau drwy'r glanaf a'r puraf a fu erioed – Iesu Grist, dy Fab, a'n Gwaredwr ninnau. Amen.

Pwy welaf fel f'Anwylyd

Caneuon Ffydd: Rhif 334

Pwy welaf fel f'Anwylyd,
yn hyfryd ac yn hardd,
fel ffrwythlon bren afalau'n
rhagori ar brennau'r ardd?
Ces eistedd dan ei gysgod
ar lawer cawod flin;
a'i ffrwyth oedd fil o weithiau
i'm genau'n well na gwin.

JOHN THOMAS, 1742-1818

MYFYRDOD

Nid gair diarth yn ein hemynyddiaeth yw 'Anwylyd'. Fe'i defnyddir yn gyson iawn gan William Williams, fel y dengys y llinellau 'Gweld ŵyneb fy Anwylyd' a 'F'anwylyd i fydd Iesu Grist'. Ceir yr un teithi meddwl gan Ann Griffiths, fel y gwelir yn ei hemyn 'Wele'n sefyll rhwng y myrtwydd wrthrych teilwng o'm holl fryd'. Ac mae'r cyfan, wrth gwrs, yn gwbl Feiblaidd.

John Thomas yw awdur y pennill hwn. Ei enw barddol oedd Eos Gwynedd a chyhoeddwyd casgliad o'i waith yn 1845 dan olygyddiaeth Caledfryn. Bu'n siopwr ac yn ffermwr ac yn glochydd yr eglwys ym Mhentrefoelas. Yn ôl Delyth Morgans yn *Cydymaith Caneuon Ffydd*, y tebygolrwydd yw i John Thomas lunio'r pennill hwn ar ôl gwrando ar weinidog Annibynnol, John Griffith (1752–1818), yn pregethu yn y Bala.

I ddod o hyd i thema ysgrythurol y pennill rhaid troi i lyfr Caniad Solomon yn yr Hen Destament: 'Fel pren afalau ymhlith prennau'r goedwig yw fy nghariad ymysg y bechgyn. Yr oeddwn wrth fy modd yn eistedd yn ei gysgod, ac yr oedd ei ffrwyth yn felys i'm genau' (2:3). Cyffelyba awdur y pennill Iesu Grist i 'ffrwythlon bren afalau'. Onid oes yma adlais o eiriau mwy cyfarwydd yn y Testament Newydd, 'Myfi yw'r wir winwydden, a'm Tad yw'r gwinllannwr' (Ioan 15:1)?

Heddiw, hyd yn oed mewn cylchoedd crefyddol, ceir llawer sy'n dilorni ac yn dibrisio Person Iesu Grist ac yn ei osod yn yr un categori â phob proffwyd, apostol a sant arall, heb gofio mai Iesu 'yw disgleirdeb gogoniant Duw' (Hebreaid 1:3). Mae Iesu'n rhy fawr i'w gynnwys yn rhengoedd y proffwydi a'r saint, a diolch i Titus Lewis am bwysleisio'i fawredd yn ei emyn cyfarwydd:

>Mawr oedd Crist yn nhragwyddoldeb,
>   mawr yn gwisgo natur dyn,
>mawr yn marw ar Galfaria,
>   mawr yn maeddu angau'i hun;
>hynod fawr yw yn awr,
>Brenin nef a daear lawr.

Mae Iesu, y 'ffrwythlon bren afalau', yn rhagori ar holl 'brennau'r ardd'.

Cawn yn ail ran y pennill ddarlun o'n braint ni o gael eistedd dan gysgod ei ganghennau 'ar lawer cawod flin'. Peth braf yw cysgodi dan goeden boed law neu hindda. Flynyddoedd yn ôl bellach cefais fy hun ar brynhawn Sul yn pregethu yng nghapel Rehoboth yn Llaniestyn, Pen Llŷn. Roedd hi'n brynhawn syfrdanol o boeth ac ni allem fynd i mewn i'r capel am fod y gofalwr wedi anghofio'i agor! Fodd bynnag, fe'm hanogwyd gan y gynulleidfa i gynnal yr oedfa yn yr awyr agored a hwythau'n eistedd â'u cefnau ar fur y capel. Roedd honno'n oedfa gwbl ryfeddol, a'r gynulleidfa'n eistedd dan gysgod y cysegr! Onid oes gan Emrys adlais Beiblaidd tebyg yn ei emyn cyfarwydd?

>Arglwydd, gad im dawel orffwys
>   dan gysgodau'r palmwydd clyd,
>lle yr eistedd pererinion
>   ar eu ffordd i'r nefol fyd.

Mae ffrwyth y Wir Winwydden yn well na dim a dderbyniwn, er godidoced geiriau a gweithredoedd y byd hwn.

Gyda llaw, ceisiwch ganu'r pennill ar yr hen alaw Gymreig 'Rhyddid' (*Caneuon Ffydd*, 429) ac fe synhwyrwch briodas gwbl arbennig dim ond i'r alaw gael ei chanu mewn amser eithaf rhydd (gan y diweddar Barchedig R. O. G. Williams y clywais yr awgrym).

GWEDDI

Gad i ninnau, Arglwydd, brofi o ffrwyth y Pren, y Pren a saif ben ac ysgwydd uwch ein pennau ni oll. Sylweddolwn wedyn mai gwell y byddwn. Amen.

Iesu hawddgar, rho dy feddwl

Caneuon Ffydd: Rhif 341

Iesu hawddgar, rho dy feddwl
    anhunanol ynof fi,
fel y parchaf eiddo eraill
    megis ag y gwnaethost ti:
gostyngedig fuost beunydd
    ac yn ddibris buost fyw;
dyrchafedig wyt ym mhobman
    am ymwadu â ffurf Duw.

Gwn dy wneuthur ar lun dynion;
    ar ffurf gwas y treuliaist d'oes
a'th ddarostwng di dy hunan,
    ufuddhau hyd angau'r groes:
ti biau'r enw uwch pob enw,
    iti plyg pob glin drwy'r wlad;
fe'th gyffeswn di yn Arglwydd
    er gogoniant Duw ein Tad.

O. M. LLOYD, 1910-80

MYFYRDOD

Arian byw o berson oedd y Parchedig O. M. Lloyd a fu'n gweinidogaethu yn Rhos-lan, Llanystumdwy, Nefyn, Caergybi, Mynydd-bach (Abertawe) a Dolgellau. Pa le bynnag yr âi, gwnâi'r Stiniogyn hwn argraff ar lawer oherwydd ei bersonoliaeth ddeinamig. Roedd galw mawr ledled Cymru nid yn unig am ei wasanaeth fel pregethwr, ond am ei wasanaeth fel bardd ac englynwr campus. Bu farw'n drychinebus o sydyn wrth bregethu mewn oedfa nos Sul yn Salem, Porthmadog.

Fel Iesu ei hun, ar 'eraill' yr oedd sylw O. M. Lloyd yn gyson. Anwybyddai'r hunan a chanolbwyntiai ar bobl eraill. Mae'r emyn hwn yn ymgorfforiad o'r awdur.

Mae'n emyn sy'n adeiladu ar sail yr ail bennod yn llythyr Paul at y Philipiaid (adnodau 1–11). Hoffaf drefn y rhan ysgrythurol o'r emyn am fod y clo mor ddramatig. Mae'n ffasiynol ers blynyddoedd i gorau meibion ganu trefniannau cerddorol o ambell emyn-dôn gan ychwanegu 'Amen' hir fel clo. Pe bai'r côr yn gwneud y llanast mwyaf o'r emyn, ond yn canu'r 'Amen' yn berffaith, byddai'r gynulleidfa'n siŵr o werthfawrogi'r 'Amen' fel uchafbwynt! Mae'r emyn hwn yn debyg iawn, yn yr ystyr mai'r diwedd yw'r uchafbwynt mawr.

Anhunanol a chwbl hunanaberthol oedd gweinidogaeth Iesu Grist. Ni thynnai sylw ato'i hun yn unman a siarsiai ei ddisgyblion yn gyson i beidio â dweud wrth eraill mai ef oedd Mab Duw ('Rhybuddiodd hwy i beidio â dweud wrth neb amdano', Marc 8:30). 'Megis ag y gwnaethost ti' yw'r ddolen gyswllt yn y pennill cyntaf i ninnau beidio â 'chyflawni [ein] dyletswyddau crefyddol o flaen eraill, er mwyn cael [ein] gweld ganddynt' (Mathew 6:1).

Daw'r ail bennill â ni at uchafbwynt sy'n gwbl ysgrythurol. Mae'n dda fod O.M. wedi efelychu hen emynwyr Cymraeg fel Ann Griffiths a Williams Pantycelyn drwy ddehongli'r Ysgrythur. Yn ail hanner y pennill ni ellid ymhelaethu mwy ar fawredd Iesu Grist. Cyhuddir ambell bregethwr o fethu â dod â phregeth i ben oherwydd ei argyhoeddiad: 'Mae o'n bregethwr reit dda, ond ei fod o ddim yn gwybod pryd i stopio!' Dyna'r teimlad a gawn yn yr emyn hwn. A diolch am brofiadau o'r fath.

GWEDDI
Diolchwn i ti am ysbryd hunanaberthol Iesu Grist. Rho ynom ninnau'r gras i fod yn anhunanol a hunanaberthol yn ein perthynas ag eraill.

> Rho ynom dy dosturi di,
> i weld mai brodyr oll ŷm ni:
> y du a'r gwyn, y llwm a'r llawn,
> un gwaed, un teulu drwy dy ddawn.
> (Tudor Davies)

Amen.

O na chawn i olwg hyfryd

Caneuon Ffydd: Rhif 356

O na chawn i olwg hyfryd
ar ei wedd, Dywysog bywyd;
tegwch byd, a'i holl bleserau,
yn ei ŵydd a lwyr ddiflannai.

Melys odiaeth yw ei heddwch,
anghymharol ei brydferthwch;
ynddo'n rhyfedd cydlewyrcha
dwyfol fawredd a mwyneidd-dra.

Uchelderau mawr ei Dduwdod
a dyfnderoedd ei ufudd-dod
sy'n creu synnu fyth ar synnu
yn nhrigolion gwlad goleuni.

DAVID CHARLES, 1762-1834

MYFYRDOD

Ag Ann Griffiths a Williams Pantycelyn y cysylltir emynau o'r natur hon fel arfer. Bu i'r ddau wirioni droeon ar Berson Iesu Grist a mynegi yn eu hemynau eu bod wedi ymgolli ynddo. A dyma David Charles yn mentro i'r un cyfeiriad yn yr emyn hwn, gan nodi'n glir ei fod yntau wedi gwirioni ar yr Iesu.

Pan fydd rhywun yn gwirioni ar rywun arall, ni wêl unrhyw feiau yn y person hwnnw. Yn wir, y mae'n berffaith yn ei olwg. A dyna ddarlun yr awdur o Iesu Grist yma.

Yn ymyl Iesu, diflanna holl hawddgarwch y byd a'i bleserau. Mae'n rhaid i bawb ohonom wrth fwyd a dillad, ond nid yr angenrheidiau hynny sydd bwysicaf i'r awdur ond ymrwymiad i Iesu Grist a'i hawddgarwch.

Eir ymlaen yn yr ail bennill i ddadansoddi'r heddwch sy'n amgylchynu Person Iesu. Bydd pob cynnwrf yn tawelu yn ei ymyl, ac onid ef ei hun a anogodd ei ddisgyblion i beidio 'â gadael i ddim gynhyrfu'ch calon' (Ioan 14:1)? Yn deillio o'r heddwch hwn y mae'r mwyneidd-dra mwyaf. Nid cadach llawr o berson yw Iesu Grist ond person cadarn-fwyn, ac mae byd o wahaniaeth rhwng y ddau. Ni thynnodd erioed sylw ato'i hun ac ni chododd ei lais. Fe gerddodd ffordd mwyneidd-dra yn gadarn gan hoelio sylw ei wrandawyr ar Dduw, a chafwyd ynddo'r penderfyniad mwyaf, yn arbennig wrth wynebu grym awdurdodau crefyddol ei gyfnod.

Os oedd Iesu Grist yn fawr yn ei ddwyfoldeb, nid oedd yn rhy fawr i ufuddhau a dioddef y gosb eithaf drosom ar y groes. Ac fe ddylai hynny ein synnu ymhob cenhedlaeth. Dylai'r mawredd a'r ufudd-dod hwn ein hysgwyd ni, sy'n byw yng 'ngwlad goleuni', oherwydd aethom yn bobl lawn ohonom ein hunain gan gwestiynu pob un a'n cwestiyna ni. Nid un felly oedd Iesu, ac nid felly y dylem ninnau fod chwaith.

GWEDDI

O f'enaid, gwêl addasrwydd
  y person dwyfol hwn,
dy fywyd mentra arno
  a bwrw arno'th bwn;
mae'n ddyn i gydymdeimlo
  â'th holl wendidau i gyd,
mae'n Dduw i gario'r orsedd
  ar ddiafol, cnawd a byd.
        (Ann Griffiths)
Amen.

Er chwilio'r holl fyd

Caneuon Ffydd: Rhif 371

Er chwilio'r holl fyd
a'i fwyniant i gyd
nid ynddo mae'r balm a'm hiachâ;
ond digon im yw
yr Iesu a'i friw,
fe'm gwared o'm penyd a'm pla.

O'r nefoedd fe ddaeth
i achub rhai caeth,
fe'i gwelwyd mewn preseb oedd wael;
ar groesbren fe'i caed,
rhoes drosom ei waed,
ei debyg ni ellir ei gael.

Cydunwn ar gân
fel sain adar mân
yn lleisio ar doriad y wawr;
Gwaredwr mor hael
sy'n derbyn rhai gwael:
daeth haf ar drueiniaid y llawr.

THOMAS JONES, 1769-1850

MYFYRDOD

Chwi gofiwch yr hen gân Gymraeg boblogaidd 'Cartref' a'r llinell honno: 'Chwiliwch y byd drwyddo i gyd, 'does unman yn debyg i gartref.' Teimlaf ryw gyffyrddiad digon tebyg yn yr emyn hwn o waith Thomas Jones, y Bedyddiwr selog o Rydwilym ym Mhenfro, pan ddywed nad oes, 'er chwilio'r holl fyd a'i fwyniant i gyd', ddim i'w gymharu â'r 'Iesu a'i friw'. Tebyg iawn oedd hi hefyd yn hanes y Mab Colledig yn y ddameg yn y bymthegfed bennod o Efengyl Luc. Bu hwn yn crwydro'r byd gan arbrofi ymhob cyfeiriad cyn sylweddoli ei fod wedi cael llond bol ar y wlad bell, a'i bod yn hen bryd iddo ddychwelyd adref at ei dad a chyfaddef ei holl gamweddau.

Yn ail bennill yr emyn nodir i Iesu ddod o'r nefoedd i'n hennill ni yn ôl at Dduw drwy farw 'ar groesbren'. Fel y dywedodd Paul wrth ei gydymaith Timotheus: 'Daeth Crist Iesu i'r byd i achub pechaduriaid.

A minnau yw'r blaenaf ohonynt. Ond cefais drugaredd, a hynny fel y gallai Crist Iesu ddangos ei faith amynedd yn fy achos i, y blaenaf, a'm gwneud felly yn batrwm i'r rhai fyddai'n dod i gredu ynddo a chael bywyd tragwyddol' (1 Timotheus 1:15–16). O'r nefoedd y daeth yn wir 'i achub rhai caeth'.

O gofio hynny, medd Thomas Jones, lle i ddiolch ac i ganmol sydd gennym. Ni wn a oedd Thomas Jones yn gerddor ac yn ganwr, ond mae'n ymddangos i mi ei fod, oherwydd fe'n hannog ni i ddefnyddio'n lleisiau yn llythrennol ac yn ffigurol i ddiolch am 'Waredwr mor hael sy'n derbyn rhai gwael'. Cofiaf y diweddar Barchedig R. O. G. Williams, Rhos-lan, yn dweud wrthyf ryw dro iddo godi'n blygeiniol un bore braf o haf, cyn iddi wawrio, gyrru i grombil y Lôn Goed enwog yn Eifionydd, tynnu offer recordio o'i gar a'u gosod yn dawel-daclus. Ei nod oedd recordio corws o leisiau adar yn dechrau pyncio cyn i'r dydd ifanc gychwyn ar ei daith. A dyma nhw'n dechrau! (Wrth gwrs, gwyddai Robin enwau'r adar bach i gyd, gan iddo fod yn cyflwyno'r rhaglen ddiddorol honno *Byd Natur* ar y radio.) A chafodd gorws anhygoel ohonynt ar dâp, digon i wefreiddio cerddorfa fawr. Yr un darlun sydd gan Thomas Jones yn rhan gyntaf y pennill olaf: 'Cydunwn ar gân fel sain adar mân yn lleisio ar doriad y wawr.' Onid yw hi'n bryd i ninnau ddechrau lleisio'n canmoliaeth i Iesu am y cwbl a wnaeth drosom ar y groes? Oherwydd rhoes ef y cyfan yn ein lle, a lle i ddiolch sydd gennym ni am y fath aberth a gaed ac am y fath groeso a gaiff pawb a ddaw ato'n edifeiriol.

GWEDDI

Arglwydd, y mae yn y byd hwn lu o ryfeddodau – rhyfeddodau y dylem fod yn diolch i ti amdanynt. Mae pleserau hefyd, ond ni ellir eu cymharu â'r pleser o gael Iesu'n Waredwr ac yn Arglwydd i ni. Diolch i ti amdano. Ategwn ninnau eiriau William Williams, Pantycelyn:

> Does gyffelyb iddo ef
> ar y ddaear, yn y nef;
> trech ei allu, trech ei ras
> na dyfnderau calon gas.

Amen.

Hyfryd eiriau'r Iesu

Caneuon Ffydd: Rhif 381

Hyfryd eiriau'r Iesu,
  bywyd ynddynt sydd,
digon byth i'n harwain
  i dragwyddol ddydd:
maent o hyd yn newydd,
  maent yn llawn o'r nef;
sicrach na'r mynyddoedd
  yw ei eiriau ef.

Newid mae gwybodaeth
  a dysgeidiaeth dyn;
aros mae Efengyl
  Iesu byth yr un;
Athro ac Arweinydd
  yw efe 'mhob oes;
a thra pery'r ddaear
  pery golau'r groes.

Wrth in wrando'r Iesu,
  haws adnabod Duw;
ac wrth gredu ynddo
  mae'n felysach byw.
Mae ei wenau tirion
  yn goleuo'r bedd;
ac yn ei wirionedd
  mae tragwyddol hedd.

ELFED, 1860-1953

MYFYRDOD

Pan ddechreuais yn y weinidogaeth ym 1987 yn Rhyd-y-main a'r cylch, Meirionnydd, buan iawn y deuthum i sylweddoli maint y parch at y Parchedig Howell Elvet Lewis, neu 'Elfed' a rhoi iddo'i enw barddol. Deuai Elfed yn rheolaidd bob Awst i bregethu i Ryd-y-main a lletya ar aelwyd yr Hengwrt. Nid gormodiaith dweud i Ieuan Evans, yr Hengwrt, ysgrifennydd eglwys Rhyd-y-main am gyfnod maith, wirioni'n llwyr ar ei emynau, a hynny'n ddieithriad. Awn mor bell â nodi nad oedd gan Ieuan fawr ddim i'w ddweud wrth emynau'r Pêr Ganiedydd nag Ann Griffiths! Ond am emynau Elfed, ac yn nes at ein cyfnod ni, W. Rhys Nicholas, ymdrochai ynddynt.

Nid awn i fy hun mor bell i'r un pegwn â Ieuan Evans, ond yn sicr nid awn mor bell â'r Dr Bobi Jones a galw Elfed yn 'llofrudd yr emyn Cymraeg'. Mae'r emyn hwn mor syml o berthnasol i bob cyfnod. Yn y pennill cyntaf, cymryd yr Efengylau yn eu cyfanrwydd a wna drwy fynegi bod geiriau ac ymadroddion Iesu Grist yn llawn bywyd, yn newydd i bob cyfnod, ac yn gyfoes i bob cyfnod. A dyma'r gwir. Onid arferwn nifer helaeth o'i ddywediadau a'i ymadroddion o hyd yn ein hiaith? Onid oes yn y damhegion a briodolir iddo wersi cyfoes cwbl ddealladwy ar gyfer pob oes? Credaf yn ddidwyll fod yn rhaid i bregethwyr pob cyfnod ddal ar gyfleoedd i gyflwyno'r neges mewn ffordd ddealladwy, gyfoes a pherthnasol. Yr ydym yn byw mewn cyfnod sy'n rhoi pwyslais trwm ar gyfathrebu effeithiol, sydyn a slic, ac ar y cyfryngau torfol, ac y mae gennym fel pregethwyr lawer i'w ddysgu i'r cyfeiriad hwnnw. Tybed a oedd Elfed yn synhwyro hynny yn ei gyfnod? Oherwydd daliodd ati i bregethu hyd y diwedd, er ei fod yn hen ŵr 93 oed yn marw. Wrth gwrs, ni chefais i erioed mo'r fraint o'i wrando na'i adnabod, ond yn ôl pob tystiolaeth yr oedd ef ei hun yn gyfathrebwr melys, barddonol ei ddull, ond hynod effeithiol hefyd.

Yn yr ail bennill, newidiadau yng 'ngwybodaeth a dysgeidiaeth dyn' yw'r thema. Ond er gwaethaf datblygiadau gwyddonol a thechnolegol yr oes fodern mae'r awdur yn sicr yr erys Efengyl Iesu yn ddigyfnewid. Ceir yma adlais o eiriau'r llythyr at yr Hebreaid: 'Iesu Grist, yr un ydyw ddoe a heddiw ac am byth' (13:8). Siom enfawr i mi yw pob ymgais i geisio newid a glastwreiddio'r hyn sy'n gwbl sylfaenol parthed y Ffydd. Mae gennym sail i adeiladu arni. Adeiladwn – mewn ffyrdd gwahanol, wrth reswm – ond peidiwn â newid y sylfaen. Onid Paul a ddywedodd yn ddiflewyn-ar-dafod: 'Ni all neb osod sylfaen arall yn lle'r un sydd wedi ei gosod, ac Iesu Grist yw honno' (1 Corinthiaid 3:11)? Ac y mae'r groes, fel y cadarnheir yn yr adnod hon, yn gwbl sylfaenol i'r ddysgeidiaeth Gristnogol: 'Oblegid y gair am y groes, ffolineb yw i'r rhai sydd ar lwybr colledigaeth, ond i ni sydd ar lwybr iachawdwriaeth, gallu Duw ydyw' (1 Corinthiaid 1:18).

Mae'r pennill olaf yn cyhoeddi'n ddigon eglur mai drwy wrando ar Iesu a'i eiriau y down i adnabod Duw. Yr Iesu hwn yw'r ffordd at Dduw'r Tad. Nid trwy ryw broffwyd neu bregethwr – er y gall y rheiny ac eraill fod yn sianelau – ond trwy Iesu ei hun y down at Dduw'r Tad; a thrwy gredu yn Iesu fel yr anogodd ef ('Credwch yn Nuw, a chredwch ynof finnau', Ioan 14:1) y profwn felyster y bywyd llawn. Ac o gredu, gwelwn mai un siwrnai yw bywyd ac mai carreg sarn i fywyd tragwyddol yw'r bedd hyd yn oed. Rai dyddiau'n ôl, a hithau'n ddiwrnod braf, yr oedd y tri ohonom yn eistedd ar lan Llyn Mair, rhwng Llanfrothen a Maentwrog. Gerllaw'r llyn ceir nifer o afonydd neu ffrydiau bychain sy'n disgyn i'r llyn. Gwelodd nifer o ymwelwyr eu cyfle i osod eu traed yn nŵr y ffrydiau bychain, ac ni allwn lai na sylwi ar nifer y cerrig a oedd wedi'u gosod yn eu canol i alluogi'r padlwyr i groesi'n llawen o'r naill ochr i'r llall. Carreg sarn yw'r bedd i'r crediniwr, ac yng ngwirionedd Iesu 'mae tragwyddol hedd'.

GWEDDI

Diolch i ti, Iesu, am dy eiriau, ond yn fwy na dim am ryfeddod dy Berson.
O llefara, addfwyn Iesu, mae dy eiriau fel y gwin,
oll yn dwyn i mewn dangnefedd ag sydd o anfeidrol rin. (William Williams)
Amen.

Wele'r Athro mawr yn dysgu

Caneuon Ffydd: Rhif 384

Wele'r Athro mawr yn dysgu
  dyfnion bethau Duw;
dwyfol gariad yn llefaru -
  f'enaid, clyw!

Arglwydd, boed i'th eiriau groeso
  yn fy nghalon i;
crea hiraeth mwy am wrando
  arnat ti.

Dyro inni ras i orffwys
  ar dy nerth a'th ddawn;
tyfu'n dawel yn dy Eglwys,
  ffrwytho'n llawn.

NANTLAIS, 1874-1959

MYFYRDOD

Un o emynau hyfrytaf Nantlais yw hwn, sy'n cyfeirio at Grist yr Athro. Rhoes llawer o'n hemynwyr sylw i agweddau eraill ar weinidogaeth a Pherson Iesu, ond ychydig, yn gyffredinol, a roes y sylw dyladwy iddo fel athro a phroffwyd.

Sylweddolwn yn gynnar yn yr emyn hwn mai adlewyrchiad ydyw o hanes Iesu ar aelwyd arbennig ym Methania lle'r oedd dwy chwaer a brawd – Mair, Martha a Lasarus – yn byw. Ceir yr hanes – a dyma'r unig gofnod ohono yn y Testament Newydd, gyda llaw – yn y ddegfed bennod o Efengyl Luc, adnodau 38–42.

Roedd yr aelwyd hon yn un y gallai Iesu droi i mewn iddi unrhyw bryd ac arllwys ei ofidiau; a da i ni sylweddoli bod angen aelwydydd fel hyn ar Iesu hyd yn oed, a'i fod ef, yn wahanol i Job yr Hen Destament, yn fodlon dweud ei gŵyn. Methiant fu hanes Job yn y cyswllt hwnnw, fel y dengys geiriau ei gyfaill Eliffas y Temaniad: 'buost yn cynghori llawer ac yn nerthu'r llesg eu dwylo; cynhaliodd dy eiriau'r rhai sigledig, a chadarnhau'r gliniau gwan. Ond yn awr daeth adfyd arnat ti' (Job 4:3–4). I Iesu, yr oedd yr aelwyd hon ym Methania yn batrwm o aelwyd.

Yn yr emyn, fel yn y stori, gwelwn Mair yn eistedd i wrando ar eiriau Iesu ac yn cael ei chyffroi ganddynt. Y darlun a gawn yn yr hanes o berson Mair oedd mai un dawel, ddirwgnach ydoedd. Gwahanol iawn, wrth reswm, oedd Martha, ond roedd yn rhaid wrthi hithau hefyd. Camp fawr Mair wrth eistedd wrth draed Iesu oedd sylwi bod y cariad dwyfol a geid yn Iesu Grist yn ei chyfarch yn bersonol, ac yn sicr, ni ellir dehongli'r Efengylau o gwbl heb eu dehongli'n bersonol. Cyffyrddiad personol unigol sydd yma fel yn y rhan fwyaf o'r hanesion eraill.

Yn yr ail bennill â'r awdur ymlaen i ddatgan na ellir dysgu gormod am Iesu. Wedi derbyn Iesu i'n calonnau, rhaid i'r dysgu amdano barhau yn broses gyson a phleserus. Nid rhywbeth ar gyfer un cyfnod mewn bywyd yw addysg, ond rhywbeth cyson, a da yw gweld cynifer o bobl yn ailgydio mewn 'addysg' ymhell ar ôl eu harddegau. Dengys *Blwyddiadur yr Annibynwyr* fod llu o bobl hŷn wedi cydio mewn addysg ddiwinyddol, i ddysgu mwy am weinidogaeth Iesu a'r athrawiaethau amdano (athrawiaethau, gyda llaw, a ddiraddir yn ormodol heddiw yn y byd crefyddol), ac am eu rôl hwy ym mywyd yr eglwys. Na, ni allwn ddysgu gormod am Iesu, a thrwy ddysgu cymaint ag y medrwn amdano down i ddysgu mwy amdanom ni ein hunain. Yng ngeiriau Elfed yn ei gyfieithiad rhagorol o emyn Joachim Neander:

>   wrth dy draed, O dysg i mi
>   beth wyf fi, a phwy wyt ti.

Gorffenna'r awdur yr emyn drwy ein hannog i gymryd ein dysgu ac yna i 'dyfu'n dawel yn dy Eglwys'. Ystyr hynny yw y dylem *gymryd* ein hadeiladu a thrwy hynny adeiladu *eraill* yn y Ffydd gan gofio, yng ngeiriau Paul ac yntau'n gwybod mor gynhennus oedd yr eglwys yng Nghorinth: 'Bydded i bob un ein cyfrif ni fel gweision Crist a goruchwylwyr dirgelion Duw' (1 Corinthiaid 4:1). Gair i gall yma – gweision i Grist oeddent, nid 'gweision bach' i'r eglwys. Ni allwn deimlo ond cywilydd pan glywais flynyddoedd yn ôl bellach am un diacon yn dweud mai 'gwas bach i ni' oedd ei weinidog. Os cymerwn ein hadeiladu yn y Ffydd, ffrwythwn yn llawn wedyn. 'Ni all y gangen ddwyn ffrwyth ohoni ei hun, heb iddi aros yn y winwydden; ac felly'n union ni allwch chwithau heb i chwi aros ynof fi' (Ioan 15:4).

GWEDDI

>   Cymhwyser ni drwy'r Ysbryd Glân
>   a'i rasol ddoniau Ef,
>   nes delom fel t'wysennau llawn
>   yn aeddfed iawn i'r nef.
>   (Ieuan Glan Geirionydd)

Amen.

Bendigedig fyddo'r Iesu

Caneuon Ffydd: Rhif 388

Bendigedig fyddo'r Iesu,
yr hwn sydd yn ein caru,
ein galw o'r byd a'n prynu,
ac yn ei waed ein golchi,
   yn eiddo iddo'i hun.

Halelwia, Halelwia!
Moliant iddo byth, Amen.
Halelwia, Halelwia!
Moliant iddo byth, Amen.

Bendigedig fyddo'r Iesu:
caiff pawb sydd ynddo'n credu,
drwy fedydd, ei gydgladdu
ag ef, a'i gydgyfodi
   mewn bywyd byth yn un.

Bendigedig fyddo'r Iesu:
fe welir ei Ddyweddi
heb un brycheuyn arni
yn lân fel y goleuni
   ar ddelw Mab y Dyn.

diwyg. SPINTHER, 1837-1914

MYFYRDOD

Un o emynau mwyaf poblogaidd Cymru yw hwn o waith J. Spinther James, gweinidog amlwg gyda'r Bedyddwyr yn ei gyfnod. Wrth gwrs, mae priodas annatod rhwng y geiriau a thôn J. H. Roberts, 'Mawlgan'.

Un o ragorolion y ddaear oedd Nellie M. Humphreys, organyddes capel Annibynwyr y Brithdir ger Dolgellau. Gwasanaethodd wrth yr organ yno am flynyddoedd maith hyd ei marwolaeth ym 1994. Hi, felly, oedd yr organyddes pan oeddwn i'n weinidog yno rhwng 1987 a 1993. Roedd hi'n wraig o rinweddau arbennig, a chofiaf hi'n dweud na ddylid byth ddefnyddio'r gair 'bendigedig' am neb na dim ond Iesu. Rwy'n siŵr ei bod yn eithaf agos i'w lle oherwydd dyma air allweddol yr emyn hwn.

Sail y ddau bennill cyntaf yn sicr yw llythyr Paul at y Colosiaid, lle y ceir Paul yn cyfeirio at Dduw yn ein tynnu o dywyllwch pechod ac yn ein prynu 'yn eiddo iddo'i hun' trwy waed y groes: 'Gwaredodd ni o afael y tywyllwch a'n trosglwyddo i deyrnas ei annwyl Fab, yn yr hwn y mae inni brynedigaeth, sef maddeuant ein pechodau' (Colosiaid 1:13–14). A dyna'r mater wedi'i osod yn gynnil yn y pennill cyntaf.

Rwy'n ddiolchgar fod ail bennill yr emyn hwn yn *Caneuon Ffydd* yn wahanol i'r ail bennill yn *Y Caniedydd*. Gofynnwyd i W. Rhys

Nicholas lunio ail bennill gwahanol ar gyfer *Caniedydd* 1960, a dyma'r canlyniad:

> Bendigedig fyddo'r Iesu,
> yr hwn sydd iddo'n credu
> a gaiff ei ras i'w nerthu;
> mae'r hwn sydd yn gwaredu
> yn aros fyth yr un.

Pam y newid yn *Y Caniedydd*? Roedd ail bennill Spinther yn wreiddiol yn cyfeirio'n benodol at Fedydd Credinwyr, a thrwy drugaredd adferwyd y pennill gwreiddiol yn *Caneuon Ffydd*:

> Bendigedig fyddo'r Iesu:
> caiff pawb sydd ynddo'n credu,
> drwy fedydd, ei gydgladdu
> ag ef, a'i gydgyfodi
> mewn bywyd byth yn un.

Roedd hi'n iawn i'r Bedyddwyr gael eu priod le yn yr emyn hwn; roedd enwadau eraill wedi mynd i ofni Bedydd Credinwyr, ond nid oedd angen ei ofni am fod sail gadarn iddo yn yr Ysgrythur. Meddylier am yr adnod hon, oherwydd dyma sail ail bennill Spinther: 'Claddwyd chwi gydag ef yn eich bedydd, ac yn y bedydd hefyd fe'ch cyfodwyd gydag ef drwy ffydd yn nerth Duw, yr hwn a'i cyfododd ef oddi wrth y meirw' (Colosiaid 2:12). A dyna ddigon o sail dros roi mwy o le i'r bedydd hwn, ac wrth gwrs mae'r weithred weledol o fynd i mewn i'r dŵr a chodi allan ohono yn bortread o hyn.

Yn y pennill olaf mae'r pwyslais yn symud o'r unigolyn i'r Eglwys, a elwir yn 'Ddyweddi' Crist. Defnyddia Paul y gair 'dyweddïo' wrth sôn am y Gymdeithas Grediniol, neu'r Eglwys: 'gan i mi eich dyweddïo i un gŵr, eich cyflwyno yn wyryf bur i Grist' (2 Corinthiaid 11:2). Bydd y Ddyweddi honno ryw ddydd yn bur, yn lân ac yn berffaith 'ar ddelw Mab y Dyn'.

Wrth gwrs, cafodd cynulleidfaoedd lu flas anghyffredin ar forio canu'r cytgan: 'Halelwia! Moliant iddo byth, Amen.'

GWEDDI

Bendigedig wyt ti, O Iesu, am ein caru ac am ein prynu a'n golchi yn dy waed, a'n gwneud yn eiddo i ti dy hun. Derbyn ein moliant am hynny. Amen.

Pwy all beidio canu moliant iddo ef?

Caneuon Ffydd: Rhif 391

Pwy all beidio canu
   moliant iddo ef?
Y mae Brenin Seion
   wedi dod i'r dref.

Moliant, moliant,
rhaid i blant roi moliant,
moliant, moliant iddo ef,
moliant iddo ef, moliant iddo ef.

Taenu wnawn ein gwisgoedd
   gorau ar y ffyrdd,
taflwn ar ei lwybrau
   gangau'r palmwydd gwyrdd.

Ar ei ebol asyn
   O mor fwyn y daw;
fe all plentyn bychan
   gydio yn ei law.

Gydag ef i Salem
   awn yn llon ac iach:
y mae Iesu'n ennill
   calon plentyn bach.

NANTLAIS, 1874-1959

MYFYRDOD

Un medrus oedd W. Nantlais Williams am gyfansoddi emynau ar gyfer plant ei gyfnod. Roedd yn weinidog ac yn fardd, a bu'n gweinidogaethu yn eglwys Bethany, Rhydaman am flynyddoedd maith. Dylanwadwyd cymaint arno gan Ddiwygiad 1904–05 fel yr anelodd ei holl ddawn farddonol at glodfori Iesu.

    Fe'm magwyd i ar y *Caniedydd* 1960, ond dim ond dau o'i emynau oedd yn Adran yr Ieuainc. Cystal i mi gyfaddef nad oes gennyf fawr o gof am *Caniedydd yr Ysgol Sul*, ond gwn yn dda i Nantlais gael ei briod le yn hwnnw. Gadewch i ni, am ennyd, nodi'r ddau emyn a gynhwyswyd yn argraffiad 1960:

    (1)   Uno wnawn â'r nefol gôr
            i'th foliannu, Arglwydd Iôr;
            mawr wyt ti ar dir a môr,
                Iesu Bendigedig.   (Rhif 908)

(2)   Gyda thoriad gwawr y bore,
        O mor felys yw
        codi'n llef a llafar ganu,
        canu mawl i Dduw.   (Rhif 918)
Ond emyn arall o'i waith a aiff â'n bryd yn awr.

Sylfaen yr emyn hwn yw stori'r daith i Jerwsalem a welir naill ai yn Mathew 21:1–11; Marc 11:1–11; Luc 19:28-44; neu Ioan 12:12–19.

Tybiaf mai Efengyl Mathew a ddefnyddiodd Nantlais am fod y fersiwn honno'n cynnwys y dyfyniad o'r Hen Destament: 'Dywedwch wrth ferch Seion, "Wele dy frenin yn dod atat, yn ostyngedig, ac yn marchogaeth ar asyn, ac ar ebol, llwdn anifail gwaith."' Ceir atseiniad i ran gyntaf yr adnod yn y pennill cyntaf, a chaiff ail ran yr adnod sylw, yn ddiddorol iawn, yn y trydydd pennill.

Fe'n hatgoffir yn yr ail bennill o'r dyrfa yn taenu 'mentyll ar y ffordd' (Mathew 21:8). Rhyfeddol oedd y croeso i Iesu yn Jerwsalem o gofio mai yn yr un ddinas, maes o law, y câi ei groeshoelio. Nid oes amheuaeth nad dinas y melys a'r chwerw oedd Jerwsalem i Iesu, fel y mae sawl lle yn ein profiad ninnau. Gall eglwys, o raid, ddod â llawenydd a thristwch i'r aelodau.

Ni ddaw'r emyn i'w derfyn heb ein hatgoffa o'r plant, a'r lle arbennig a roddai Iesu i blant yn ei weinidogaeth. Dywedir bod plant yn gallu 'cydio yn ei law' a bod 'Iesu'n ennill calon plentyn bach'.

Onid oes lle i ninnau fabwysiadu cyneddfau'r plant, a diolch, rhyfeddu a chanmol Duw am bopeth? Collasom y cyneddfau hynny wrth heneiddio!

GWEDDI

Diolchwn i ti, O Iesu, am ein derbyn fel yr ydym. Maddau i ni am geisio bod yn rhywun neu'n rhywbeth arall. Rhoddwn ein hunain yn dy law: derbynia ni fel y derbyniaist y plant a gydiodd ynot. Amen.

Arglwydd pob gobaith ac Arglwydd pob hoen

Caneuon Ffydd: Rhif 394

Arglwydd pob gobaith ac Arglwydd pob hoen,
na threchwyd dy ffydd gan na gofal na phoen,
bydd yma pan godwn, a dyro yn rhydd
lawenydd i'n calon ar doriad y dydd.

Arglwydd pob hyder, lafurwr mor daer,
dy ddwylo fu gryfion wrth offer y saer,
bydd yma pan weithiwn, a dyro yn rhydd
dy nerth i'n calonnau ar ganol y dydd.

Arglwydd mwyneidd-dra ac Arglwydd ein cred,
a'th ddwylo a'th freichiau mewn croeso ar led,
bydd yma i'n derbyn, a dyro yn rhydd
dy gariad i'n calon cyn diwedd y dydd.

Arglwydd tiriondeb, dawelwr y don,
dy lais ddaw â'r balm pan fo braw dan ein bron,
bydd yma pan hunwn, a dyro yn rhydd
dangnefedd i'n calon ar derfyn y dydd.

JAN STRUTHER,
cyf. D EIRWYN MORGAN

MYFYRDOD

Ym mhedwar pennill yr emyn hwn cawn bedwar disgrifiad o Iesu Grist. Mae'n amlwg fod yr awdur Jan Struther yn cydnabod Iesu Grist yn 'Arglwydd', oherwydd dyna air cyntaf pob pennill, ac y mae'n air sy'n amlygu mawredd Iesu. Yn cloi pob pennill mae cyfeiriadau at amser: 'ar doriad y dydd', 'ar ganol y dydd', 'cyn diwedd y dydd', 'ar derfyn y dydd'. Mae'n bosibl, wrth gwrs, i ni gymryd y cyfeiriadau hynny'n llythrennol, ond mae'n well gennyf i feddwl amdanynt yn nhermau tymhorau bywyd.

Yn y cyntaf o'r penillion gelwir Iesu yn 'Arglwydd pob gobaith ac Arglwydd pob hoen', sy'n dynodi boreddydd bywyd a'i lawenydd. Nid oes cyfnod rhagorach na bore oes. Yn hwnnw, fel arfer, y gwelir iechyd ar ei uchelfannau. Yn hwnnw y gwelir bywyd yn ymagor yn llydan braf a phopeth yn ymddangos mor bleserus a diofal.

Aiff yr ail bennill â ni i gyfnod gwaith, a gelwir Iesu yn 'Arglwydd pob hyder, lafurwr mor daer'. Tueddwn i anghofio i Iesu, fel ei dad Joseff, gael ei hyfforddi'n saer coed. Mynegodd I. D. Hooson hynny'n groyw yn ei gerdd:

> Cadeiriau bregus, byrddau'r fro
> a ddygid beunydd ato fo,
> teganau'r plant ac offer gwlad
> i'w trwsio ganddo'n siop ei dad.

Oherwydd hynny, gelwir ar i Iesu fod yn bresennol i nerthu'r sawl sy'n gweithio'n ddiwyd bob dydd.

Cyfeiria'r awdur at Iesu yn y trydydd pennill fel 'Arglwydd mwyneidd-dra ac Arglwydd ein cred', a disgrifir ef â'i ddwylo a'i freichiau 'mewn croeso ar led'. Daw'r groes i'r darlun yn y fan hon ac Iesu'n cysuro'r rhai sydd yn cael cyfnod canol oed yn anodd am ba reswm bynnag – afiechyd, blinder, neu ddiweithdra. Wrth gwrs, ni wadwn o gwbl fod y cyfnod hwn mewn bywyd yn gallu bod yn rhyfeddol o anodd. Mae Iesu, yn ôl yr awdur, yn cofleidio mewn cariad yng nghanol y sefyllfaoedd hyn.

Cloir yr emyn drwy gyfarch Iesu fel hyn: 'Arglwydd tiriondeb, dawelwr y don, dy lais ddaw â'r balm pan fo braw dan ein bron.' Gall diwedd oes fod yn gyfnod tymhestlog i lawer ohonom, ond os galwn arno daw Iesu i dawelu'r dyfroedd. Cawn ein hatgoffa o eiriau Iesu yn tawelu'r disgyblion ar fôr Galilea: 'Ceryddodd y gwynt a'r dyfroedd tymhestlog; darfu'r dymestl a bu tawelwch' (Luc 8:24). A dyna a wnaiff yr Arglwydd Iesu 'ar derfyn y dydd' – rhoi'r tangnefedd hwnnw na ellir ei dderbyn yn unlle arall na chan neb arall.

GWEDDI

Diolch i ti, O Iesu Mawr, am fod yn agos ar bob achlysur. Nid ydym yn haeddu dy agosrwydd rhyfeddol, ond dy ddymuniad di yw bod mor agos atom ni ag sy'n bosibl. Diolch Iesu. Amen.

Hapus wyf fi am fod Iesu'n y nef

Caneuon Ffydd: Rhif 402

Hapus wyf fi am fod Iesu'n y nef
heddiw'n fy ngharu, fy Ngheidwad yw ef:
dweud mae y Beibl y gwrendy fy nghri,
Iesu sy'n rhoddi ei gariad i mi.

Iesu sy'n rhoi ei gariad i mi,
cariad i mi, cariad i mi,
Iesu sy'n rhoi ei gariad i mi,
cariad i mi bob dydd.

Weithiau anghofiaf a chrwydraf ymhell,
yntau sy'n maddau a'm caru yn well,
rhoddi mae Iesu ei hunan i gyd,
dweud am ei gariad wnaf finnau o hyd.

Mawl fo i'r Arglwydd bob diwrnod o'm hoes,
canaf am fawredd ei gariad a'i groes;
hapus yw 'mywyd a llon yw fy nghri,
Iesu sy'n rhoddi ei gariad i mi.

PHILIPP BLISS, 1838-76
cyf. EDDIE JONES

MYFYRDOD

Dyma enghraifft brin o hen emyn yn cydio ym meddylfryd yr oes bresennol. Cyfansoddwyd y geiriau a'r gerddoriaeth yn wreiddiol gan Philipp Bliss – gŵr a wnaeth gyfraniad enfawr ai ganiadaeth ddiwygiadol yn y bedwaredd ganrif ar bymtheg. Cyfieithwyd yr emyn gwreiddiol gan ŵr arall a wnaeth gyfraniad anferthol ai ganiadaeth plant yn yr hanner canrif diwethaf – Eddie Jones, Bow Street.

Mae'r geiriau mor syml ac eto mor drawiadol. Cyfeiria'r pennill cyntaf at y ffaith sylfaenol honno fod Iesu'n ein caru'n fawr. Dywed yr awdur mai yn y Beibl y down i wybod bod Iesu'n gwrando ar ein gweddïau. Diolch am emyn sy'n rhoi'r lle dyladwy i'r Beibl, oherwydd aeth y gyfrol yn angof gan lawer, ac nid oes gwell lle na'r Beibl i ddysgu plant am gariad Iesu.

Cyffes sydd yn yr ail bennill, sef bod pawb yn crwydro'n bell iawn oddi wrth gariad Iesu weithiau. A da yw atgoffa ein plant nad oes yr un ohonom, pwy bynnag y bôm, yn anffaeledig. Gall rhieni wneud camgymeriadau, fel y gall athrawon a gweinidogion yr Efengyl. Yn un o'i lyfrau cyfeiria Robin Williams at hen ŵr yn gweddïo'n gyhoeddus ac yn mynegi cyffes fel hyn: 'Rwyt ti'n licio'n gweld ni'n pechu er mwyn i ti gael maddau i ni.' Perl o frawddeg, a cheir cysgod ohoni yn y pennill hwn: 'Weithiau anghofiaf a chrwydraf ymhell, yntau sy'n maddau a'm caru yn well.'

A da hefyd yw atgoffa ein plant mai wrth y groes y gwelir cariad Iesu Grist ar ei orau, a mynega'r awdur hynny'n gryf yn y pennill olaf. Mae cariad y groes yn ymestyn at bawb gan gynnwys y rhai lleiaf.

Cenir cytgan gorfoleddus ar ôl pob pennill: 'Iesu sy'n rhoi ei gariad i mi, cariad i mi bob dydd.' Pwy na all ddiolch am y cariad sy'n llifo'n ddirwystr tuag atom mor gyson?

GWEDDI

Deuwch i ganu, deuwch i foli
y Ceidwad a'n carodd ni;
plant bach y byd sy'n ei ddyled o hyd,
mae ef yn ein caru i gyd.
Tosturio wnaeth wrth bawb yn ddiwahân,
rhown iddo ein moliant a'n cân,
deuwch i ganu, deuwch i foli
am iddo ein caru ni.
(D. Islwyn Beynon)

Amen.

Aeth Pedr ac Ioan un dydd

Caneuon Ffydd: Rhif 404

Aeth Pedr ac Ioan un dydd
i'r demel mewn llawn hyder ffydd
i alw ar enw Gwaredwr y byd,
i ddiolch am aberth mor ddrud.

Fe welsant ŵr cloff ar y llawr,
yn wir, 'roedd ei angen yn fawr;
deisyfodd elusen, rhyw gymorth i'w angen,
a Phedr atebodd fel hyn:

"Does gennyf nac arian nac aur,
ond rhywbeth mwy gwerthfawr yn awr:
yn enw Iesu Grist o Nasareth,
saf ar dy draed."

Aeth dan rodio a neidio a moli Duw,
rhodio a neidio a moli Duw,
"Yn enw Iesu Grist o Nasareth,
saf ar dy draed."

ANAD. *cyf.* OLIVE EDWARDS

MYFYRDOD

Pa bryd y byddwch chi'n cyrraedd y gwasanaeth yn y capel neu'r eglwys? A fydd hi'n ras arnoch i gyrraedd mewn pryd, neu a fyddwch yn ymlwybro'n hamddenol o'r tŷ neu'r car? Cystal i mi gyfaddef mai ras wyllt fydd hi yn y tŷ hwn, ac wedi cyrraedd bydd myrdd o bethau i'w gwneud: gofalu bod popeth yn barod ar gyfer yr oedfa, talu am *Y Tyst* wythnosol, mân drafod ambell fater, ac yn y blaen. Ac yna'n ddiarwybod daw llais i'm hatgoffa ei bod hi wedi troi deg, dau neu hanner awr wedi pump!

Emyn sy'n gwbl seiliedig ar ran gyfarwydd o'r Testament Newydd yw hwn. Fe'i cyfieithwyd i'r Gymraeg gan Olive Edwards, ac mae'r briodas â chyfansoddiad cerddorol bywiog Betty Pulkingham, 'Arian ac Aur' yn taro mwy na deuddeg. I gael gafael ar y stori rhaid troi i Lyfr yr Actau (3:1–10).

Mae'n debyg i Pedr ac Ioan adael mewn da bryd i gyrraedd y deml yn Jerwsalem erbyn yr awr weddi, ac yr oedd eu bwriad yn un cwbl ragorol, sef 'i alw ar enw Gwaredwr y byd i ddiolch am aberth mor ddrud'. A dyna sylfaen pob oedfa. Down ynghyd i ddathlu ac i ddiolch i Dduw am ei gariad tuag atom, am ei ofal trosom, ac yn anad dim am aberth yr Arglwydd Iesu Grist ar Galfaria. Awn mor bell â honni nad oedfa mo oedfa heb ddathlu a diolch.

Ond mae oedfa, wrth gwrs, yn cynnwys bywyd yn ei gyfanrwydd. Ni ddylid byth ysgaru oedfa oddi wrth hwnnw, ac nid lle yw oedfa chwaith i ddianc 'rhag sŵn y boen sydd yn y byd'. Ni allaf ddeall pam na chynhwyswyd yn *Caneuon Ffydd* yr emyn o waith Gwilym R. Jones sy'n cynnwys y campwaith hwn o bennill:

O fewn dy dŷ, ein Duw
y mae tangnefedd drud
a'n nertha ni i droi yn ôl
i'r llym, herfeiddiol fyd. (*Atodiad*, 773)

Ac yn y stori hon daw byd a bywyd yn un yn yr oedfa. Wrth fynd i mewn i'r deml gwelodd y ddau ohonynt ŵr cloff yn eistedd yn y cyntedd. Bu'r gŵr hwn yn eistedd yno am flynyddoedd yn disgwyl i rywun ddod heibio i'w helpu a'i godi ar ei draed, yn union fel y gur hwnnw a eisteddai yn un o gynteddau colofnog Llyn Bethesda a neb yn cydio ynddo hyd nes i Iesu ddod ato. Gwelir yr hanes hwnnw yn Efengyl Ioan (5:1–9). Oni cheir adlais o stori fwy cyfarwydd byth yn Efengyl Luc (10:25–37)? Iesu ei hun oedd y Samariad Trugarog. Rhaid 'ennill yr hawl' yn gyson cyn pregethu a chyn i unrhyw wyrth ddigwydd. Ni ddylem byth bregethu na thystiolaethu mewn gwactod. Chwarae teg, fe enillodd Pedr ac Ioan yr hawl gan iddynt wneud y peth sylfaenol, sef cyfarch y gŵr hwn ar eu ffordd i'r deml a cheisio, cyn belled ag oedd yn bosibl, ei adnabod.

Mae'n debyg mai gofyn am gardod a wnaeth y gŵr cloff hwn. Nid oedd gan y ddau apostol geiniog rhyngddynt, a phe byddai ganddynt 'aur y byd a'i berlau mân', gwyddent yn dda mai angen dyfnach oedd eiddo'r gŵr cloff. Gloyw a dweud y lleiaf oedd eu tystiolaeth i'r Iesu a bu hynny'n gyfrwng i roi bywyd newydd ynddo.

Parhaf i gredu y gall Iesu gyflawni gwyrthiau yn hanes pwy bynnag a ddaw ato'n edifeiriol. Onid aeth ein heglwysi'n rhy grachaidd/ elitaidd i gofio hynny?

GWEDDI

Yr Iawn a dalwyd ar y groes
yw sylfaen f'enaid gwan;
wrth bwyso arno ddydd a nos
rwy'n disgwyl dod i'r lan. (William Jones)

Amen.

O am gael byw i Iesu Grist bob dydd

Caneuon Ffydd: Rhif 405

O am gael byw i Iesu Grist bob dydd, clod i Dduw!
O am gael byw i Iesu, byw yn rhydd, clod i Dduw!
Gwell na'r byd a'i holl drysorau, hwn ydyw'r brawd a'r cyfaill gorau,
O am gael byw i Iesu Grist bob dydd.

Rwy'n mynd i fyw i Iesu Grist bob dydd, clod i Dduw!
Rwy'n mynd i fyw i Iesu, byw yn rhydd, clod i Dduw!
Gwell na'r byd a'i holl drysorau, hwn ydyw'r brawd a'r cyfaill gorau,
Rwy'n mynd i fyw i Iesu Grist bob dydd.

ANAD.

cyf. IDDO EF

MYFYRDOD

Rwy'n hoff o'r emyn dau bennill hwn sy'n gyfieithiad o emyn Saesneg gan awdur anhysbys.

Swm a sylwedd y geiriau yw'r rhan honno o Efengyl Mathew lle y ceir Iesu Grist yn rhybuddio'i ddisgyblion i beidio â chasglu trysorau ar y ddaear ond i gasglu trysorau 'yn y nef, lle nad yw gwyfyn na rhwd yn difa' (Mathew 6:19–21). Iesu Grist, wrth reswm, yw'r 'cyfoeth gorau' a'r 'trysor mawr', ys dywed Rhys Nicholas.

Mynegir dyhead yn y pennill cyntaf i fyw bob dydd i Iesu Grist. Bydd llawer ohonom yn meddwl gwneud amryw bethau, ond y mae gwahaniaeth mawr rhwng *meddwl* a *gwneud*! Ceir llawer iawn o bobl yn dymuno byw i Iesu ond bod amgylchiadau neu deimladau o annigonolrwydd yn eu rhwystro. Pwy ydw i i fyw iddo fo? Wnaiff o gymryd unrhyw ddiddordeb ynof i? Fedra i byth â chyrraedd ei safon o! Gwyddom yn dda am siarad felly.

Yn yr ail bennill penderfyna'r awdur ei fod yn mynd i fyw i Iesu Grist; nid oes dim yn mynd i'w rwystro, ac mae'n sicr y bydd Iesu'n ei dderbyn fel y mae. Nid oes angen i neb ohonom feddwl yn nhermau annigonolrwydd wrth fyw i Iesu Grist. Gall annigonolrwydd, ar dro, droi'n esgus da dros wneud dim byd. Y gwir amdani yw fod Iesu Grist wedi marw drosom, wedi atgyfodi ac wedi tywallt ei gariad arnom, a'i fod yn erfyn arnom *i* fyw iddo ef.

Wrth gwrs, golyga'r penderfyniad hwn nad bywyd rhwydd mo un y disgybl ond un rhyfeddol o anodd, a'n braint yw ildio iddo'n llwyr. Nid oes dim yn rhwydd mewn bywyd: pam, felly, y dylai byw i Iesu fod yn wahanol?

GWEDDI
Diolch i ti, Iesu, am y fraint o gael byw i ti: yn y bywyd hwnnw mae anturiaeth sy'n troi'n wefr ac yn fendith. Amen.

Dowch, blant bychain, dowch i foli'r Iesu

Caneuon Ffydd: Rhif 406

Dowch, blant bychain, dowch i foli'r Iesu,
cariad yw, cariad yw;
dowch, blant bychain, dowch i foli'r Iesu,
cariad yw, cariad yw.

Daeth i'r byd bob cam i lawr o'r nefoedd
er ein mwyn, er ein mwyn;
daeth i'r byd bob cam i lawr o'r nefoedd
er ein mwyn, er ein mwyn.

Fe gymerodd blant bach Galilea
yn ei gôl, yn ei gôl;
fe gymerodd blant bach Galilea
yn ei gôl, yn ei gôl.

Do, bu farw draw ar ben Calfaria
drosom ni, drosom ni;
do, bu farw draw ar ben Calfaria
drosom ni, drosom ni.

Ond ar fore'r trydydd dydd cyfododd,
daeth o'r bedd, daeth o'r bedd;
ond ar fore'r trydydd dydd cyfododd,
daeth o'r bedd, daeth o'r bedd.

Canu iddo heddiw mae angylion
yn y nef, yn y nef;
canwn ninnau iddo o un galon,
iddo ef, iddo ef.

NANTLAIS, 1874-1959

MYFYRDOD

At un arall o emynau Nantlais i blant y cyfeiriaf yn awr, ac y mae'n emyn sy'n parhau i fod yn hynod boblogaidd.

Anogaeth a geir yn y pennill cyntaf i bob plentyn – a phawb arall – foli Iesu am ei fod yn llawn cariad.

Yn ail bennill yr emyn pwysleisir dwyfoldeb Iesu pan ddywedir iddo ddod i'r byd 'bob cam i lawr o'r nefoedd'. Y nefoedd yw cartref Iesu, ac oddi yno y daeth atom, gan adael moethusrwydd y cartref hwnnw i ddod i ganol byd a oedd yn llawn drygioni a chasineb. A thipyn o rwyg yw gadael moethusrwydd am aflendid.

'Gadewch i'r plant ddod ataf' yw un o ymadroddion mwyaf poblogaidd Iesu, ac fe adawodd i lawer ddod i'w gôl. Dyna resyn ein bod yn byw mewn oes lle y codir amheuon ynghylch gosodiad o'r fath. Pe bai Iesu'n cymryd plant i'w gôl heddiw, byddai'n rhaid iddo sicrhau bod rhywun arall yn bresennol!

Â'r emynydd ymlaen drwy ddweud y bu'n rhaid i'r Iesu caredig hwn a fu ar y ddaear fynd i Galfaria ac i'r groes i ddioddef dros bawb oherwydd eu drygioni. Ond gofala danlinellu hefyd fod Iesu Grist wedi dod yn fyw ac wedi dod o'r bedd. 'Mae Iesu Grist yn fyw, yn tydi, Dad?' oedd cwestiwn mawr Mari i mi yn y car ar y ffordd i'r ysgol y dydd o'r blaen. Ni wn beth a'i symbylodd i ofyn y cwestiwn, ond fe wnaeth.

Byddai'n llawer iawn gwell gennyf pe byddai hanner cyntaf y pennill olaf wedi'i newid ar gyfer *Caneuon Ffydd*: 'Canu iddo heddiw mae angylion yn y nef, yn y nef.' Sut ar wyneb daear y mae egluro 'angylion' i blant? *Angelos* yw'r gair Groeg, a'i ystyr yw 'cennad anfonedig', ond mae hynny'n anodd iawn ei esbonio i blant. Bid a fo am hynny, mae'r pennill yn gorffen ar nodyn cadarnhaol iawn: 'Canwn ninnau iddo o un galon, iddo ef, iddo ef.' Dylai ein calonnau fod ar dân yn ein moliant iddo. A allwn ni ddweud hynny am ein calonnau ni?

GWEDDI

> Iesu, do, fe atgyfodaist ti,
> drylliaist rym y bedd i mi,
> caf ryw ddydd dy weled di
> a'th dragwyddol foli di,
> Iesu, caraf di.
>
> (Anad.)

Amen.

Agor ein llygaid

Caneuon Ffydd: Rhif 425

Agor ein llygaid
i weled yr Iesu,
i 'mestyn a'i gyffwrdd
a dweud i ni ei garu;
agor ein clustiau
a dysg i ni wrando,
agor ein calon
i 'nabod yr Iesu.

ROBERT CULL
cyf. CATRIN ALUN

MYFYRDOD

Mae Catrin Alun wedi cyfieithu llu o emynau modern o'r Saesneg i'r Gymraeg, a diolch byth fod y pennill hwn o waith Robert Cull yn eu plith.

Gweddi sylfaenol i bob Cristion sydd yma, yn gofyn i Dduw 'agor ein llygaid i weled yr Iesu'. Oni fydd ein llygaid ysbrydol ynghau yn llawer rhy aml? Oni roddwn ein sylw i bawb a phopeth arall? Pam, felly, na allwn agor ein llygaid i gael golwg ar Iesu'r Gwaredwr? Dyma'r un sy'n aros yn ddigyfnewid; dyma'r un sy'n llawenhau'r galon pan ddarllenwn ei hanes yn y Testament Newydd; dyma'r un sy'n cynnig bywyd newydd i ni. Pam nad agorwn ein llygaid i ddechrau, a "mestyn a'i gyffwrdd a dweud i ni ei garu'? Gwnaeth llawer o bobl hynny yng nghyfnod ei weinidogaeth: roedd cael cyffwrdd â'i fantell yn ddigon i un. Gan i Iesu gyffwrdd llawer ohonom mewn llawer ffordd, onid ein braint yw amlygu ein cariad ni ato ef?

Cais nesaf y pennill yw i Dduw 'agor ein clustiau'. Gwyddom iddo agor clustiau'r byddariaid a pheri iddynt glywed, ond gall agor y clustiau sy'n gwrthod gwrando hefyd, ac mae'n bryd i ni ddechrau gwrando ar yr hyn sydd ganddo i'w ddweud wrthym ni. Aeth yn ffasiynol iawn i ni feddwl bod ein tybiaethau ni amdano ef yn bwysicach na'i farn ef amdanom ni, a bod gennym, o ganlyniad, yr hawl i ddweud yr hyn a fynnwn amdano ef. Mae'n bryd i ni ddechrau gwrando, a bydd gwrando yn gymorth i 'agor ein calon i 'nabod yr Iesu'. Wedi gweld, wedi gwrando, ni chredaf y gallai'r un ohonom beidio ag agor ei galon iddo, a rhoi lle iddo deyrnasu ynddi a'i gwneud yn gartref i 'feddyliau prydferth gras'.

GWEDDI

Maddau i ni, dirion Iesu, am droi clust fyddar arnat ac am fethu â gweld dy ogoniant a rhyfeddu at dy fawredd. Helpa ni i wneud hynny drwy nerth yr Ysbryd Glân. Amen.

Mae'r nos yn fwyn ym Methlehem

Caneuon Ffydd: Rhif 431

Mae'r nos yn fwyn ym Methlehem
a chlyd yw'r gwely gwair,
mae'r llusern fach yn bwrw gwawl
dros wyneb baban Mair.

O'r dwyrain pell daw doethion dri
i geisio Brenin nef
gan roi yr aur a'r thus a'r myrr
yn offrwm iddo ef.

Ar faes y preiddiau dan y sêr
yn hedd y dawel nos
bugeiliaid sydd yn oedi'n syn
i wrando'r anthem dlos.

Mae'r clychau'n anfon dros y tir
eu melodïau glân
a daw'r angylion tua'r fro
i ganu geiriau'r gân:

"Gogoniant i'r goruchaf Dduw,
tangnefedd i'r holl fyd;
ewyllys da a fyddo rhan
y ddaear oll i gyd."

W. RHYS NICHOLAS, 1914-96

MYFYRDOD

Stori'r geni yw testun W. Rhys Nicholas yn y garol hon, ac fe'i cyflwynir mewn ffordd hynod o syml a thrawiadol gan ganolbwyntio ar ddehongliad Efengyl Luc. Nid hawdd adrodd stori ar ffurf farddonol, ond dyna a wneir yn llwyddiannus iawn yn y pum pennill hyn.

Defnyddir y pennill cyntaf i osod yr olygfa. Stabl ym Methlehem yw'r lleoliad, ac mae llusern fach yn goleuo wyneb 'baban Mair' yn ei 'wely gwair'. Mae'n noson fwyn – mwyn, hynny yw, o ran hin yn hytrach na'r cefndir gwleidyddol, sy'n gythryblus tu hwnt. Ond ni ddaw dim i darfu ar heddwch a llawenydd yr olygfa gychwynnol hon.

Ceir yr un symlrwydd yn y ddau bennill nesaf lle y gwelwn y doethion yn dod â'u hanrhegion o'r dwyrain i'w gosod gerbron y baban, a'r bugeiliaid yn gwarchod eu praidd liw nos. Sonnir am glychau yn y pedwerydd pennill; nid oes sôn am glychau yn y stori Feiblaidd, wrth gwrs, ond mae'n ffordd effeithiol yma o gyfleu llawenydd yr achlysur a'r awydd naturiol i gyhoeddi genedigaeth y baban.

Mae'r pennill olaf yn pwysleisio mai dod atom yn dangnefeddus, heb rwysg na seremoni, a wnaeth y Meseia. Er y disgwylid Meseia milwriaethus, un llawn tangnefedd a ddaeth atom, a hynny mewn stabl gyffredin. Ac os oes gan ddyfodiad Iesu rywbeth i'w ddysgu i'n byd ni heddiw, dylai ddysgu nad arfau, beth bynnag fo grym y rheiny, sy'n mynd i achub y byd, ond Iesu Grist a'i dangnefedd llawn. 'Canys bachgen a aned i ni, mab a roed i ni, a bydd yr awdurdod ar ei ysgwydd. Fe'i gelwir, "Cynghorwr rhyfeddol, Duw cadarn, Tad bythol, Tywysog heddychlon"' (Eseia 9:6).

GWEDDI

> Tywysog tangnefedd wna'n daear o'r diwedd
>   yn aelwyd gyfannedd i fyw;
> ni fegir cenfigen na chynnwrf na chynnen,
>   dan goron bydd diben ein Duw.
> Yn frodyr i'n gilydd, drigolion y gwledydd,
>   cawn rodio yn hafddydd y nef;
> ein disgwyl yn Salem i ganu yr anthem
>   ddechreuwyd ym Methlem, mae ef.
> Rhown glod i'r Mab bychan, ar liniau Mair wiwlan,
>   daeth Duwdod mewn baban i'n byd:
> ei ras O derbyniwn, ei haeddiant cyhoeddwn
>   a throsto ef gweithiwn i gyd.

(Jane Ellis)

Amen.

O f'enaid, cân, mawrha yr Arglwydd Dduw

Caneuon Ffydd: Rhif 433

O f'enaid, cân, mawrha yr Arglwydd Dduw,
bydd lawen ynddo, dy Waredwr yw;
y nerthol Iôr wnaeth bethau mawr i Mair
am iddi gredu yn ei sanctaidd air.

Bendigaid ffrwyth ei chroth a ddaeth i'th ran,
mae ef yn gryf, er nad wyt ti ond gwan;
dy Frenin yw, ni raid it fod yn drist,
ac ni fydd diwedd ar deyrnasiad Crist.

O oes i oes, i'r rhai a'i hofnant ef,
trugaredd Duw sy'n ddinacâd o'r nef;
ei gadarn fraich sy'n dymchwel beilchion byd,
dyrchafu'r gwylaidd y mae ef o hyd.

Mae'n porthi'n hael newynog rai o'i stôr,
ond troi'r goludog wna heb ddim o'i ddôr;
a chofio mae ei addewidion mawr
i'n tadau ac i ninnau'r plant yn awr.

O f'enaid, cân, boed it yn ôl ei air,
bydd gaeth i'r Arglwydd, gwyn dy fyd fel Mair;
mawrha y Tad a'r Mab yn ddiwahân
ac arnat beunydd doed yr Ysbryd Glân.

DYFNALLT MORGAN, 1917-94

MYFYRDOD

Emyn yn seiliedig ar Emyn Mawl Mair yn y bennod gyntaf o Efengyl Luc yw hwn o waith y diweddar Dyfnallt Morgan.

O gofio bod Mair wedi canu o'i henaid emyn o ddiolchgarwch am y Mab a roes i'n byd, oni ddylem ni wneud yr un peth wrth ddiolch i Dduw am weithio mewn ffordd mor unigryw drwyddi hi? Cydnebydd Mair yn ei Hemyn Mawl i'r 'hwn sydd nerthol [wneud] pethau mawr i mi, a sanctaidd yw ei enw ef'. Nid yw'r emyn yn canolbwyntio ar y baban a ddeuai i'r byd o'i chroth, ond ar y ffaith mai Brenin fyddai, a'i deyrnasiad yn ddiddiwedd. Arosasom ninnau, er hyfryted hynny, wrth y preseb, a methasom â gweld y groes a'r atgyfodiad yng ngoleuni Bethlehem. Daw neges y preseb yn gliriach ac yn sicr yn fwy perthnasol – i ni ac i bawb a ddaw – yng ngoleuni croes Calfaria. O ganlyniad i'r hyn a ddigwyddodd ar Galfaria gwelwn feilchion byd yn cael eu tynnu oddi ar eu gorseddau a'r distadl yn cael eu dyrchafu. Onid Williams Pantycelyn a ddywedodd mai 'gwaed y groes sy'n codi i fyny'r eiddil yn goncwerwr mawr' ac 'yn darostwng cewri cedyrn fyrdd i lawr'?

Ni ellir darllen yr Emyn Mawl heb ddwyn y Gwynfydau i gof: 'Gwyn eu byd y rhai sy'n newynu a sychedu am gyfiawnder, oherwydd cânt hwy eu digon' (Mathew 5:6). Gwelai Mair y byddai'r rhain – y rhai sy'n teimlo'u hannheilyngdod ymhob modd – yn uchel ar agenda'r Meseia ac yn cael eu dyrchafu ganddo. Onid aethom yn fyd lle y caiff y cyfoethog fwy a'r tlawd lai? Y gwrthwyneb sy'n wir am weinidogaeth Iesu.

Diolch fod Mair wedi dyrchafu cymaint ar ffrwyth ei chroth a'i bod wedi ei weld yn Feseia.

GWEDDI

Canwn ninnau'n llawen i ti, Iesu, am i ti ddyrchafu'r distadl a thynnu tywysogion oddi ar eu gorseddau. Unwn, felly, â'r Tad a'r Ysbryd Glân i'th ogoneddu. Amen.

Fendigaid Fam, fe glywaist ti

Caneuon Ffydd: Rhif 435

Fendigaid Fam, fe glywaist ti
gyfarchiad Gabriel uchel-fri;
Duw a'th ddewisodd, fam ein Rhi:
 Henffych well!

Fendigaid Fam, dyrchefaist gân,
eneiniad llawn y nefol dân,
fendigaid ydwyt, wyryf lân:
 Henffych well!

Fendigaid Fam, mewn gwyrthiol fri
y ganed Iesu erom ni,
wrth breseb Bethlem plygaist ti:
 Henffych well!

Fendigaid Fam, dan fendith nef
yn nhŷ ei Dad cyflwynaist ef,
Simeon ganai'n bur ei lef
 Henffych well!

Fendigaid Fam, pwy ŵyr dy loes
wrth weld dy Fab yn dwyn y groes,
pan wylaist ddagrau chwerwaf d'oes?
 Henffych well!

Fendigaid Fam, mor llon dy wedd,
y Fab a ddrylliodd byrth y bedd,
enillodd inni ddwyfol hedd:
 Henffych well!

J. H. WILLLAMS, 1906-87

MYFYRDOD

Un o fechgyn galluog Dyffryn Ardudwy, y diweddar Barchedig J. H. Williams, sy'n gyfrifol am yr emyn hwn o fawl i Mair. Nid yw'n arferol i ni Anghydffurfwyr ddyrchafu'r Forwyn Fair, ond dyna a wneir yn yr emyn hwn drwyddo. I ychwanegu at gyfoeth y geiriau, cyfansoddodd brawd yr awdur, y diweddar Meirion Williams, y dôn odidog 'Mater Christi'.

 Consýrn mam am ei mab yw sail yr emyn hwn, a thrwy gydol y penillion cyntaf ceir blas ar yr hanes a welir yn Efengyl Luc (1:26–38) ac ymateb Mair i neges Gabriel yr angel: 'Dyma lawforwyn yr Arglwydd; bydded i mi yn ôl dy air di.' Dyrchefir y Forwyn yn y penillion cyntaf am ei glendid a'i gostyngeiddrwydd, ac yna, wedi'r enedigaeth, am ei pharodrwydd i gyflwyno Iesu yn y deml i ŵr o'r enw Simeon. A phwy a anghofia eiriau Simeon? 'Yn awr yr wyt yn gollwng dy was yn rhydd, O Arglwydd, mewn tangnefedd yn unol â'th air; oherwydd y mae fy llygaid wedi gweld dy iachawdwriaeth, a ddarperaist yng ngŵydd yr holl bobloedd: goleuni i fod yn ddatguddiad i'r Cenhedloedd ac yn ogoniant i'th bobl Israel' (Luc 2:29–32).

Mae llawenydd yn nodwedd amlwg o bedwar pennill cyntaf yr emyn, ond try'r llawenydd yn dristwch yn y pumed pennill pan sonnir am ofid a phoen dirdynnol y fam o weld ei mab yn cael ei groeshoelio ar Galfaria. Er i Mair gael ei dyrchafu fel mam, ni ddylem anghofio ei bod yn ddynol a bod gweld ei mab yn cael ei ddwyn oddi arni gan angau ar groes yn brofiad arteithiol iddi. A allwn ni wir werthfawrogi'r hyn yr aeth Mair drwyddo? Un frawddeg sy'n dân ar fy nghroen yw honno a glywir yn aml iawn gan bobl mewn tŷ galar: 'Mae'n ddrwg gennym glywed am eich profedigaeth, ond 'dan ni'n gwybod yr hyn 'dach chi'n mynd drwyddo.' A ninnau, efallai, heb fynd drwy'r profiad o golli tad, mam, brawd, chwaer, mab neu ferch. Nid oes gennym hawl i ddweud y fath beth oni bai ein bod *yn* gwybod. Fel y dywed J. H. Williams yn y pumed pennill: 'pwy ŵyr dy loes ...?'

Daw'r emyn i ben yn orfoleddus gyda'r atgyfodiad a llawenydd Mair o wybod bod ei mab yn fyw. Pwy a all ddeall hynny'n llawn? Fe gafwyd dryswch ac ofn, ond yn drech na'r teimladau hynny yr oedd llawenydd cwbl anesboniadwy.

GWEDDI
Diolch i ti, O Dduw, am Mair; am iddi roi i ni Waredwr, am iddi blygu mor ufudd i'th ewyllys di, ac am ei chariad diamheuol at Iesu. Rho ynom ninnau'r diolch hwnnw. Amen.

O goelio'r hen fugeiliaid

Caneuon Ffydd: Rhif 442

O goelio'r hen fugeiliaid
ar hyd a lled y rhos,
rhoi llewych gwan wnâi'r lleuad
a'r sêr yn nyfnder nos,
ond yna, i le dinod
a thlawd fel Bethlehem,
yn ebrwydd daeth ef, Gabriel,
â'r wawr yn gloywi'i drem.

Oherwydd ei ddisgleiried,
eu hofn a'u harswyd hwy
yn wyneb ei ogoniant
ni fu erioed yn fwy,
ond wele, fe dawelodd
â'i lef eu hofn yn lân,
a'u llanw â'r llawenydd
a geir o wrando'i gân.

Y gân am wyrth y geni,
am greu ym Methlem Grist
y Gair a fyn gywiro'r
hen dro yn Eden drist,
y Gair sy'n codi'r gwirion
o'i fedd i fyny'n fyw,
y Gair sy'n llawn o gariad
y Tad, o gariad Duw.

T. ARFON WILLIAMS, 1935-98

MYFYRDOD

Un o'r carolau diweddaraf yw hwn gan y diweddar T. Arfon Williams.

Gesyd Arfon, fel W. Rhys Nicholas yn rhif 431, yr olygfa'n syml a gallwn ddychmygu'r bugeiliaid yn gwarchod eu praidd liw nos 'ar hyd a lled y rhos'. (Gair da yw 'rhos' am y tir agored a ddefnyddir yn aml i bori defaid a gwartheg. Ac enw sawl tref neu bentref yng Nghymru sy'n dechrau â 'Rhos'? Llawer un!) Daw Gabriel i mewn i'r garol hon hefyd, a chyferbynnir ei ddisgleirdeb â dinodedd a thlodi Bethlehem ar y pryd.

Cawn ddarlun yn yr ail bennill o Gabriel yn ddisglair ei wedd, a'r disgleirdeb hwnnw'n dallu'r bugeiliaid. Pwy a ŵyr nad oes angen arnom ninnau ryw ddisgleirdeb dwyfol i'n dallu er mwyn i ni weld gogoniant Un mwy? Yn naturiol iawn daeth arswyd dros y bugeiliaid, fel y dengys y stori, ond llwyddodd Gabriel i dawelu eu hofnau'n llwyr â'i gân. Yr unig ffordd yr awn i i gysgu pan oeddwn yn faban, meddai fy rhieni, oedd drwy wrando ar gerddoriaeth. Byddai cân yn distewi pob ofn.

Deuir i uchafbwynt yn y pennill olaf drwy ddatgan gwir arwyddocâd y noson honno, sef bod Gwaredwr wedi'i eni. Defnyddia'r awdur dermau diwinyddol sy'n ddiarth i garolau fel hon. Cyfeiria at 'y Gair', sy'n ein tywys wrth gwrs yn syth i brolog Efengyl Ioan: 'Yn y dechreuad yr oedd y Gair ...' Crybwyllir yr enw 'Eden' hefyd, a'r hyn a gysylltwn ag Eden yw cwymp dyn oddi wrth berffeithrwydd cariad Duw, a'r ddynoliaeth gyfan o ganlyniad yn haeddu marwolaeth, ond bod y Gair Dwyfol yn Iesu Grist wedi 'cywiro'r hen dro yn Eden drist'. A dyna a wnaeth Iesu. Y Gair. Yr Alffa a'r Omega. A dyma'r gair sy'n ein codi ni bechaduriaid 'gwirion' o fedd pechod i lawenydd y bywyd newydd a gaed drwy'r Gair.

GWEDDI
Diolch i ti, Arglwydd, am godi'r gwan i fyny drwy'r Ymgnawdoliad. Nid oes dim godidocach na'r neges dy fod ti yn dy gariad yn gwneud hynny drwy Iesu Grist. Amen.

I orwedd mewn preseb rhoed Crëwr y byd

Caneuon Ffydd: Rhif 450

I orwedd mewn preseb rhoed Crëwr y byd,
nid oedd ar ei gyfer na gwely na chrud;
y sêr oedd yn syllu ar dlws faban Mair
yn cysgu yn dawel ar wely o wair.

A'r gwartheg yn brefu, y baban ddeffroes,
nid ofnodd, cans gwyddai na phrofai un loes.
'Rwyf, Iesu, 'n dy garu, O edrych i lawr
a saf wrth fy ngwely nes dyfod y wawr.

Tyrd, Iesu, i'm hymyl, ac aros o hyd
i'm caru a'm gwylio tra bwyf yn y byd;
bendithia blant bychain pob gwlad a phob iaith,
a dwg ni i'th gwmni ar derfyn ein taith.

ANAD.

efel. E. CEFNI JONES, 1871-1972

MYFYRDOD

Hawdd credu ar yr olwg gyntaf, ac o wrando ar dôn W. J. Kirkpatrick, mai hon yw'r symlaf o'r holl garolau, ond o dan y symlrwydd mae stôr o gyfoeth. Mae sawl bardd o Gymro wedi rhoi cynnig ar lunio fersiwn Gymraeg o'r garol hon gan awdur anhysbys, ond efelychiad y diweddar Barchedig E. Cefni Jones sydd o'n blaen yma.

Mae'r gwrthgyferbyniad yn agoriad y pennill cyntaf yn dda: 'I orwedd mewn preseb rhoed Crëwr y byd.' Meddylier am y Duw mawr hollalluog, hollbresennol, yn gorwedd mewn preseb wedi'i rwymo mewn cadachau. Mae'n union fel rhoi awdur y sylwadau hyn (sy'n pwyso tua 18 stôn) mewn bocs matsys! Ond dyma wyrth yr Ymgnawdoliad – Duw'r Crëwr yn gwisgo cadachau dynol mewn preseb o bren cwbl gyffredin. Â Cefni Jones ymlaen i'n hatgoffa nad 'oedd ar ei gyfer na gwely na chrud', sy'n dwyn i gof yr adnod honno: 'rhwymodd ef mewn dillad baban a'i osod mewn preseb, am nad oedd lle iddynt yn y gwesty' (Luc 2:7). A daw cefndir y stabl i'r golwg yn niwedd y pennill cyntaf pan ddywedir bod 'y sêr yn syllu ar dlws faban Mair yn cysgu yn dawel ar wely o wair'. Y sêr uwchben, arogl y gwair, a'r tawelwch llethol.

Terfir ar y tawelwch yn yr ail bennill gan 'y gwartheg yn brefu' a chlywn y baban yn deffro. Serch hynny gwelwn fod y baban yn gwbl ddiddos ac yn teimlo'n ddiogel yn ei amgylchedd. Nid oedd neb yno ar y pryd â bwriad i'w niweidio. Ar ganol yr ail bennill ceir newid cyfeiriad wrth i'r awdur fynegi ei gariad tuag at y bychan di-nam. Mae'n amlwg fod Iesu wedi tyfu'n Arglwydd iddo, a'i fod yn teimlo'n ddiymadferth heb yr Iesu hwn.

Gweddi yw'r pennill olaf, yn gofyn i Iesu aros yn ein hymyl drwy holl brofiadau bywyd, a gwyddom i Iesu addo hynny'n gwbl ddibetrus. Yn rhan olaf y weddi gofynnir i Iesu fendithio 'plant bychain pob gwlad a phob iaith'. Cymro yw Iesu Grist i mi, ond rhaid cofio ei fod yn perthyn i bob cenedl. Sais yw Iesu i'r Saeson, Ffrancwr i'r Ffrancwyr, ac yn y blaen.

GWEDDI

Tyrd atom ni, O Dad ein Harglwydd Iesu,
 i'n harwain ato ef;
canmolwn fyth yr hwn sydd yn gwaredu,
 bendigaid Fab y nef.

(W. Rhys Nicholas)

Amen.

Yn nhawel wlad Jwdea dlos

Caneuon Ffydd: Rhif 455

Yn nhawel wlad Jwdea dlos
yr oedd bugeiliaid glân
yn aros yn y maes liw nos
i wylio'u defaid mân:
proffwydol gerddi Seion gu
gydganent ar y llawr
i ysgafnhau y gyfnos ddu,
gan ddisgwyl toriad gwawr.

Ar amnaid o'r uchelder fry
dynesai angel gwyn,
a safai 'nghanol golau gylch
o flaen eu llygaid syn:
dywedai, "Dwyn newyddion da
yr wyf, i ddynol-ryw;
fe anwyd i chwi Geidwad rhad,
sef Crist yr Arglwydd Dduw."

Ac ebrwydd unai nefol lu
mewn hyfryd gytgan bêr
nes seiniai moliant ar bob tu
o'r ddaear hyd y sêr:
"Gogoniant yn y nefoedd fry
i Dduw'r goruchaf Un,
tangnefedd ar y ddaear ddu,
ewyllys da i ddyn."

Rhoed newydd dant yn nhelyn nef
pan anwyd Iesu Grist,
a thelyn aur o lawen dôn
yn llaw pechadur trist:
telynau'r nef sy'n canu nawr,
"Ewyllys da i ddyn,"
a chaned holl delynau'r llawr
ogoniant Duw'n gytûn.

ELIS WYN O WYRFAI, 1827-95

MYFYRDOD

A dyma Elis Wyn o Wyrfai yn ymuno â'r rhai fu'n adrodd stori'r geni, ond gresyn na phriodwyd ei eiriau â'r hen alaw 'Jwdea' yn *Caneuon Ffydd*.

Agorir y garol â darlun o'r bugeiliaid 'yn y maes liw nos' yn gwylio'u 'defaid mân'. Yr un darlun ydyw ag a welwyd yn nifer o'r carolau eraill y cyfeiriais atynt, gydag un eithriad. Fe'u clywn yn canu yn y garol hon, a geiriau 'proffwydol gerddi Seion' sydd ar eu gwefusau, sef y cerddi a welir yn yr Hen Destament yn rhagfynegi dyfodiad Meseia. Pam yr oeddent yn canu? 'I ysgafnhau y gyfnos ddu, gan ddisgwyl toriad gwawr.' Nid yw'n beth diarth i neb ganu wrth ddisgwyl rhywbeth neu rywun.

Â Elis Wyn yn ei flaen i adrodd y stori gyfarwydd am ymddangosiad yr angel a syndod y bugeiliaid o glywed y newyddion da am enedigaeth 'Ceidwad rhad, sef Crist yr Arglwydd Dduw'. Yn dilyn y cyhoeddiad syfrdanol hwn ymuna 'nefol lu' yn y canu i foli Duw am ei rodd. A phan ddechreua un ganu, gallwch fod yn sicr y daw lleisiau eraill i chwyddo'r mawl. Roedd pawb, 'o'r ddaear hyd y sêr', am ymuno yn y llawenydd.

Yn niwedd y garol dywedir bod y nef a'i thelynau wedi cael ail wynt. Roedd rhywbeth newydd wedi digwydd! Cyn sicred â dim, daw popeth newydd a'i lawenydd am gyfnod, a da o beth yw cael rhywbeth newydd ar dro i aildanio brwdfrydedd. Roedd y nefoedd wrth ei bodd yn cael moli Duw, a chawsai'r pechadur, o ganlyniad i'r dyfodiad, destun cân newydd yn ei law. Mae gan bob pechadur bwrpas newydd i'w fywyd! Mae Duw ei hun wedi ymweld â'i galon ac wedi plannu ynddi foliant newydd. Ie, 'telynau'r nef' yn cael eu tiwnio, a thelynau'r ddaear yr un modd. Roedd eu tonyddiaeth nhw wedi mynd braidd yn fflat a digyffro!

GWEDDI
Diolch am orfoledd yr Ymgnawdoliad. Helpa ni, O Arglwydd, i fyw'r bwrlwm hwnnw yn ein bywydau fel bod y cyfan yn tiwnio'n calonnau o'r newydd. Amen.

Tua Bethlehem dref

Caneuon Ffydd: Rhif 468

Tua Bethlem dref
awn yn fintai gref
ac addolwn ef.
Gyda'r llwythau
unwn ninnau
ar y llwybrau
   at y crud.
Tua'r preseb awn
gyda chalon lawn
a phenlinio wnawn.

I fachgennyn Mair,
y tragwyddol Air
yn y gwellt a'r gwair,
dygwn roddion:
serch y galon,
aur anrhegion,
   thus a myrr.
Tua Bethlem dref
awn yn fintai gref
ac addolwn ef.

WIL IFAN, 1883-1968

MYFYRDOD

Wil Ifan biau'r garol ragorol hon, ac mae tôn David Evans yn ychwanegu at ei hawyrgylch.

Dehongliad Efengyl Mathew, am unwaith, a ddefnyddia Wil Ifan. Pam yr holl ddefnyddio ar ddehongliad Luc? Ofnaf y gwn yr ateb. Nid oes yn y dehongliad hwnnw yr un cyfeiriad at Herod fel y ceir yn Mathew. Gwaetha'r modd, y mae Herod yn rhan o'r stori.

Yn rhan o'r stori hefyd y mae'r doethion, neu'r 'seryddion' fel y'u gelwir yn y Cyfieithiad Newydd. Offrymasant i Iesu anrhegion o aur, thus a myrr, ac am iddynt gael eu rhybuddio mewn breuddwyd i osgoi Herod, aethant adref ar hyd ffordd arall rhag i hwnnw eu holi ymhle y ganwyd Gwaredwr y Byd.

Ceir gwahoddiad grasol yn y pennill cyntaf i ninnau ymuno â'r seryddion ar eu taith i Fethlehem i addoli'r baban. Wrth fynd at y preseb, dylai ein calonnau fod yn 'llawn', hynny yw yn llawn o ddiolchgarwch am y digwyddiad. Mae perygl ymhob oes i bobl fynd at Iesu â chalonnau oeraidd, digyffro a chwbl ddi-hid. Ond o fynd ato'n ddiolchgar, pa beth a wnawn ond penlinio o'i flaen?

Ceir yr un gwrthgyferbyniad yn ail bennill y garol hon ag a geir yn llinell agoriadol y garol 'I orwedd mewn preseb rhoed Crëwr y byd' (*Caneuon Ffydd*, 450). Y geiriad yma yw: 'I fachgennyn Mair, y tragwyddol Air yn y gwellt a'r gwair.' Ac wrth ddod ato, pa beth a gyflwynwn iddo? Y peth gorau a feddwn, sef ein holl fywyd. Cyflwynodd y seryddion aur, thus a myrr, sef y pethau gorau a feddent. Onid aethom i'n cyflwyno ein hunain mewn ysbryd ail-law i Iesu, gan feddwl y gwna Iesu a'i achos y tro pan na fydd gennym rywbeth arall i'w wneud? Hawlia Iesu'r gorau oll sydd ynom i'w addoli, a'n braint ni yw gorymdeithio tua Bethlehem i'w addoli.

GWEDDI
Diolch i ti, Arglwydd da, am bob cyfle a gawn i'n hoffrymu ein hunain yn aberth byw, sanctaidd a chymeradwy i ti yn Iesu Grist. Amen.

Caed modd i faddau beiau

Caneuon Ffydd: Rhif 507

Caed modd i faddau beiau
a lle i guddio pen
yng nghlwyfau dyfnion Iesu
fu'n gwaedu ar y pren;
anfeidrol oedd ei gariad,
anhraethol oedd ei gur
wrth farw dros bechadur
o dan yr hoelion dur.

Un waith am byth oedd ddigon
i wisgo'r goron ddrain;
un waith am byth oedd ddigon
i ddiodde'r bicell fain;
un aberth mawr yn sylwedd
yr holl gysgodau i gyd;
un Iesu croeshoeliedig
yn feddyg drwy'r holl fyd.

1 MARY OWEN, 1796-1875
2 ANAD.

MYFYRDOD

Un gêm y mae pob plentyn yn hoff o'i chwarae yw *hide and seek*. Mae gennyf atgof diddorol iawn am Mari, ein merch, pan oedd tua chwe blwydd oed (rhyw dair blynedd yn ôl), yn chwarae *hide and seek* gydag ysgrifennydd presennol Undeb yr Annibynwyr Cymraeg, Geraint Tudur. Geraint yma ar ryw berwyl, a Mari, wrth reswm, eisiau chwarae. Diddorol i ddechrau oedd y tebygrwydd rhyngddynt: Mari yn dair troedfedd ar y mwyaf, a Geraint ... wel, ddyweda i ddim mwy! Digon yw dweud i'r ddau ohonynt wirioni ar y gêm.

Mae 'cuddio' yn air amlwg ym mhennill cyntaf yr emyn hwn gan Mary Owen, ond sôn am 'guddio pen yng nghlwyfau dyfnion Iesu' y mae hi. A dyna'r unig le, yn wir, sydd gennym fel pobl i guddio yn ein heuogrwydd a derbyn maddeuant. Bydd llawer yn chwilio'n ddyfal am atebion i'w heuogrwydd ac am faddeuant, ond ofer fydd eu chwilio os nad edrychant tua Chalfaria, oblegid ar Galfaria, fel y dywed y bardd o Bantycelyn, y try 'euogrwydd fel mynyddoedd byd' yn 'ganu wrth dy groes'.

Dwfn yw ein pechod ni oll a dim ond wrth y groes y daw i ni iachawdwriaeth. Mae geiriau'r Apostol Paul yn sail gadarn i hyn: 'yr ydych i'ch cyfrif eich hunain fel rhai sy'n farw i bechod, ond sy'n fyw i Dduw yng Nghrist Iesu' (Rhufeiniaid 6:11). Ac yn sail i hynny y mae cariad Iesu Grist drosom ni oll, y cariad cwbl anfeidrol a welwyd ar y groes. Gallwn fod yn sicr nad âi unrhyw gariad meidrol i'r fath begwn, ond mynd i'r groes a wnaeth ef drosom ac roedd ei ddioddefaint o'r herwydd yn anhraethol fwy.

Nid Mary Owen yw awdur yr ail bennill; mae hwnnw neu honno'n anhysbys, ond seiliwyd y pennill cyfan ar eiriau'r llythyr at yr Hebreaid (9:23–28). Yn gryno, neges yr adnodau hyn yw fod yr aberth a welwyd ar y groes yn unigryw ac yn sefyll ben ac ysgwydd uwchben pob aberth arall. Dim ond cysgodau oedd ebyrth y gorffennol, y ceir cyfeiriadau niferus atynt yn yr Hen Destament. Daeth yr 'un aberth mawr' hwn i ddisodli'r 'holl gysgodau i gyd', a hynny 'un waith am byth'. Byddai'r aberth ar Galfaria yn ddigon ar gyfer y byd i gyd ac ni fyddai angen ei ailadrodd yn unrhyw le nac yn unrhyw gyfnod.

Saif y groes yn uchel ymhob ystyr, ac erys Iesu yn fwy na digon ar gyfer pob angen.

Un Iesu croeshoeliedig
yn feddyg drwy'r holl fyd.

GWEDDI

I Galfaria trof fy ŵyneb,
 ar Galfaria gwyn fy myd:
y mae gras ac anfarwoldeb
yn diferu drosto i gyd;
         pen Calfaria,
yno, f'enaid, gwna dy nyth.
                    (Dyfed)
Amen.

Cofio 'rwyf yr awr ryfeddol

Caneuon Ffydd: Rhif 512

Cofio rwyf yr awr ryfeddol,
  awr wirfoddol oedd i fod,
awr a nodwyd cyn bod Eden,
  awr a'i diben wedi dod,
awr wynebu ar un aberth,
  awr fy Nuw i wirio'i nerth,
hen awr annwyl prynu'r enaid,
  awr y gwaed, pwy ŵyr ei gwerth?

ALLTUD GLYN MAELOR, 1800-81

MYFYRDOD

Hen bennill Cymraeg yw hwn, ac un o'r penillion gorau a ysgrifennwyd yn yr iaith. Ei awdur yw Alltud Glyn Maelor a chanolbwyntia ar Galfaria yn benllanw popeth.

Roedd digwyddiad Calfaria'n rhyfeddol, wrth reswm. Ni welwyd ei debyg na chynt na chwedyn.

Roedd digwyddiad Calfaria'n wirfoddol. Ni thalodd neb i'r Iesu fynd yno. Aeth yno o gariad tuag atom.

Roedd Calfaria'n ddigwyddiad a drefnwyd gan Dduw 'cyn bod Eden' a chyn y creu hyd yn oed. Roedd Duw yn ei ragluniaeth rasol wedi trefnu'r cwbl. Fel y dywed Pedr Fardd:

Cyn llunio'r byd, cyn lledu'r nefoedd wen,
cyn gosod haul na lloer na sêr uwchben,
fe drefnwyd ffordd yng nghyngor Tri yn Un
i achub gwael, golledig, euog ddyn.

Ac ar Galfaria daeth diben Duw yn brofiad ac yn ffaith. Fel y pwysleisiwyd eisoes wrth fyfyrio ar emyn rhif 507, roedd yr un aberth ar Galfaria yn ddigon i chwyldroi byd cyfan, a Duw yn dweud ei fod yn fodlon yn yr aberth. Mewn gwirionedd, dywedodd Duw cyn Calfaria, mewn neges lachar ar ben Mynydd Tabor, ei fod yn fodlon yn Iesu: 'Hwn yw fy Mab, yr Anwylyd; ynddo ef yr wyf yn ymhyfrydu' (Mathew 17:5). Cadarnhawyd hynny ar Galfaria.

Cyn i'r pennill ddod i ben defnyddir un gair sy'n hynod amhoblogaidd heddiw mewn cysylltiadau eraill, sef 'gwirio'. Pwy a feddyliai y byddai Alltud Glyn Maelor yn defnyddio'r gair hwn? Ystyr 'gwirio' yw 'gwneud yn siŵr ein bod yn gymeradwy' a 'chymryd stoc ohonom ni'n hunain', ac ni wnaiff hynny fymryn o ddrwg i'r un ohonom. Mae gwirio yn bod er mwyn eraill, a phwy a wad yn yr oes hon o gam-drin enbyd ar oedolion a phlant fod hyn yn gwbl sylfaenol. Ac mae'r darlun fod Duw am wneud yn siŵr ei fod yn iawn, yn ddigon cryf ac yn ddigon cymeradwy yn ddigon o sail, rwy'n gobeithio, ar ein cyfer ni.

Pam y bu'n rhaid i Dduw ei wirio'i hun felly? Er mwyn gwneud yn siŵr fod ganddo ddigon o egni i ddangos i'r byd ei fod yn gallu codi ei Fab oddi wrth y meirw. Cyn codi rhywbeth mawr, rhaid sicrhau bod gennym y nerth angenrheidiol i gyflawni'r dasg. A dyma Dduw yn 'gwirio'i nerth'.

A phwy a all fesur gwerth yr awr ryfeddol hon ar Galfaria?

GWEDDI

Diolchwn i ti am fod yn nigwyddiad y groes yn adfer dy gryfder ar gyfer yr atgyfodiad ac yn plannu ynom ninnau gryfder at bopeth drwy Grist sydd yn ein nerthu. Amen.

Chwennych cofio 'rwyf o hyd

Caneuon Ffydd: Rhif 532

Chwennych cofio rwyf o hyd
  am Galfaria,
man hynota'r byd i gyd
  yw Calfaria;
bu rhyw frwydyr ryfedd iawn
  ar Galfaria:
cafwyd buddugoliaeth lawn,
  Halelwia!

Cerddodd Iesu dan y groes
  i Galfaria,
a dioddefodd angau loes
  ar Galfaria;
rhoi ei fywyd drosom wnaeth
  ar Galfaria;
bywyd llawn i ninnau ddaeth,
  Halelwia!

JANE HUGHES, 1760?-1820

MYFYRDOD

Down at awdures o Fôn yn yr emyn hwn – Jane Hughes o Ryd-wyn. Pentref yng ngogledd eithaf yr ynys yw Rhyd-wyn a'r Bedyddwyr yw'r unig enwad ag achos yno. Diddorol nodi i'r emyn hwn gael ei osod o dan y dôn 'Llanfair' gan Robert Williams. A wyddoch pa Lanfair yw hwn? Llanfairpwllgwyngyll? Nage. Llanfair ger Harlech? Nage. Llanfair Dyffryn Clwyd? Nage eto. Y Llanfair dan sylw yw Llanfair-yng-Nghornwy, sydd o fewn tafliad carreg i bentref Rhyd-wyn.

    Calfaria yw testun yr emyn syml hwn ac eir ati i nodi'r hyn a ddigwyddodd yno a'i berthnasedd i bob oes. Defnyddia'r awdur y llinell hon: 'Man hynota'r byd i gyd yw Calfaria.' I'r Cristion, ie, hwn yw'r man hynota' i gyd, oherwydd yma, ar y groes ac yn nigwyddiadau'r groes, y cychwyn y Cristion ar daith ei iachawdwriaeth. Ni thycia i neb gychwyn ar y daith honno ond o Galfaria, fel y dengys Paul yn gyson yn ei lythyrau. Am fod fy nhad yn grwydrol yn ei weinidogaeth, buom yn byw mewn sawl ardal: Nefyn, Trefriw, Cemaes (sydd eto heb fod nepell o Ryd-wyn) a Chyffordd Llandudno. Ond pe gofynnai rhywun i mi ymhle y cychwynnais y daith, byddai'n rhaid i mi ateb yn blaen mai yn Nefyn yr oedd hynny er nad oeddwn ond chwe mis oed yn mudo oddi yno i Drefriw. Mae'r man cychwyn yn bwysig. Yna â Jane Hughes ymlaen i ddatgan bod brwydr ryfedd iawn wedi digwydd ar Galfaria, a brwydr oedd hi rhwng da a drwg. Y Cyfiawn yn marw dros yr anghyfiawn. Y Dibechod yn gwyro'i ben dros y pechadur. Ac yn yr atgyfodiad gwelwyd yn glir nad Satan a gariodd y dydd ond Duw ei hun yn rhoi i ni fuddugoliaeth dros bechod.

Yn ail bennill yr emyn â'r awdur ymlaen i gyhoeddi mai Iesu Grist ei hun a fu ar y groes, a cheisia ddisgrifio, fel y gwneir yn Efengyl Ioan, y daith honno i ben y bryn: 'Aeth allan, gan gario'i groes ei hun, i'r man a elwir Lle Penglog (yn iaith yr Iddewon fe'i gelwir Golgotha)' (Ioan 19:17). A dyna daith oedd honno cyn dioddefaint y groes. Rhoddodd ei hun drosom a daeth i ninnau fywyd newydd llawn ac anturus o ganlyniad i'r aberth. Maddeued pawb imi am ddweud bod y pennill cyntaf yn llawer cryfach na'r ail; gellid dadlau nad oedd angen yr ail bennill am fod y cyntaf yn dweud y cyfan. Ond diolch am yr emyn hyfryd hwn sy'n ein hysgogi i feddwl am fan cychwyn ein taith ysbrydol ninnau.

GWEDDI

Diolch am gael codi ein golygon i gyfeiriad Calfaria, y lle rhyfedd hwnnw a fydd yn ein hatgoffa am byth o ryfeddod 'yr Iawn a roes yr Iesu'. Amen.

Pan oedd Iesu dan yr hoelion

Caneuon Ffydd: Rhif 550

Pan oedd Iesu dan yr hoelion
  yn nyfnderoedd chwerw loes
torrwyd beddrod i obeithion
  ei rai annwyl wrth y groes;
    cododd Iesu!
Nos eu trallod aeth yn ddydd.

Gyda sanctaidd wawr y bore
  teithiai'r gwragedd at y bedd,
clywid ing yn sŵn eu camre,
  gwelid tristwch yn eu gwedd;
    cododd Iesu!
Ocheneidiau droes yn gân.

Wyla Seion mewn anobaith
  a'r gelynion yn cryfhau,
gwelir myrdd yn cilio ymaith
  at allorau duwiau gau;
    cododd Iesu!
I wirionedd gorsedd fydd.

E. CEFNI JONES, 1871-1972

MYFYRDOD

Un o emynau mawr y diweddar Barchedig E. Cefni Jones, cyn-weinidog eglwys Penuel, Bangor yw hwn. Mae'n emyn sy'n orlawn o hanes y croeshoeliad a'r atgyfodiad. Hawdd anghofio, yn llawenydd yr atgyfodiad, erchylltra'r farwolaeth a ddioddefodd Iesu ar y groes.

Dechreua'r pennill cyntaf gydag ansicrwydd y farwolaeth. I'r disgyblion, roedd yr hyn a ddigwyddodd yn drychineb a hwythau wedi colli eu Meistr. Dyma'r un a'u galwasai i waith. Dyma'r un, yn ddiweddarach, oedd yn hongian ar groes front yng Nghalfaria a hoelion yn cynnal ei ddwylo ar y pren; coron ddrain am ei ben, a gwin sur yn cael ei gynnig iddo yn arwydd o ddirmyg a gwawd. Yn sicr ddigon, bu'r fath anfadwaith yn ddigon i dorri 'beddrod i obeithion ei rai annwyl wrth y groes'.

Yn yr ail bennill gwelwn y gwragedd yn dynesu at fedd Iesu a dim ond 'tristwch yn eu gwedd'. Ymhlith y gwragedd hyn, yn ôl yr hanes yn nechrau pennod 20 o Efengyl Ioan, yr oedd Mair, mam Iesu, ac yn naturiol yr oedd mewn galar enbyd am ei mab. Roedd mynd at y bedd yn gam anodd iddi wedi gweld y driniaeth a gawsai ar Galfaria. Gyda llaw, a oes modd inni bortreadu Calfaria yn lle rhy neis? Ystyr Calfaria yw 'Lle Penglog', a darn o dir ydoedd a ddefnyddid i daflu ysgerbydau anifeiliaid. Mewn lle felly y croeshoeliwyd Iesu, a rhaid bod hynny'n artaith ychwanegol i Mair a'r teulu a'r disgyblion.

Teimlad o anobaith a geir yn nechrau'r pennill olaf; anobaith ein dyddiau ni o weld cynifer o bobl yn troi at 'dduwiau gau'. Nid oes lle imi fanylu ar eu nifer na'u rhestru, ond y pennaf ohonynt yw cyffuriau. Mae byd cyffuriau yn fyd tywyll ac eang sy'n caethiwo llu o'n pobl. Ond nid cyffuriau yw'r unig fwgan chwaith; gall materoliaeth, a'r syniad mai arian yw llinyn mesur pob llwyddiant, fod lawn cymaint o garchar. A dyfynnu Gwyrosydd yn ei emyn cyfarwydd:

Pe dymunwn olud bydol,
chwim adenydd iddo sydd.

Mae'n diflannu ar yr awel, a'r hyn sy'n drychinebus yw ei fod yn ein tynnu ni ar ei ôl. Gellid enwi llawer mwy o dduwiau gau, ond credaf fod y ddau a enwyd yn grynhoad digon teg o'r gweddill.

Er gwaethaf yr anobaith, byrdwn mawr Cefni Jones yw 'Cododd Iesu!' Daw effaith y newyddion syfrdanol hwnnw'n amlwg yn y llinellau 'Nos eu trallod aeth yn ddydd'; 'Ocheneidiau droes yn gân'; ac 'I wirionedd gorsedd fydd'. Mae'n rhydd! Mae wedi gorchfygu! Mae'n fyw! Halelwia! Trechodd y cwbl!

GWEDDI

Crist a orchfygodd fore'r trydydd dydd,
cododd ein Gwaredwr, daeth o'r rhwymau'n rhydd.

Helpa ni i fyw'r atgyfodiad trwy'r hwn a ddaeth yn Atgyfodiad ac yn Fywyd ei hun. Amen.

Ti yw'r Un sy'n adnewyddu

Caneuon Ffydd: Rhif 579

Ti yw'r Un sy'n adnewyddu,
   ti yw'r Un sy'n bywiocáu;
ti yw'r Un sy'n tangnefeddu
   wedi'r cilio a'r pellhau:
bywiol rym roddaist im,
bellach ni ddiffygiaf ddim.

Ti rydd foliant yn y fynwes,
   rhoddi'r trydan yn y traed;
ti rydd dân yn y dystiolaeth
   i achubol werth dy waed:
cawsom rodd wrth ein bodd,
ofn y galon friw a ffodd.

Deued fflam yr adnewyddiad,
   rhodded Gymru oll ar dân;
deuwn ato'n edifeiriol
   ac fe droir ein gwarth yn gân:
dwyfol ias, nefol flas
ddaw drwy'r Ysbryd Glân a'i ras.

DAN LYNN JAMES, 1928-93

MYFYRDOD

Wrth ddarllen yr enw o dan y geiriau hyn, daw atgofion melys yn ôl o bersonoliaeth ddymunol-ddeinamig Dan Lynn James, Aberystwyth. Gŵr a fagwyd yn Henllan ger Llandysul ydoedd, a bu'n athro ac yn ddarlithydd am flynyddoedd cyn cyflawni gwaith arloesol fel Trefnydd Iaith Ceredigion. Cofir yn hir hefyd am ei lafur ef a'i briod Elisabeth yn cyhoeddi llyfrau ar gyfer gwaith yr Ysgol Sul. Bu'n ddiacon yn Seion, Stryd y Popty, Aberystwyth am amser maith, ac yn y saithdegau daeth o dan ddylanwad gweinidogaeth lachar a charismataidd y Parchedig David Watson yng Nghaerefrog. Cadwer hynny, ynghyd â bwrlwm personoliaeth Dan Lynn, mewn cof wrth ddarllen yr emyn poblogaidd hwn. Carwn ychwanegu na ellid wrth well priodas rhwng emyn a thôn na'r un a geir yn *Caneuon Ffydd*. Mae 'Llanbadarn' o waith R. S. Hughes yn ei ffitio fel maneg.

   Gwaith yr Ysbryd Glân yn y galon ddynol yw swm a sylwedd yr emyn, yn arbennig yn y ddau bennill cyntaf. 'Yr Ysbryd Glân sy'n llywio pob tröedigaeth,' medd y Dr R. Tudur Jones. Yr Ysbryd Glân hefyd sy'n tangnefeddu wedi 'cythrwfl' y dröedigaeth ac sy'n rhoi cyfeiriad newydd i'r credadun. Drwy'r pennill hwn ceir adlais o waith yr Ysbryd yn Llyfr yr Actau, a hanes y credinwyr yn gweddïo am hyder: 'Ac wedi iddynt weddïo, ysgydwyd y lle yr oeddent wedi ymgynnull ynddo, a llanwyd hwy oll â'r Ysbryd Glân, a llefarasant air Duw yn hy' (Actau 4:31).

Mae un gair annisgwyl braidd yn yr ail bennill. Cyfarwydd ydym â'r geiriau 'moliant' a 'thân' yng nghyd-destun yr Ysbryd, ond y mae'r gair 'trydan', wrth reswm, yn un diarth i'r Ysgrythur. Mae'r Ysbryd, wrth gwrs, yn ennyn moliant newydd ac yn cynnau tân newydd, ond trydan? Yn Llyfr yr Actau hefyd mae stori am ŵr cloff yn eistedd wrth borth y deml a Phedr ac Ioan yn aros i'w helpu. Buont yn gyfryngau yn llaw'r Ysbryd i roi bywyd newydd yn hanes y gŵr cloff, ac aeth yntau 'gyda hwy i'r deml dan gerdded a neidio a moli Duw' (Actau 3:8). Fe roddwyd sioc drydanol yr Ysbryd yn ei draed, ac fe wnaiff sioc drydanol hynny i'r traed hyd nes yr effeithia ar yr holl gorff. Carwn ychwanegu hyn: o brofi sioc, diflanna ofn yn eithaf rhwydd wedyn – 'ofn y galon friw a ffodd,' medd Dan Lynn. Yng nghanol y cwbl, gofala'r awdur gadw'i olwg ar Galfaria a dengys bod yr Ysbryd yn ein harwain yn gyson at Grist.

Mae'r pennill olaf yn ymgorfforiad o ffydd Dan Lynn James. Ei wir ddyhead cyson oedd gweld Cymru yn cael ei deffro o'i thrymgwsg ysbrydol. Roedd yn un o'r llu ohonom sy'n teimlo fel yr awdur hwnnw a gyfarchodd yr eglwys yn Laodicea: 'Gwn am dy weithredoedd, nid wyt nac yn oer nac yn boeth. Gwyn fyd na fyddit yn oer neu yn boeth! Felly, gan mai claear ydwyt, heb fod yn boeth nac yn oer, fe'th boeraf allan o'm genau' (Datguddiad 3:15–16). Pan oedd Mari'n faban, a minnau'n ei bathio, byddwn bob amser yn gofyn i Elen y wraig, 'Pa mor boeth ddylai'r dŵr fod?' Yr ateb cyson fyddai: 'Rhwbath yn y canol rhwng oer a phoeth!' Dyna'r teimlad a gaf mewn llawer eglwys pan glywaf yr ymatebion stoc: 'Dydi petha ddim cystal ag y buo nhw', neu 'Mi gadwn ni'r lle 'ma i fynd tra byddwn ni'. Cyfrifoldeb pob Cristion yw sicrhau parhad y Dystiolaeth, ac os golyga hynny newid, yna newid ac addasu amdani. 'Mae newid yn *change*,' meddai rhywun! Dylai'r Eglwys fod ar flaen y gad i newid hinsawdd byd, ond os na dderbynia 'fflam yr adnewyddiad' yn gyntaf, ni fydd dim yn newid.

Un gair bach wrth derfynu. Byddwn wrth fy modd yn gweld y pennill olaf hwn yn anthem genedlaethol i ni'r Cymry. Mae'n bryd i rywbeth ein hysgwyd.

GWEDDI

O Arglwydd, dyro awel,
   a honno'n awel gref,
i godi f'ysbryd egwan
   o'r ddaear hyd y nef;
yr awel sy'n gwasgaru
   y tew gymylau mawr;
mae f'enaid am ei theimlo:
   o'r nefoedd doed i lawr.
     (Dafydd William)
Amen.

Ysbryd Sanctaidd, disgyn

Caneuon Ffydd: Rhif 595

Ysbryd Sanctaidd, disgyn
o'r uchelder glân
nes i'n calon esgyn
mewn adfywiol gân.

Arwain ein hysbrydoedd
i fynyddoedd Duw,
darpar yno'r gwleddoedd
wna i'r enaid fyw.

Dangos inni'r llawnder
ynddo ef a gaed,
dangos inni'r gwacter
heb rinweddau'r gwaed.

Ysbryd Sanctaidd, dangos
inni'r Iesu mawr;
dwg y nef yn agos,
agos yma nawr.

PENAR, 1860-1918

MYFYRDOD

Duw sy'n cymryd y cam cyntaf bob tro. Nid ni sy'n ceisio Duw – ef sy'n ein ceisio ni. Mae hynny hefyd yn wir am yr Ysbryd Glân. Yr Ysbryd sy'n disgyn ac yn ein codi ni i'w lefel ef. Byddaf bob amser yn edmygu gwaith yr Ambiwlans Awyr yn disgyn ac yn codi cleifion i roi gobaith iddynt o well iechyd. A dyna neges Penar ym mhennill cyntaf yr emyn hwn.

Wedi i hynny ddigwydd, cawn ein harwain i sylweddoli cymaint y dibynnwn ar Dduw. Geilw Penar ar yr Ysbryd i'n harwain i 'fynyddoedd Duw' neu, mewn geiriau eraill, i'n codi i fywyd a dimensiwn newydd Duw yn hytrach na'n gadael i fyw, a defnyddio ymadrodd Paul, ar 'wastad y cnawd', fel sy'n digwydd mor aml yn ein hanes. Mae'n rhaid gosod bywyd yng ngoleuni Duw a chofio mai pererindod dragywydd yn dechrau ar y ddaear yw'r bererindod dragwyddol. Ac fe geir yn y bywyd hwn wleddoedd llawer iawn gwell eu blas fel y gwelir yn yr adnod: 'Ar y mynydd hwn bydd Arglwydd y Lluoedd yn paratoi gwledd o basgedigion i'r bobl i gyd, gwledd o win wedi aeddfedu, o basgedigion breision a hen win wedi ei hidlo'n lân' (Eseia 25:6).

Dengys y bywyd newydd hwn hefyd y llawnder a gynigir i ni ac mai Arglwydd y Llawnder yw Iesu Grist. Mor wag oedd bywyd cyn i ni gael ein codi i lefel Duw, oherwydd bywyd 'heb rinweddau'r gwaed' oedd hwnnw. A diflas a di-wefr yw bywyd heb lawnder y gwaed.

Gweddi fawr yw'r pennill olaf ar i'r Ysbryd ddisgyn eto yn hanes y rhai sydd heb ei brofi ac iddo ddod â gogoniant yr Iesu yn agos atynt, a thrwy hynny, ogoniant y nefoedd fel y gwelodd Jacob gynt y nef yn dod yn agos ym Methel a'r ysgol yn cyplu'r ddaear a'r nefoedd.

GWEDDI

O Ysbryd byw, dylifa drwom,
bywha dy waith â grym dy groes.
Cod ni, O Ysbryd Sanctaidd, i fyd y tragwyddol a agorwyd i ni drwy Iesu Grist ein Gwaredwr. Amen.

Ysbryd y gorfoledd

Caneuon Ffydd: Rhif 598

Ysbryd y gorfoledd,
tyrd i'n calon ni,
fe ddaw cân i'n henaid
wrth d'adnabod di;
cyfaredda'n hysbryd
â llawenydd byw
nes in lwyr feddiannu
cyfoeth mawr ein Duw.

Ysbryd y gwirionedd,
rho dy lewyrch clir,
arwain ni o'r niwloedd
at oleuni'r gwir;
rho i ni'r ddoethineb
sydd mor lân â'r wawr,
tyn ein henaid gwamal
i'r datguddiad mawr.

Ysbryd cariad dwyfol,
O meddianna ni,
diogel fydd ein henaid
yn dy burdeb di;
gad in deimlo beunydd
rinwedd dy berswâd,
adfer yn ein henaid
ddelw hardd y Tad.

W. RHYS NICHOLAS, 1914-96

MYFYRDOD

Un o'r cymwynasau mawr oedd cysylltu'r emyn cymharol newydd hwn gan y diweddar Barchedig W. Rhys Nicholas â thôn gyfarwydd, fywiog John Hughes, 'Gwefus Bur'. Mae'r briodas wedi cydio'n berffaith bellach.

Cychwynnir tri phennill yr emyn â chyfarchiad sy'n pwysleisio gwahanol agweddau ar yr Ysbryd.

Yn y cyntaf, 'Ysbryd y gorfoledd' a gyferchir. Ysbryd sy'n llonni calon ac enaid yw'r Ysbryd Glân ac ysbryd sy'n bywhau pob marweidd-dra. Ysbryd hefyd sy'n dangos yr ochr olau i bawb a phopeth ac sy'n gwneud bywyd yn werth ei fyw. Oni ddilynodd yr awdur yr un thema mewn emyn arall ('Tydi a wnaeth y wyrth, O Grist, Fab Duw, tydi a roddaist imi flas ar fyw': *Caneuon Ffydd*, 791)? Roedd Iesu Grist yn berson llawen, ac, a siarad yn bersonol am eiliad, mi fyddaf innau wrth fy modd yn cyfarfod â phobl sy'n gweld popeth mewn goleuni lliwgar a newydd a llawen; pobl na fyddant byth yn sôn am 'ddirywiad' ym myd crefydd, ond am 'newid'.

Yr ail gyfarchiad yw 'Ysbryd y gwirionedd'. Ac y mae hwn yn wirionedd y gallwch ddibynnu arno. Flynyddoedd yn ôl bellach, euthum i ddringo Bwlch y Gerddinen rhwng Dolwyddelan a Blaenau Ffestiniog. Gwaetha'r modd, deuthum i niwl mawr wrth deithio tua'r Blaenau. Ar y pryd nid oeddwn yn gyfarwydd iawn â'r ffordd droellog honno ac ni allwn ond dibynnu ar oleuadau'r car i'm tywys drwy'r tywyllwch. Mae'r Ysbryd yn debyg iawn i oleuni'r car yn chwalu'r niwl ac yn dangos y ffordd gywir ac union. Dywedir yn aml heddiw mai i'r un lle yr arwain pob crefydd. Celwydd noeth! Cofier geiriau Iesu wrth Thomas: 'Myfi yw'r ffordd a'r gwirionedd a'r bywyd. Nid yw neb yn dod at y Tad ond trwof fi' (Ioan 14:6).

Cyfarchiad y trydydd pennill yw 'Ysbryd cariad dwyfol'. Mae hwn, medd Eseia, mor bur â'r glaw a'r eira sy'n disgyn o'r nefoedd. Mae'n ein galw, trwy Grist a'i groes, i'r purdeb a gynigir ganddo, ac yn ein perswadio – a gair da yw hwnnw – i fyw â chariad yn ein byd cymhleth sy'n llawn casineb. A hwn yw'r Ysbryd yn y diwedd sy'n 'adfer yn ein henaid ddelw hardd y Tad'. Dyma'r Tad sy'n llawn cariad at ei blant ac sy'n cynnig adfer yn llawn y cariad dwyfol a gollwyd yn Eden drwy'r Un a gollodd y cwbl er ein mwyn ar Galfaria.

GWEDDI

Diolch i ti, Ysbryd Sanctaidd, am fod mor barod i'n bywhau a'n codi ar ein traed a chreu pobl newydd ohonom. Amen.

Ysbryd y tragwyddol Dduw

Caneuon Ffydd: Rhif 601

Ysbryd y tragwyddol Dduw, disgyn arnom ni;
Ysbryd y tragwyddol Dduw, disgyn arnom ni:
plyg ni, trin ni, golch ni, cod ni:
Ysbryd y tragwyddol Dduw, disgyn arnom ni.
DANIEL IVERSON, 1890-1977
cyf. IDDO EF

MYFYRDOD

Un o'r gweddïau hyfrytaf i'w canu ar ddechrau oedfa yw honno gan Daniel Iverson, 'Spirit of the living God, fall afresh on me'. Ni wyddom pwy a'i cyfieithodd i'r Gymraeg, ond gwyddom mai yn y llyfryn *Iddo Ef!* (1982) yr ymddangosodd yn ein hiaith am y tro cyntaf.

Mae'n bennill gwirioneddol ysgytwol. Pe trown i'r ddegfed bennod yn Llyfr yr Actau, down ar draws stori am Pedr yr Apostol yn cael ei alw i gartref Cornelius yng Nghesarea. Gŵr defosiynol iawn oedd Cornelius, a gŵr caredig a oedd yn parchu os nad yn ofni Duw. Nid wyf am fynd yn fanwl drwy'r stori; digon yw nodi bod Pedr wedi cyrraedd y cartref ac wedi dechrau pregethu Iesu Grist. Roedd yno gynulliad yn gwrando'n eiddgar ar Pedr, ac ni soniodd am y nesaf peth i ddim ond Iesu Grist. Ni soniodd am broffwydi nac apostolion, na chwaith am ei waith na'i weledigaeth ei hun. Person Iesu a'i berthnasedd i'w sefyllfa hwy ar y pryd oedd testun ei neges gyfan. Rai blynyddoedd yn ôl mabwysiadwyd y slogan 'Back to basics' gan wleidyddion. Mae arnaf ofn y bydd yn rhaid i ninnau, bregethwyr sy'n cael y fraint o draethu'r Newyddion Da, fynd yn ôl at hyn am fod y cwestiwn 'Pwy yw Iesu?', am ba resymau bynnag, yn dal ar wefusau pobl heddiw. Beth yw gwir ystyr y Nadolig? Beth yw gwir ystyr y Pasg? Ni allwn gymryd dim yn ganiataol heddiw. Ni allai Pedr chwaith, a dyna pam y manteisiodd ar ei gyfle i 'ddweud yn dda mewn gair amdano'.

Ond nid dyna ddiwedd y stori. Ar ganol y bregeth, dyma rywbeth yn digwydd. Rhaid cyfaddef nad ydym ni bregethwyr, y rhelyw ohonom, yn rhai da fel arfer am wybod beth i'w wneud os digwydd rhywbeth ar ganol pregeth. Ond fe wyddai Pedr.

A beth oedd y digwyddiad annisgwyl? Gadawn i'r adnod esbonio: 'Tra oedd Pedr yn dal i lefaru'r pethau hyn, syrthiodd yr Ysbryd Glân ar bawb oedd yn gwrando'r gair. Synnodd y credinwyr Iddewig, am fod rhodd yr Ysbryd Glân wedi ei thywallt hyd yn oed ar y Cenhedloedd' (Actau 10:44–45). Y Cenhedloedd cryf, anystywallt ar dro, yn dod o dan ddylanwad a gweinidogaeth yr Ysbryd Glân? Sgersli bilîf, chwedl Ifas y Tryc, ond dyna'r gwir. Roedd y rhain, ys dywed pennill Daniel Iverson, yn cael eu plygu, eu trin, eu golchi a'u codi. Ac fe'u bedyddiwyd. Ni fedrai Pedr feddwl am undim arall i'w wneud, ac ef oedd yn iawn.

Y nef yn unig a ŵyr beth all ddigwydd pan fo digon o sôn am Iesu Grist. 'Sut fath o emynau fuasech chi'n hoffi i mi eu dewis i chi ar gyfer y Sul?' oedd cwestiwn un organydd i'w bregethwr, wedi iddo ddeall gan y pregethwr mai ef ei hun oedd i'w dewis. A'r ateb? 'Emynau â digon o sôn am Iesu Grist!'

GWEDDI
Diolch i ti, O Ysbryd Sanctaidd, am dy fod wedi plygu, trin, golchi a chodi cynifer o bobl ar draws y cenedlaethau i fod yn dystion cywir dros Iesu Grist. Amen.

Ymwêl a ni, O Dduw

Caneuon Ffydd: Rhif 607

Ymwêl â ni, O Dduw,
yn nerth yr Ysbryd Glân,
adfywia'n calon wyw,
rho inni newydd gân:
O gwared ni o'n llesgedd caeth,
a'r farn ddaw arnom a fo gwaeth.

Dy Eglwys, cofia hi
ar gyfyng awr ei thrai,
datguddia iddi'i bri,
a maddau iddi'i bai
am aros yn ei hunfan cyd,
a'i phlant yn crwydro ar faes y byd.

Pan ddelo'i phlant ynghyd,
a phob un yn ei le,
bydd eto'n wyn ei byd,
a'i mawl yn llanw'r ne',
a'i hymdaith ar ôl cloffi'n hir
yn rymus tua'r Ganaan wir.

DYFNALLT, 1873-1956

MYFYRDOD

Mae'n rhyfedd meddwl bod Dyfnallt yn yr emyn hwn yn cyfeirio at 'lesgedd' a 'thrai' yn yr Eglwys ac yntau'n byw rhwng 1873 a 1956, ond yr hyn a wna yw edrych ar un cyfnod yng ngoleuni cyfnod arall, sy'n brofiad digon cyffredin i bawb. Dyma ein hanes erioed ymhob agwedd ar fywyd – cymharu heddiw â ddoe – ond ni fydd y gymhariaeth bob amser yn deg am fod pob cyfnod o raid yn wahanol. Y duedd wedyn yw mynd i feirniadu ein gilydd am y methiant.

Dylai gweddi fawr Dyfnallt fod yn weddi i bawb ohonom sydd ynghlwm wrth waith teyrnas Iesu Grist. Gweddi ydyw ar i'r Ysbryd Glân adfywio'r Eglwys drwy ein hadfywio ni fel unigolion yn gyntaf a phlannu ynom 'newydd gân' yn hytrach na'r digalondid sy'n nodweddiadol ohonom.

Â'r emynydd ymlaen drwy erfyn ar i'r Ysbryd faddau i'r Eglwys 'am aros yn ei hunfan cyd, a'i phlant yn crwydro ar faes y byd'. Rwy'n gwbl argyhoeddedig i'r emyn hwn gael ei ysgrifennu yn ystod un o'r ddau Ryfel Byd. A wnaeth yr Eglwys, yn gyffredinol, gymaint ag y dylai i sicrhau heddwch? A wnaeth ddigon i wrthsefyll rhyfeloedd, ac a gyhoeddodd yn glir fod rhyfela'n gwbl groes i ewyllys Duw ac i'r Efengyl? A fu'n rhy lwfr ac ofnus ei thystiolaeth dros heddwch? Yr ugeinfed ganrif oedd y ganrif fwyaf gwaedlyd erioed yn hanes dynoliaeth, a thra oedd yr Eglwys yn poeni am fanion eraill, yr oedd rhai o'i haelodau'n crwydro ar faes barbaraidd rhyfel, yn lladd ac yn cael eu lladd. Ond cofier bod modd i'r Eglwys aros yn ei hunfan mewn ystyron eraill hefyd a dim ond yr Ysbryd a all beri iddi ymysgwyd.

Yn y pennill olaf cyfeirir at y plant yn dod adref wedi'r crwydro ac yn dod ynghyd i addoli. Nid oes amheuaeth mai sôn am y plant yn dod adref o'r rhyfel y mae'r awdur; cawn ddarlun o lawenydd anfesuradwy yr achlysur ac o fawl yr Eglwys 'yn llanw'r ne" – bellach, wedi'r cloffi, gall symud yn ei blaen yn fuddugoliaethus 'tua'r Ganaan wir'. Ac y mae'r cloffi hwn yn wers ynddo'i hun – yr Eglwys yn cloffi yn ei thystiolaeth dros heddwch ac yn ei chefnogaeth i'r milwyr a'u teuluoedd yn eu hawr dywyllaf.

Hepgorwyd un pennill o'r emyn hwn yn *Caneuon Ffydd*; ni wn pam, ac fe'i dyfynnaf yma:

> Tro'i merched pêr eu cân,
>   a'i meibion aml eu dawn,
> i ffordd yr Ysbryd Glân
>   yng ngwres ieuenctid llawn;
> diffygia Seion ar ei thaith
> heb ran yr ifanc yn y gwaith.

GWEDDI

> Maddau, dirion Arglwydd, ddirfawr fai y bobloedd,
> maddau rwysg annuwiol ein holl benaethiaid ni,
> tywys hwynt i'th lwybrau, Arglwydd Iôr y lluoedd:
> llwybrau hyfrydwch dy gymdeithas di.
>   (J. T. Job)
> Amen.

Beth yw'r tristwch sydd ar gerdded

Caneuon Ffydd: Rhif 611

Beth yw'r tristwch sydd ar gerdded
drwy ei Eglwys dan y nef?
Nid oes gelyn ar y ddaear
sydd â grym i'w drechu ef:
llawenychwn
yn ei fuddugoliaeth gref.

Beth yw'r llesgedd blin a'n daliodd
pan fo'r gofyn am grwsâd?
Y mae nerthoedd tragwyddoldeb
yn ddigonol i bob gwlad:
atgyfnerthwn,
mae grasusau'r nef yn rhad.

Beth yw'r dicter sy'n gwahanu
pan fo cymod Crist mor hael?
Mae ei gariad yn ddihysbydd
a'i drugaredd yn ddi-ffael:
gorfoleddwn,
mae maddeuant llwyr i'w gael.

ARTHUR WILLLAMS, 1910-83

MYFYRDOD

Tristwch, llesgedd a dicter yw geiriau allweddol tri phennill yr emyn hwn o waith y diweddar Barchedig Arthur Williams.

Rwy'n un o'r bobl hynny sy'n cael trafferth ymuno mewn sgwrs lle na cheir ond siarad hiraethus am ddoe'r Eglwys, a chas gennyf glywed yr hen ymadrodd cyfarwydd hwnnw: 'Dydi pethau ddim fel y buo' nhw!' Beth sy'n waeth na chael ein hatgoffa o hynny'n gyson? Ond y gwir amdani, gwaetha'r modd, yw ein bod wrth ein boddau yn trafod y tristwch hwn. Mae'n siŵr gennyf i fod hyn yn nodweddiadol ohonom yn gyffredinol mewn bywyd; trafodwn drasiedïau a newyddion drwg yn llawer amlach nag y trafodwn lawenydd a llwyddiant. Cofiaf un gweinidog yn gofyn imi faint o gynulleidfa oedd mewn capel ryw

Sul pan oeddwn i'n pregethu yno, a minnau'n ateb: 'Dim ond pymtheg.' Syllodd yr henwr hwn i fyw fy llygaid a'm cywiro gan ddweud: 'Iwan, mi roedd pymtheg yno!' A dyma'r trywydd y ceisiaf ei ddilyn yn gyson yn hytrach na'r siarad trist, gwag sy'n nodweddiadol ohonom.

Canlyniad tristwch, wrth gwrs, yw llesgedd, ac mae tristwch wedi esgor ar lesgedd yn ein heglwysi ni. Yr un hen ddadl a glywn yn gyson: 'Fedrwn ni neud dim am y sefyllfa.' Fy ateb i i hynny yw, wrth gwrs y medrwn. Fel y pwysleisia'r emynydd yn y pennill cyntaf, mae gennym Arglwydd sydd wedi concro tristwch a rhaid cofio bod 'holl arfogaeth Duw' (Effesiaid 6:11) yn ein meddiant. Ond mae'n rhaid i ninnau addasu o fewn amgylchiadau ein cyfnod, a pheidio ag edrych ar yr addasu fel methiant ond fel cyfle i wneud rhywbeth o'r newydd. Un prynhawn braf beth amser yn ôl, aethom fel teulu am dro i bellafoedd Cwm Nantcol yn Sir Feirionnydd, taith bum milltir o ddringo pur serth o bentref Llanbedr. Ar y ffordd, ni ddaeth yr un cerbyd i'n cyfarfod ac ni welsom gerbydau wedi cyrraedd pen pellaf y cwm. Nid oeddem yn bell o Ddrws Ardudwy sy'n arwain drosodd i Drawsfynydd. Yn nhawelwch Cwm Nantcol gallem glywed sŵn cerbydau, nid yn y cwm ond yn rhywle arall o'r golwg. Cafwyd gwybodaeth yn ddiweddarach mai clywed sŵn traffig yr A470 yn Nhrawsfynydd yr oeddem. Clywed y sŵn ond heb weld dim. Gwybod bod rhywbeth dros y gorwel. Rhaid i ni fel eglwysi roi'r gorau i'n llesgedd a mynd ati i addasu nid sail ein ffydd ond y modd y'n cyflwynwn ein hunain. O wneud hynny, fe glywn eto leisiau'n taro nodyn buddugoliaethus yr Efengyl.

Ym mhennill olaf yr emyn ni all yr emynydd ddeall ein cyndynrwydd i addasu 'pan fo cymod Crist mor hael'. Mae'n hen bryd i ni edrych i'w gyfeiriad ef a gweld ei fod yn troi pob sefyllfa fregus yn gyfle ac yn gymod er ein lles ni oll.

GWEDDI

Maddau i ni, Arglwydd, am fyw ar ddoe fel eglwysi, ac am ganu am lwyddiant ddoe a chanu cnul heddiw. Gwna ni'n bobl bositif a fydd yn denu eraill atom i rannu'n tystiolaeth am Iesu Grist. Amen.

Arglwydd, gad im dawel orffwys

Caneuon Ffydd: Rhif 617

Arglwydd, gad im dawel orffwys
dan gysgodau'r palmwydd clyd
lle yr eistedd pererinion
ar eu ffordd i'r nefol fyd,
lle'r adroddant dy ffyddlondeb
iddynt yn yr anial cras
nes anghofio'u cyfyngderau
wrth foliannu nerth dy ras.

O mor hoff yw cwmni'r brodyr
sydd â'u hwyneb tua'r wlad
heb un tafod yn gwenieithio,
heb un fron yn meithrin brad;
gwlith y nefoedd ar eu profiad,
atsain hyder yn eu hiaith;
teimlant hiraeth am eu cartref,
carant sôn am ben eu taith.

Arglwydd, dal ni nes mynd adref,
nid yw'r llwybyr eto'n faith;
gwened heulwen ar ein henaid
wrth nesáu at ben y daith;
doed y nefol awel dyner
i'n cyfarfod yn y glyn
nes in deimlo'n traed yn sengi
ar uchelder Seion fryn.

EMRYS, 1813-73

MYFYRDOD

Fe rown y byd i gyd yn gyfnewid am ddawn y Parchedig William Ambrose i greu emyn mor brydferth ei farddoniaeth â hwn. Bu Ambrose, neu 'Emrys' a rhoi iddo'i enw barddol, yn gweinidogaethu yn Salem, Porthmadog am gyfnod maith yn y bedwaredd ganrif ar bymtheg, a chymaint oedd ei ddylanwad fel y codwyd capel coffa hardd iddo yn y dref. Roedd y capel newydd, a godwyd yn ychwanegol at Salem, yn dal tua mil o bobl. Fe'i dymchwelwyd yng nghanol wythdegau'r ugeinfed ganrif, a pharhaodd yr aelodau i gyfarfod yn y festri hyd ddechrau 2004 pan benderfynasant ddirwyn yr achos i ben ac ymuno â'r fam eglwys yn Salem. Bu'r uniad yn un hapus dros ben.

Delwedd y palmwydd sydd ym meddwl Emrys yn nechrau'r emyn. Ceir cyfeiriadau lu yn y Beibl at y coed hyn sy'n gallu tyfu i uchder o 60–100 troedfedd. Gelwid Jerwsalem yn 'Ddinas y Palmwydd' oherwydd y duedd i bererinion eistedd o dan y coed i gysgodi rhag y gwres tanbaid. At hynny, fel y gwelir yn Lefiticus (23:40), roedd palmwydd yn rhan bwysig o ddathliadau Gŵyl y Pebyll ac ymhlith y pethau gorau i'w rhoi ar allor gwasanaeth: 'yr ydych i gymryd blaenffrwyth gorau'r coed, canghennau palmwydd, brigau deiliog a helyg yr afon.' Cofir hefyd am y dyrfa yn cario canghennau palmwydd i Jerwsalem pan ddaeth Iesu Grist i'r ddinas cyn ei groeshoelio. Iesu Grist, yn ddiau, yw'r palmwydd yn emyn Emrys.

Fel y dywedodd y Parchedig John Gwilym Jones yn ei ddehongliad rhagorol o'r emyn hwn, mae pwyslais y pennill cyntaf yn drwm ar yr unigolyn: 'Arglwydd, gad im dawel orffwys.' Dyna a wna pob Cristion pan ddaw at ei Arglwydd mewn edifeirwch – gorffwys dan 'gysgod gwych y pren', ys dywed emyn arall. Nodaf yn ddibetrus nad emyn ar gyfer y marw yw hwn, ond emyn ar gyfer pererindod ysbrydol mewn bywyd, ac ni ellir wrth well lle i gychwyn y bererindod honno nag yn ymyl Iesu Grist a throed y groes. Bydd pererinion yn gorffwys 'dan gysgodau'r palmwydd ... *ar eu ffordd* i'r nefol fyd', nid *ar ôl* cyrraedd yno. A bydd pawb a orffwys yn canmol eu Harglwydd fel y dylai pob Cristion ei ganmol. Gwnaeth Paul hynny heb ronyn o gywilydd. 'Nid oes arnaf gywilydd o'r Efengyl,' meddai yn ei lythyr at y Rhufeiniaid (1:16).

Darlun o'r Cristion unigol yn ymuno â'r Gymdeithas Gristnogol, neu'r Eglwys a geir yn yr ail bennill. O fewn y gymdeithas honno, er gwaethaf eu hamryfal ddoniau, y mae pawb yn edrych i'r un cyfeiriad – i gyfeiriad y Wlad Nefol. A dyma ran o waith yr Eglwys – edrych i gyfeiriad y wlad a agorwyd i ni drwy farwolaeth ac atgyfodiad Iesu Grist. Yn ei bennod gyfoethog ar Ffydd, mae awdur y Llythyr at yr Hebreaid yn cyfeirio at arloeswyr ffydd megis Abraham, Isaac, Abel ac Enoch, ac yn cyhoeddi'n glir: 'Y gwir yw eu bod yn dyheu am wlad well, sef gwlad nefol. Dyna pam nad oes gan Dduw gywilydd ohonynt, nac o gael ei alw'n Dduw iddynt, oherwydd y mae wedi paratoi dinas iddynt' (Hebreaid 11:16). A chan fod eu hwynebau tua'r wlad hon, nid ydynt yn gwenieithio nac yn 'meithrin brad'. Roedd 'gwlith y nefoedd' yn diferu yn eu calonnau ac yn ymdreiddio drwy eu holl brofiad, a hwnnw wedyn yn esgor ar hyder ynddynt. Ac fe ddylai'r Eglwys ymhob oes fod yn hyderus – yn hyderus ei thystiolaeth ac yn fodlon gadael i'w hyder yng Nghrist ei hadeiladu a'i haddasu. Ni waeth i neb ohonom guddio'n pennau yn y tywod a chwyno a phoeni am ddyfodol ein heglwysi – rhaid addasu yn ôl y gofyn.

GWEDDI

Diolch i ti, Arglwydd, am gyfle i ymateb i ti yn Iesu Grist ac i fod yn rhan o'th gymdeithas ar y ddaear. Diolch i ti am gyfle i wneud ein gorau ynddi a throsti gan wybod mai edrych yr ydym i gyfeiriad gwlad sydd â'i phleser yn parhau. Amen.

Fe chwythodd yr awel ar Gymru drachefn

Caneuon Ffydd: Rhif 627

Fe chwythodd yr awel ar Gymru drachefn,
clodforwn di, Arglwydd, fod gwyrth yn dy drefn:
dihunaist ni'r meirwon, a'n codi drwy ffydd,
a throi ein hwynebau at degwch y dydd.

Molwn di, molwn di'n un teulu ynghyd,
molwn di, molwn di, a'n cân dros y byd;
cydweithiwn, cydgerddwn, cydfolwn gan fyw
i roi iti'r cyfan, ein Harglwydd a'n Duw.

Diolchwn am lwybrau a gerddem ni gynt,
fe fuost yn gwmni a nerth ar ein hynt;
anfonaist ni'n dystion i'n ffyrdd ar wahân,
a fflam yr Efengyl roist ynom yn dân.

Fe gawsom dy gysur wrth rodio drwy'r glyn,
ac oriau gorfoledd, a'n traed ar y bryn,
pan fyddem fel plant yn cael cydio'n dy law
i syllu ar wynfyd y ddinas o draw.

Ond heddiw dy glodydd a ganwn i gyd
am iti ein tynnu'n un teulu ynghyd:
cydweithiwn, cydgerddwn, cydfolwn gan fyw
i roi iti'r cyfan, ein Harglwydd a'n Duw.

JOHN GWILYM JONES

MYFYRDOD

Comisiynwyd y Parchedig John Gwilym Jones i lunio'r emyn hwn ar gyfer y flwyddyn 2000 pan fyddai holl eglwysi Cymraeg tref Llandudno yn dod at ei gilydd mewn un adeilad i gydaddoli.

Ym mhennill cyntaf yr emyn ceir adlais cryf o'r geiriau cyfarwydd hyn: 'Ac fel yr oeddwn yn proffwydo daeth sŵn, a hefyd gynnwrf, a daeth yr esgyrn ynghyd, asgwrn at asgwrn' (Eseciel 37:7). Yr esgyrn, yn ystyr yr emyn, yw'r enwadau yn dod at ei gilydd i greu un fyddin gref i wynebu amgylchiadau'r cyfnod a'r fro.

Yn yr ail bennill cydnabyddir dyled yr holl eglwysi i'r hyn a gafwyd gynt yn yr addoldai unigol, a bod yr addoldai hynny a'u gwasanaethau wedi bod yn dystion gloyw iawn yn eu dydd. Rhyfyg o'r mwyaf fyddai gwadu hynny.

Mae'r trydydd pennill yn tanlinellu'r cymorth a gafodd yr holl eglwysi gan Dduw mewn amgylchiadau a oedd weithiau'n anodd ac weithiau'n ymylu ar fod yn amhosibl. Er iddynt suddo'n gyson i 'ddyffryn tywyll du', wrth edrych yn ôl cawsant i Dduw ei hun fod gyda hwy yng nghanol eu trybini ac iddo'u cadw, fel y dywed y Salmydd, rhag 'unrhyw niwed' (Salm 23:4). Ni fu'r daith yn un hwylus i'r eglwysi yn Llandudno wrth iddynt geisio dod ynghyd. Bu'n daith anodd a stormus ar dro, ond onid hynny yn y diwedd a ddaeth â hwy'n nes at ei gilydd?

Terfynir yr emyn gyda'r pwyslais yn drwm ar y presennol. Y mae i bob genedigaeth ei phoenau, a gall y rheiny weithiau fod yn arteithiol. Ond buan iawn yr anghofir y poenau pan â'r newydd-anedig rhagddo ar ei daith. A dyma bwynt yr awdur yn y pennill olaf. Mae eglwysi tref Llandudno *wedi* dod at ei gilydd yn adeilad Seilo ac *mae'r* gwaith *yn* mynd yn ei flaen yn hyderus.

Onid oes galw bellach yn y dyddiau argyfyngus hyn i ardaloedd eraill fentro i'r un cyfeiriad? Nid oes un enwad yn Llandudno wedi colli ei hunaniaeth; yr unig newid yw fod pawb yn cwrdd yn yr un adeilad o dan ofal yr un gweinidog. Byddwn ninnau, fel dwy eglwys Gymraeg yn nhref Cricieth (Capel y Traeth a Jerwsalem), yn cydaddoli'n rheolaidd bron bob Sul yn un o'r ddau adeilad; ceir ysbryd llawen yn yr holl wasanaethau undebol ac ni fydd yr un enwad yn goruwchlywodraethu ar y llall. Mae'n bryd i ni fynd ati yn gyffredinol i ystyried y posibiliadau yn ein hardaloedd gwahanol. Nid bod Llandudno'n ateb i bob man, ond y mae gwersi o gariad, brawdgarwch ac amynedd yn sicr i'w dysgu o'i hesiampl.

Daw pedwar pennill John Gwilym i ben â chytgan gorfoleddus:

> Molwn di, molwn di'n un teulu ynghyd,
> molwn di, molwn di, a'n cân dros y byd;
> cydweithiwn, cydgerddwn, cydfolwn gan fyw
> i roi iti'r cyfan, ein Harglwydd a'n Duw.

GWEDDI

> Duw, tyrd â'th saint o dan y ne',
> o eitha'r dwyrain pell i'r de,
> i fod yn dlawd, i fod yn un,
> yn ddedwydd ynot ti dy hun.
> (William Williams)

Amen.

Rwyf yn codi fy mhobol i foli

Caneuon Ffydd: Rhif 628

Rwyf yn codi fy mhobol i foli,
rwyf yn codi fy mhobol yn rym;
fe symudant drwy'r wlad yn yr Ysbryd,
gogoneddant fy enw yn llawn.

Gwna dy Eglwys yn un gref, Iôr,
ein calonnau una nawr:
gwna ni'n un, Iôr, yn dy gorff, Iôr,
doed dy deyrnas ar y llawr.

DAVE RICHARDS
cyf. CATRIN ALUN

MYFYRDOD

'Ma' gynnon ni fwy o bobol yn dŵad i'n capel ni nag sy'n dŵad i'ch capel chi.' Rwy'n siŵr ein bod i gyd yn gyfarwydd â chlywed gosodiadau o'r fath! Efallai ein bod yn euog o'u hyngan ein hunain? A bod yn onest, nid oes gennyf owns o ddiddordeb yn y fath siarad. Y cyfan a wnaf innau yw diolch ei bod hi cystal arnom. Onid yw'n bryd i'r siarad plentynnaidd yma ddod i ben? Ym mha le bynnag yr addolwn, yng nghwmni faint bynnag o bobl – boed yn ddau neu dri neu'n dyrfa fawr – ein busnes ni yw ildio i ddylanwad yr Ysbryd a chael ein codi ar ein traed i foli Duw am weithio mor rymus er ein mwyn yn Iesu Grist. Dyna a wnaeth Duw â chenedl Israel: fe'i harweiniodd o gaethiwed yr Aifft i ryddid newydd a byw, a'r genedl, o dan ei arweiniad, yn symud megis byddin gref.

'Gwna dy Eglwys yn un gref, Iôr,' yw apêl y pennill hwn. Ar yr olwg gyntaf, ymddengys mai apelio am gynulleidfa luosog y mae'r awdur, ond o ddarllen y pennill yn fanylach gwelwn fod mwy i eglwys na chynulleidfa fawr. Gall eglwys gref ei chynulleidfa ddisgyn i fod yn ddim mwy na chlwb cymdeithasol. Dymuniad yr awdur yw i'r eglwys fod yn gryf yn ei chariad at Dduw, yn gryf yn ei chariad at ei chyd-aelodau, yn gryf yn ei chariad at y byd (gan gofio mai byd Duw ydyw), ac i'r Ysbryd Glân yn anad dim gydio yn yr aelodau a'u gwneud yn gorff i Grist ar y ddaear. Roedd yr Apostol Paul yn llym iawn ei feirniadaeth ar yr eglwys yng Nghorinth. Dyma eglwys a allai fod o bryd i'w gilydd yn gwerylgar ac anhrugarog tuag ati ei hun a phawb arall, a gweddi ddwys Paul drostynt oedd: 'Yr wyf yn deisyf arnoch, gyfeillion, yn enw ein Harglwydd Iesu Grist, ar i chwi oll fod yn gytûn; na foed ymraniadau yn eich plith, ond byddwch wedi eich cyfannu yn yr un meddwl a'r un farn. Oherwydd hysbyswyd fi amdanoch, fy nghyfeillion, gan rai o dŷ Chlöe, fod cynhennau yn eich plith' (1 Corinthiaid 1:10–11).

Trwy adael i'r Ysbryd ein gwau ynghyd, a thrwy hynny'n unig, y daw Teyrnas Dduw yn ffaith ar y ddaear.

GWEDDI

> Awn i gwrdd y gelyn,
> bawb ag arfau glân;
> uffern sydd i'n herbyn
> â'i phicellau tân.
> (Ap Hefin)

Yn ein brwydr ysbrydol, Arglwydd, helpa ni i ddibynnu, nid ar ein nerth ein hunain, ond ar dy allu anhygoel di yn Iesu Grist.

> Ar dy allu 'rwy'n ymddiried:
> mi anturiaf, doed a ddêl.
> (William Williams)
> Amen.

Ti yr hwn sy'n fôr o gariad

Caneuon Ffydd: Rhif 657

Ti yr hwn sy'n fôr o gariad
ac yn galon fwy na'r byd,
ar y ddau a blethodd gwlwm
boed dy fendith di o hyd:
bydd yn gwmni yn eu hymyl,
bydd yn gysgod drwy eu hoes,
ac ar lwybrau dyrys bywyd
nertha'r ddau i barchu'r groes.

Yn yr haul ac yn yr awel
pan fo'r byd i gyd yn gân,
dan demtasiwn dydd o hawddfyd,
cadw'r ddau yn bur a glân;
a phe chwalai storm a chorwynt
wynfyd dau yn deilchion trist,
tyn hwy'n nes o hyd mewn cariad
o dan gariad Iesu Grist.

J. EIRIAN DAVIES, 1918-98

MYFYRDOD

Mewn oes o gyfraddau ysgaru brawychus, mae'n werth i ni fyfyrio ar yr emyn cyfoethog hwn o waith y diweddar Barchedig J. Eirian Davies (gynt o'r Wyddgrug), a ddaeth yn ffefryn mewn sawl gwasanaeth priodas.

Cariad yw thema'r emyn drwyddo, fel y gellid disgwyl, a gweddi'r awdur yw i Dduw, 'sy'n fôr o gariad' (a'r môr hwnnw'n ddiddiwedd a diwaelod), gynnal pob pâr a 'blethodd gwlwm' serch. Daw'r pennill cyntaf i'w derfyn drwy erfyn ar iddynt 'barchu'r groes'. Mae'r ddeuair hyn yn ganolog i'r emyn, oherwydd aeth yn ffasiynol iawn ar un adeg i gyplau ddefnyddio ambell gapel i gynnal priodas oherwydd ei leoliad a'i harddwch pensaernïol. Cofiaf un cwpl yn gofyn imi rywdro am gael priodi yng nghapel Salem, Porthmadog 'am ei fod o'n lle da i dynnu llunia'! Roedd hynny'n ddigon gwir, wrth gwrs, am fod gan y capel golofnau hardd a grisiau cerrig yn arwain i fyny atynt. Y perygl wrth feddwl am ddim ond lleoliad ac ansawdd adeilad yw anghofio gwir ystyr y gwasanaeth. Crist yw sail pob priodas; Crist ddylai fod yn Arglwydd y briodas ac y mae Crist a'i groes yn cerdded law yn llaw.

Yn yr ail bennill â'r awdur ymlaen i nodi na cheir y melys heb y chwerw mewn bywyd priodasol, a bod angen i'r 'ddau' fod yn barod i frwydro dros ddiogelwch a pharhad eu priodas. Hawdd iawn yw disgwyl i un ildio; y gamp yw i'r ddau wneud hynny. Defnyddiais y gymhariaeth hon wrth annerch mewn priodas yn ddiweddar. Cyfeirio yr oeddwn at y tywydd. Roedd hi'n digwydd bod yn ddiwrnod eithriadol o wlyb ac annifyr yng nghanol cyfnod o dywydd ffafriol a dywedais, 'Mae'n siŵr eich bod eich dau a'ch teuluoedd wedi bod yn gwylio'r teledu fel ffyliaid yn ystod y dyddiau diwethaf, yn arbennig ar ragolygon y tywydd, a'ch bod wedi bod yn gweddïo am haul heddiw. Pe baech wedi cael *high pressure* heddiw, mi fedrwn i warantu y deuai *low pressure* ymhen ychydig ddyddiau.' Sail yr ychydig eiriau hyn oedd emyn J. Eirian Davies a'i ail bennill:

> Yn yr haul ac yn yr awel
>   pan fo'r byd i gyd yn gân,
> dan demtasiwn dydd o hawddfyd,
>   cadw'r ddau yn bur a glân;
> a phe chwalai storm a chorwynt
>   wynfyd dau yn deilchion trist,
> tyn hwy'n nes o hyd mewn cariad
>   o dan gariad Iesu Grist.

Ond y gwir amdani yw fod cariad Iesu Grist yn cadw pawb ohonom o fewn ei derfynau.

GWEDDI
Arglwydd y Cariad Tragwyddol, cadw bawb o fewn rhwymau'r cariad hwnnw drwy Iesu Grist. 'Y mae ffydd, gobaith, cariad, y tri hyn, yn aros. A'r mwyaf o'r rhain yw cariad.' Helpa ni felly i fyw'r cariad tuag at ein gilydd. Amen.

Fy ngorchwyl yn y byd

Caneuon Ffydd: Rhif 673

Fy ngorchwyl yn y byd
yw gogoneddu Duw
a gwylio dros fy enaid drud
yn ddiwyd tra bwyf byw.

Fe'm galwyd gan fy Nuw
i wasanaethu f'oes;
boed im ymroi i'r gwaith, a byw
i'r Gŵr fu ar y groes.

Rho nerth, O Dduw, bob dydd
i rodio ger dy fron,
i ddyfal ddilyn llwybrau'r ffydd
wrth deithio'r ddaear hon.

Rhof arnat ti fy mhwys
rhag imi wyro o'm lle;
dysg im weddïo a gwylio'n ddwys
nes gorffwys yn y ne'.

CHARLES WESLEY, 1707-88
cyf. W. O. EVANS, 1864-1936

MYFYRDOD

Gorchwyl gyntaf pob Cristion yw moli Duw am bopeth. Duw sydd uchaf ar agenda'i fywyd. Ei orchwyl nesaf, wrth gwrs, yw gwarchod ei enaid ei hun, ac nid siarad hunanol yw hynny ond ffaith ddiymwad. Ymyrraeth bersonol yw un yr Iesu bob tro, a siarad yn bersonol â'r unigolyn a wna. Mae'n werth edrych ar siars Paul i Timotheus. Wedi iddo ddweud wrtho am bregethu'r gair ar adegau cyfleus ac anghyfleus, i argyhoeddi, i geryddu ac i galonogi, ychwanega: 'Ond yn hyn oll cadw di ddisgyblaeth arnat dy hun' (2 Timotheus 4:5). Mae'n eithriadol o bwysig i ni fel gweinidogion yr Efengyl, o bawb, gadw golwg arnom ein hunain yn ysbrydol, a neilltuo amser ar gyfer gweddi a myfyrio personol. Mae'n wir yn hanes pob Cristion fod bywyd yr enaid unigol yn fater o gryn bwysigrwydd.

A dyna fan cychwyn cyfieithiad W. O. Evans o emyn Charles Wesley. Ond â'r awdur ymlaen i egluro hefyd na all y Cristion fodloni ar hynny; rhaid iddo hefyd wasanaethu'i oes a'i gyfnod, ac mae'r defosiwn personol yn symbyliad wedyn i wasanaethu pob cyfnod yng ngoleuni'r 'Gŵr fu ar y groes'.

Yn nhrydydd pennill yr emyn gweddïa'r awdur am gael nerth gan Dduw yn ddyddiol i wneud popeth er clod iddo ef yn hytrach nag i ni. Noda hefyd mai anodd yw dilyn llwybrau'r ffydd, ond bod Duw a'i allu yn ein galluogi i'w cerdded yn hyderus ac nad yw ef byth yn ein hanghofio nac yn ein gadael ar ein pennau ein hunain.

Penderfyniad sydd yn y pennill olaf i roi ein beichiau ar Iesu yn union ysbryd llinellau Eifion Wyn, 'A phan ddêl dyddiau dwys, caf orffwys ar dy ddwyfron'. Cloir yr emyn drwy ddweud y daw'r defosiwn personol a'r gwasanaethu yn un ac mai ein braint fel Cristnogion yw gwneud hynny 'nes gorffwys yn y ne''.

GWEDDI

Mor amharod ydym, O Arglwydd, i ymgysegru i ti. Maddau i ni hynny os gweli'n dda.

Cymer, Arglwydd, f'einioes i
i'w chysegru oll i ti.

Amen.

Tydi sydd heddiw fel erioed

Caneuon Ffydd: Rhif 679

Tydi sydd heddiw fel erioed
yn cymell, "Dilyn fi";
dy ddilyn wnaf, O Iesu mawr,
fy ymffrost ydwyt ti.

Ymhob ymrafael rhaib ac ofn
sy'n llethu'n daear ni,
rho imi gredu Iesu mawr,
yn ffordd dy deyrnas di.

Ymhob argyfwng blin, pan gwyd
fy nghyd-ddyn llesg ei gri,
rho imi fentro, Iesu mawr,
yng ngrym dy gariad di.

Ymhob ystorom, siom a loes,
pan lifo'r dagrau'n lli,
rho imi brofi, Iesu mawr,
rin dy agosrwydd di.

Ymhob dyrchafiad braint a chlod
yn anterth llwydd a bri,
rho imi rodio, Iesu mawr,
i'th ogoneddu di.

J. EDWARD WILLIAMS

MYFYRDOD

Geiriau Iesu, 'Dilyn fi', yw sail pennill cyntaf J. Edward Williams. 'Dilyn fi' (neu 'Canlyn fi' fel y ceir yn y cyfieithiad newydd) oedd y geiriau a ddefnyddiodd pan alwodd Lefi fab Alffeus ac eraill i ymuno ag ef. Yr un gwahoddiad sydd gan Iesu i ninnau heddiw, ac fel y nodir yn niwedd y pennill cyntaf, braint yw cael ei ddilyn.

Perygl mawr i ddisgybl, o ddilyn Iesu, yw meddwl mai bywyd o lawenydd a gorfoledd yn unig yw'r bywyd hwnnw. Wrth gwrs, ni ellir gwadu bod gorfoledd diddiwedd yn deillio o ddilyn Iesu, gorfoledd na all y byd ei gynnig am ei fod yn parhau y tu draw i'r bedd. Ond yn yr emyn hwn mae'r awdur yn gwbl agored parthed y goblygiadau i'r disgybl o ddilyn Iesu, a rhestra yn y penillion yr holl dreialon a ddaw i'w wynebu.

Yn gyntaf bydd yn rhaid iddo wynebu pob 'ymrafael, rhaib ac ofn sy'n llethu'n daear' a phwysleisir mai ffordd ddi-drais teyrnas Iesu yw'r unig ffordd i'r disgybl – ffordd gostus iawn.

Yn ail bydd yn rhaid iddo wynebu argyfyngau blin a chlywed cri ei 'gyd-ddyn llesg'. Clywn yn ddyddiol yn y cyfryngau am argyfyngau a dioddefaint ledled y byd. Grym cariad Iesu yw'r unig ffordd i gynorthwyo sefyllfaoedd fel hyn, a dyna neges J. Edward Williams.

Yn olaf, bydd yn rhaid iddo wynebu pob 'ystorom, siom a loes' yn ei fywyd ei hun ac ym mywydau eraill. Nid oes dianc rhag stormydd. Gwybod am agosrwydd Iesu yw'r wefr yma, a daw pennill o waith Elfed yn fyw i'r meddwl:

> Nid yw'r Iesu'n well yn unman
>> nag yng ngwaetha'r storom gref;
> mae y gwynt a'r nos a'r tonnau
>> oll yn eiddo iddo ef;
> mae yn felys, melys meddwl,
>> wedi colli'r cyfan bron,
> gwelir ninnau yn ddihangol
>> gyda'r Gŵr sy'n rhodio'r don.

Yn y pennill olaf newidia'r awdur y darlun yn llwyr drwy sôn am brofiadau melys, a dywed fod yn rhaid i'r disgybl 'ymhob dyrchafiad, braint a chlod' ac 'yn anterth llwydd a bri' ymroi i ogoneddu Iesu. Y perygl mawr yw anghofio Iesu yn y profiadau llawen hyn, sy'n siŵr o ddod i'n rhan yn ein tro. Bryd hynny, parhau i ogoneddu Iesu yw'r gamp, yn hytrach na'n gogoneddu ein hunain.

GWEDDI

Diolch i ti, O Iesu Mawr, am alw rhai gwahanol iawn eu galluoedd a'u doniau i'th ddilyn di. Diolch i ti am gyfuno'r doniau a'r galluoedd hynny i'w defnyddio i waith dy deyrnas. Amen.

Ti yr hwn sy'n gwrando gweddi

Caneuon Ffydd: Rhif 700

Ti yr hwn sy'n gwrando gweddi,
atat ti y daw pob cnawd;
llef yr isel ni ddirmygi,
clywi ocheneidiau'r tlawd:
    dy drugaredd
sy'n cofleidio'r ddaear faith.

Minnau blygaf yn grynedig
wrth dy orsedd rasol di,
gyda hyder gostyngedig
yn haeddiannau Calfari:
    dyma sylfaen
holl obeithion euog fyd.

Hysbys wyt o'm holl anghenion
cyn eu traethu ger dy fron;
gwyddost gudd feddyliau 'nghalon
a chrwydriadau mynych hon:
    O tosturia,
ymgeledda fi a'th ras.

Nid oes ond dy ras yn unig
a ddiwalla f'eisiau mawr;
O rho'r profiad bendigedig
o'i effeithiau imi nawr:
    Arglwydd gwrando
mewn trugaredd ar fy llef.

MEIGANT, 1851-99

MYFYRDOD

Emyn cwbl addas yw hwn sy'n ein harwain yn naturiol at lwybr gweddi. Mae rhannau ohono'n seiliedig ar yr ail adnod yn Salm 65, a da i bawb ohonom yw'r sicrwydd fod Duw yn un sy'n gwrando gweddi. Nid un sy'n troi clust fyddar yw Duw ond un sy'n gwrando, ac yn gwrando ar lef ostyngedig pwy bynnag a ddaw ato.

Ond ni ddown at Dduw yn ein nerth a'n gallu ein hunain, nac yn sicr yn ein haeddiant ein hunain; down ato 'yn haeddiannau Calfarî'. Gan i Iesu ei offrymu ei hun drosom yn aberth dros bechod, yn ei haeddiannau ef y down at Dduw. O gofio hynny, ni allwn ond plygu'n wylaidd iawn.

Mesuraf fy ngeiriau'n ofalus wrth ddweud bod perygl i ni feddwl mai amlder a godidowgrwydd geiriau a ddaw â ni at Dduw. Arall yn llwyr yw cyngor Iesu: 'Ac wrth weddïo, peidiwch â phentyrru geiriau fel y mae'r Cenhedloedd yn ei wneud' (Mathew 6:7). Un o hogiau galluog Dyffryn Nantlle, a fu'n weinidog gyda'r Presbyteriaid, oedd y diweddar Barchedig Alwyn Thomas, awdur y gyfres ddiddorol honno *Teulu'r Cwpwrdd Cornel*. Magwyd Alwyn yn Nhan'rallt. Cyfeiriodd ato'i hun droeon yn cael ei wahodd am y tro cyntaf yn ei hanes i gymryd rhan yn y cyfarfod gweddi arferol yng nghapel Tan'rallt. Ni chafodd rybudd ymlaen llaw, dim ond blaenor yn ei alw ymlaen ac yn gofyn iddo weddïo. Crynai o arswyd wrth gamu ymlaen, ond ni wiw gwrthod cais o'r fath yn y cyfnod hwnnw. A dweud y gwir roedd y math hwn o gyfarfod yn fagwrfa ragorol iawn i weddïwyr, a cholled enbyd i'n heglwysi fu diflaniad y cyfarfod gweddi wythnosol. Llenwi bwlch a wna cyfarfod o'r fath heddiw, yn absenoldeb pregethwr! Beth bynnag, plygodd Alwyn ar ei liniau, caeodd ei lygaid, caeodd pawb arall eu llygaid, a llwyddodd i yngan un frawddeg ddigon carbwl: 'Diolch i ti, Arglwydd, am gael bod yma heno'. Er ymbalfalu am eiriau, ni allai ddweud mwy nag 'Amen' a rhuthro'n ôl i'w sedd at ei fam. Ei unig ddymuniad oedd llamu am adref mewn embaras llwyr! Ond cyn iddo adael y capel, daeth y blaenor ato a dweud: 'Diolch i chi, 'machgen i am eich gweddi. Roedd eich gweddi yn dweud y cwbl!' A dyna'r gwir. Gŵyr Duw ein holl anghenion 'cyn eu traethu ger [ei] fron'. Mae'n gwybod y cwbl amdanom oherwydd ei hollalluowgrwydd. Mae'n anfeidrol ac yn medru ymdreiddio i waelod ein bod a'n hanfod ni fel meidrolion.

Gras Duw ei hun yn Iesu Grist sy'n diwallu ein hanghenion dyfnaf. Gwyddai Jona'r Hen Destament yn dda am ras Duw yng nghanol ei drallodion, ac roedd yntau'n un o'r bobl a gerddai'n gyson gyda'i Arglwydd: 'Gwyddwn dy fod yn Dduw graslon a thrugarog, araf i ddigio, mawr o dosturi' (Jona 4:2). A fedrwn ni efelychu'r ysbryd hwn a mwynhau effeithiau'r profiad?

GWEDDI

> Mae munud yn dy gwmni
> yn newid gwerth y byd;
> yn agos iawn i'th feddwl,
> O cadw fi o hyd.
> Ar dawel lwybrau gweddi,
> O cadw, cadw fi.
> (Elfed)

Amen.

O am deimlo cariad Iesu

Caneuon Ffydd: Rhif 733

O am deimlo cariad Iesu
yn ein tynnu at ei waith,
cariad cryf i gadw'i eiriau
nes in gyrraedd pen ein taith;
cariad fwrio ofnau allan,
drygau cedyrn rhagddo'n ffoi
fel na allo gallu'r fagddu
beri inni'n ôl i droi.

Ennyn ynom flam angerddol
o rywogaeth nefol dân
fel y gallom ddweud yn ebrwydd -
gwyddost bopeth, Arglwydd glân;
gwyddost ein bod ni'n dy garu,
O am fedru caru'n fwy,
caru fel trigolion gwynfyd,
caru'n hyfryd megis hwy.

GOMER, 1773-1825

MYFYRDOD

Pe deuech draw i'r tŷ hwn, un o'r pethau cyntaf a'ch trawai fyddai'r holl fagnedau ar ddrws yr oergell. Bu'n ffasiwn gan Elen, fy ngwraig, eu casglu ers blynyddoedd, a bellach mae'r holl fagnedau'n un clwstwr ar y drws. Heb fynd i ymhelaethu, pwrpas magned, wrth gwrs, yw tynnu rhywbeth arall ato.

Yn ôl Gomer yn yr emyn hwn, mae hynny hefyd yn wir am gariad Iesu. Mae ei gariad fel magned yn ein tynnu ni ato, a gweddi fawr Gomer yn y pennill cyntaf yw ar i ni deimlo'r cariad hwn yn ein tynnu a'n denu. Yn y pennill hwn hefyd ceir adlais cryf o'r geiriau: 'Nid oes ofn mewn cariad, ond y mae cariad perffaith yn bwrw allan ofn' (1 Ioan 4:18). Mae grym cariad Iesu mor gryf fel bod 'drygau cedyrn rhagddo'n ffoi'. Bydd drygau hefyd yn cael eu gwthio o'r neilltu yn ein hanes fel unigolion a byddwn yn benderfynol o beidio â throi'n ôl atynt.

Fel pechaduriaid gwyddom yn dda mor fawr yw cariad Iesu Grist tuag atom, ond ein deisyfiad ni, rwy'n siŵr, yw medru ei garu ef yn llawer gwell nag yr ydym. Oni all y galon ddynol fod yn eithriadol o hunanol ac ystyfnig? Cyfeiria Paul at galedwch calon yr unigolyn o Gristion yn ei lythyr at y Rhufeiniaid, ac mae'n amlwg nad oes dim wedi newid ers y cyfnod hwnnw. O edrych ar gariad Iesu, teimlwn ein cariad ni tuag ato yn ddiddim, a theimlwn ein cariad at ein gilydd yn wan ac yn wael ar dro. Teimlwn yr hoffem wneud llawer mwy dros bobl, ond mae'r hunanoldeb sydd ymhob un ohonom mor gryf fel y teimlwn y cariad a ddylai fod gennym at ein gilydd yn oer.

Pwy yw'r 'trigolion gwynfyd' y sonia Gomer amdanynt? Yn ddiau, y bobl hynny sydd wedi cyrraedd y nefoedd, ac sy'n moli ac yn caru'u Gwaredwr yn ddi-ofn; y bobl, os caf feiddio dyfynnu Llyfr y Datguddiad, sy'n 'sefyll o flaen yr orsedd ac o flaen yr Oen ... yn gweiddi â llais uchel: "I'n Duw ni, sy'n eistedd ar yr orsedd, ac i'r Oen y perthyn y waredigaeth"' (Datguddiad 7:10). Dyma hwy, y rhai sydd wrth eu boddau yn cael gweld eu Gwaredwr wyneb yn wyneb ac yn ei garu'n llawn. Onid yw Williams Pantycelyn yn gyson yn ei emynau yn hiraethu am gael gweld ei Waredwr wyneb yn wyneb er mwyn cael ei garu'n iawn? 'Rwy'n chwennych gweld ei degwch ef sy uwch popeth is y rhod' oedd un dyhead ymhlith llawer ganddo.

GWEDDI

Diolch i ti, Arglwydd grasol, am i ti yng ngrym dy gariad ein tynnu a'n denu atat. Maddau i ni am fethu â rhoi i ti yr hyn a roddaist i ni. Trugarha wrthym yn Iesu Grist. Amen.

Mae arnaf eisiau sêl

Caneuon Ffydd: Rhif 752

Mae arnaf eisiau sêl
i'm cymell at dy waith,
ac nid rhag ofn y gosb a ddêl
nac am y wobor chwaith,
ond gwir ddymuniad llawn
dyrchafu cyfiawn glod
am iti wrthyf drugarhau
ac edrych arna'i erioed.

CHARLES WESLEY, 1707-91
efel. DAFYDD JONES. 1711-77

MYFYRDOD

Efelychiad yw'r pennill hwn gan Dafydd Jones o Gaio o emyn Saesneg gan Charles Wesley, a bu'n bennill digon poblogaidd ar hyd y blynyddoedd.

Clywir y gosodiad hwn yn aml y dyddiau hyn: 'Does neb yn gwneud dim am ddim heddiw.' Barner y darllenydd os cywir y gosodiad, ond y mae gan yr Apostol Paul adnod a ddylai ddifrifoli pob un ohonom. Mewn ymgom y mae â Timotheus, ei gydweithiwr ifanc. Dywed mai gwraidd pob drwg yw cariad at arian, ac rwy'n siŵr na wnaiff neb anghytuno â hynny. Mae arian, o'i gamddefnyddio, wedi achosi loes ar ben loes ar hyd y cenedlaethau. Fodd bynnag, mewn adnod gynharach yn yr un bennod, dywed Paul hyn: 'Y mae cyfoeth mawr mewn bywyd duwiol ynghyd â bodlonrwydd mewnol' (1 Timotheus 6:6).

Mae ein cyflwyno ein hunain i Grist a'i deyrnas yn golygu nad ydym yn chwilio am unrhyw elw, nac yn gwneud hynny rhag ofn cael ein cosbi gan Dduw. Dengys y cyflwyno ein bod yn fodlon ildio'r cwbl i Grist, doed a ddêl. Awgrymodd y diweddar Barchedig J. W. Jones, Conwy y dylid darllen y ddwy linell gyntaf fel hyn: 'Mae arnaf eisiau sêl a chariad at dy waith' yn hytrach na 'Mae arnaf eisiau sêl i'm cymell at dy waith'. Cystal i mi gydnabod fy mod yn cytuno'n llwyr â dehongliad J.W. Dyma'i reswm ef dros ddehongli fel hyn: 'Chewch chi ddim sêl o gwbl oni bai fod gennych gariad i ddechrau.'

Unig ddymuniad y Cristion yw 'dyrchafu cyfiawn glod' i'r hwn a wnaeth 'drugarhau ac edrych arna' i erioed'. Mae'n rhyfeddod o'r mwyaf fod Duw yn Iesu Grist wedi cymryd diddordeb ynom, ond dyna'r gwir. Fe'n carodd hyd nes ei roi ei hun i farw drosom ar y groes, i gymryd baich ein pechod. Nid oedd yn rheidrwydd arno, ond fe wnaeth, a diolch iddo am hynny.

GWEDDI

Rho grefydd gywir im
a ddalio rym y tân.

Mor hawdd yw cefnu arnat ac anghofio'r hyn a wnaethost drosom yn Iesu Grist, O Dduw. Helpa ni i ddal ati yn ein ffydd a'n cred 'heb chwennych clod nac ofni croes na chraith'. Amen.

Tydi yw seren y canrifoed maith

Caneuon Ffydd: Rhif 754

Tydi yw seren y canrifoedd maith,
d'oleuni di sy'n tywys ar y daith;
o bob rhyfeddod, ti yw'r mwyaf un,
yn wyrth yr oesau yn dy wedd a'th lun.

O maddau, maddau fy ymdrechion gwyw,
hyderus wyf am newydd fodd i fyw;
tyn bob rhyw ddrygau cudd o'm calon i
a rho im degwch fel dy degwch di.

Lle rwy'n sigledig un, rho im y ffydd
a'r wawr wen olau sy'n troi'r nos yn ddydd,
rho im orfoledd gobaith yn fy nghân
ac un wreichionen fach o'th ddwyfol dân.

Dy rymus nerth, mae'n ddigon byth i mi,
a mwy na digon dy gadernid di;
i droedio'r daith sy'n ddryswch im o hyd
O rho d'arweiniad, a bydd gwyn fy myd.

TREBOR ROBERTS, 1913-85

MYFYRDOD

Pleser a braint o'r mwyaf yw cael cynnwys emyn y diweddar Barchedig Trebor E. Roberts yn y casgliad hwn. Brodor o'r Parc ger y Bala ydoedd a bu'n gweinidogaethu rhwng 1946 a 1982 yng Nghapel Coffa Emrys ym Mhorthmadog. Ym 1979 fe'i trawyd â pharlys a'i rhwystrodd rhag yngan ond ychydig eiriau. Ym 1982 daeth ef a'i briod Mair i fyw i Fae Penrhyn ger Llandudno ac ymaelodi mewn capel coffa arall, y tro hwn yng Nghyffordd Llandudno lle y digwyddai fy nhad fod yn weinidog ar y pryd. Bu aelwyd 'Afallon', Bae Penrhyn yn ail aelwyd i minnau am gyfnod, a phan euthum yn weinidog i ardal Rhyd-y-main cefais Nia, y ferch hynaf, a drigai yn Nolgellau, ei phriod Gareth a'u plant yn gyfeillion ardderchog hyd y dydd hwn. Yr un modd Bethan, eu hail ferch a Meic ei phriod hithau, a drig ym Mae Colwyn gyda'u plant hwythau. Collwyd Trebor Roberts o'n plith ym 1985 ac fe'i claddwyd gyda'r enwogion ym mynwent Llanycil ger y Bala. Collwyd Mair hefyd yn y blynyddoedd diwethaf.

Yr oedd Yncl Treb – ac ni fedraf ei alw yn ddim arall – yn fardd rhagorol, yn emynydd tan gamp ac yn dynnwr coes heb ei ail.

Rwy'n siŵr y maddeua Nia a Bethan i mi am awgrymu – a chwaeth bersonol yw hyn – y carwn ddefnyddio'r gair 'golau' yn hytrach na 'seren' yn y pennill cyntaf. Ni allaf yn fy myw ddarganfod yr un cyfeiriad Beiblaidd at Dduw fel seren. Term sydd wedi'i amlygu'i hun yn y blynyddoedd diwethaf yw 'seren', i ddisgrifio rhywun a gyflawnodd ryw gamp neu'i gilydd. Efallai, cofier, mai dyna'r ystyr oedd ym meddwl yr awdur pan gyfeiriodd at Dduw fel 'seren'. Yn yr ystyr hwnnw, saif Duw ben ac ysgwydd yn uwch na phawb ohonom. Ef, wedi'r cyfan, yw'r Crëwr a luniodd bopeth.

Yn ail bennill yr emyn gwêl yr awdur ei hun yn dila iawn ei ymdrechion ochr yn ochr â hollalluowgrwydd Duw, a'i ddyhead yw i Dduw dynnu ymaith holl 'ddrygau cudd' ei galon i'w alluogi i weld y Rhyfeddol Oleuni.

Â ymlaen yn y pennill nesaf i gyfeirio at ddwy elfen gyfarwydd a grybwyllir gan Paul. Ie, sylwer, dwy. Arferwn restru tair – ffydd, gobaith a chariad, ond yn y pennill hwn dim ond ffydd a gobaith sy'n cael sylw. Nid da esgeuluso ffydd a gobaith ar draul cariad. Teimlir simsanrwydd ffydd a diffyg gorfoledd gobaith ynom yn gyson. Rhy barod ydym o lawer i leisio'r gŵyn: 'Tydi pethau ddim fel y buo' nhw' a 'Does 'na'm gobaith i ni'r dyddiau yma'. Hen siarad gwag, arwynebol yw hynny; yr hyn sydd ei angen arnom yw ffydd a gobaith yn troi'n weledigaeth lachar fel yn hanes y cyndadau a fu'n addasu at amgylchiadau eu cyfnod. Un o freintiau mawr fy ngweinidogaeth gyntaf ym Meirionnydd oedd cael ymwneud cryn dipyn â John a Nora Morgans, a dreuliodd flynyddoedd ym Mhenrhys yn y Rhondda yn troi anobaith yn obaith bywiol. Yr un modd fy nghyfaill Meirion Morris yn Llansannan, sy'n mynnu troi olwynion ffydd a gobaith yn gyson er budd ardaloedd eraill. A chariad yn sylfaen i'r cwbl.

Yn niwedd yr emyn daw'r awdur i'r casgliad cwbl sylfaenol mai dim ond Duw a'i nerth sy'n fwy na digon. Teimlaf yn gyson iddo gyfansoddi'r pennill olaf yng nghanol ei lesgedd personol, ond gwn nad oedd hynny'n bosibl:

Dy rymus nerth, mae'n ddigon byth i mi,
a mwy na digon dy gadernid di;
i droedio'r daith sy'n ddryswch im o hyd
O rho d'arweiniad, a bydd gwyn fy myd.

Ni ellir wrth fwy o nerth na'r un a geir yn Nuw. Ef yw'r Un sy'n ein nerthu yn ein gwendid trwy Iesu Grist a'i groes.

GWEDDI

O Arglwydd, y Golau llachar, teimlwn rym dy olau a'th wres yn ein codi o dywyllwch ac oerfelgarwch ein bod. Diolch mai un felly ydwyt, yn dymuno ein gweld yn debyg i ti. Diolch i ti am ddymuno hynny yn Iesu Grist. Amen.

Canaf am yr addewidion

Caneuon Ffydd: Rhif 769

Canaf am yr addewidion:
ar fy nhaith
lawer gwaith
troesant yn fendithion.

Ni fu nos erioed cyn ddued
nad oedd sêr
siriol Nêr
yn y nef i'w gweled.

Yn yr anial mwyaf dyrys
golau glân
colofn dân
ar y ffordd ymddengys.

Yng nghrastiroedd Dyffryn Baca
dyfroedd byw
ffynnon Duw
yno'n llyn a'm llonna.

I ddyfnderoedd pob caledi
nefol wawr
dreiddia i lawr:
Duw sy'n hau goleuni.

WATCYN WYN, 1844-1905

MYFYRDOD

Emynau sy'n llawn o ysbryd cadarnhaol a gobeithiol yw emynau Watcyn Wyn yn ddieithriad, ac mae'r emyn hwn yn enghraifft odidog o hynny.

Addewidion Duw yw thema'r pennill cyntaf, a thry'r holl addewidion hynny'n fendithion llawen ar daith y sawl a gâr yr Arglwydd ei Dduw â'i holl galon, enaid a nerth.

Cysur llu o bobl yn nhrymder nos dywyll yw mynd allan i chwilio am sêr, ac os bydd rhai i'w gweld bydd meddwl yr unigolyn dipyn yn dawelach. Mae sêr i'w gweld yng nghanol nos dywyll pechod ac anobaith.

Yn nhrydydd pennill yr emyn ceir cyfeiriad at Dduw fel colofn dân. I'r Iddewon, colofn o niwl oedd Duw yn y dydd a cholofn o dân yn y nos. Cyfleir hynny'n gryno gan Williams Pantycelyn yn y pennill hwn:

Colofn dân rho'r nos i'm harwain,
a rho golofn niwl y dydd;
dal fi pan fwy'n teithio'r mannau
geirwon yn fy ffordd y sydd;
rho im fanna
fel na bwyf yn llwfwrhau.

Mae'r Duw hwn yn goleuo'r nos ym mhob anialwch.

Yn y pennill nesaf cawn ddarlun o'r genedl yn mynd adref o'r deml trwy anialwch Dyffryn Baca, a'r bobl yn chwilio am ddyfroedd er mwyn gwneud rhywbeth cadarnhaol am y syched ingol sydd arnynt. Ac fel y nodir yn Salm 84:6, 'fe'i cânt yn ffynnon'.

Onid yw'r emyn hwn yn un llawn gobaith? Llawn i'r ymylon, ddywedwn i. Duw yw hwn sydd wedi dod atom mewn gobaith tragwyddol trwy Iesu Grist. Gan fod y dôn 'Thanet' o waith Joseph Jowett yn un mor fywiog, fe ddylai ein cynorthwyo i wireddu'r geiriau mewn ysbryd llawn mor gadarnhaol a sionc!

GWEDDI

Diolch i ti, Arglwydd, am dy holl addewidion. Torri'r rheiny a wnawn ni, Arglwydd, ond eu cadw a wnaethost ti yn Iesu Grist. Diolch i ti am hynny. Amen.

Yng nghyffro'r gwanwyn

Caneuon Ffydd: Rhif 777

Yng nghyffro'r gwanwyn pan fo'r ias a'r hud
yn cerdded yn gyfaredd drwy fy myd,
a duwiau swyn yn cymell yn ddi-oed
wrth agor llwybrau fyrdd o flaen fy nhroed,
ar groesffordd gynta'r daith rho imi'r ddawn
i oedi, hyd nes cael y llwybyr iawn.

Yn anterth haf a'm dyddiau'n wyn a hir
a'r wybren uwch fy mhen yn fythol glir,
a byw yn wefr o ramant ac o hoen
heb eisiau dim, heb flinder a heb boen:
yn oriau llwyddiant, Arglwydd, gwared fi
rhag credu bod digonedd hebot ti.

Yn stormydd diarwybod hydref crin
y brofedigaeth neu'r afiechyd blin,
pan guddio'r haul ei wyneb ennyd awr
a llen o gaddug rhyngof fi a'r wawr,
rho nerth im gredu y daw eto ddydd
o gerdded yn dy law ar lwybrau ffydd.

Yn oerni gaeaf blin y cur a'r loes
pan syrth o'm cylch gysgodion diwedd oes,
a minnau mewn unigrwydd yn fy nghell
yn methu byw ar wres yr hafau pell,
rho ffydd i bwyso ar dy air y caf
oroesi'r gaeaf mewn tragwyddol haf.

T. R. JONES

MYFYRDOD

Un o hogiau Tanygrisiau ger Blaenau Ffestiniog oedd y diweddar Barchedig T. R. Jones, a fu'n gweinidogaethu drwy gydol ei yrfa yn Sir Benfro, a hynny heb golli acen 'Stiniog!

Gwna T.R. ddefnydd cynnil o dymhorau'r flwyddyn yn ei emyn, a'r hyn a wna yw eu cymhwyso at dymhorau bywyd.

Y tymor cyntaf, wrth gwrs, yw'r gwanwyn. Tymor gobaith a thymor agor y drws i ehangder bywyd. Nid tymor yw hwn i edrych yn ôl, ond un i edrych ymlaen. Tymor ysgol a choleg a swydd – y profiadau cyntaf mewn bywyd, a dyma'r tymor hefyd lle y daw 'duwiau swyn' i gymell 'yn ddi-oed'. Y gamp yng nghanol rhialtwch y tymor hwn yw 'oedi, hyd nes cael y llwybyr iawn'.

Yr ail o'r tymhorau yw'r haf. Tymor magu teulu i rai a thymor poblogrwydd, efallai, i eraill. Tymor llwyddiant a thymor teithio yn sicr. Tymor bwrlwm bywyd. Ond y perygl mawr yng nghanol hyn oll yw anghofio eiddo pwy ydym: 'yn oriau llwyddiant, Arglwydd, gwared fi rhag credu bod digonedd hebot ti.' Cawn ein hatgoffa yn y ddwy linell honno o eiriau George Rees yn ei emyn:

Ofer addysg a diwylliant
heb oleuni Ysbryd Duw.

Down yn awr at y trydydd o'r tymhorau – yr hydref. Tymor ymddeol? Tymor cwymp y dail, yn sicr, a'r haul a fu yn ei anterth yn cael ei guddio gan gymylau a niwl salwch a phrofedigaeth. Hen dymor digon simsan yr haul a'r cawodydd annisgwyl.

Ac yna, wrth gwrs, daw'r gaeaf blin a hir. Tymor y swatio rhag oerfel, a thymor y gwaed yn oeri. Tymor yr hiraethu hefyd am yr hyn a fu, a thymor y dymuno ond methu. Er hynny, daw'r emyn i ben yn gwbl fuddugoliaethus gan atgoffa'r Cristion nad y gaeaf biau'r gair olaf, ond y ffydd honno sy'n cyhoeddi'n eglur y cawn 'oroesi'r gaeaf mewn tragwyddol haf'. Rhown y gair olaf i'r Apostol Paul: 'Os ar gyfer y bywyd hwn yn unig yr ydym wedi gobeithio yng Nghrist, nyni yw'r bobl fwyaf truenus o bawb' (1 Corinthiaid 15:19).

Dyna fendith bob amser yw dod ar draws pobl sydd yn wir gredu, trwy Iesu Grist, fod yna 'dragwyddol haf'. Fe'n cawn ein hunain heddiw yn byw mewn cyfnod sy'n dibrisio 'y pethau na welir', ys dywedodd Paul. Mae'r tragwyddol haf hwn yn un o'r pethau na welir, ond eto mae'n realiti llwyr i'r rhai sy'n credu yn Iesu Grist.

GWEDDI

Diolch i ti, Arglwydd, am y fraint o ymddiried ynot yn holl dymhorau bywyd. Nid wyt ti byth yn newid er ein bod ni'n heneiddio ac yn pallu. Diolch i ti, felly, am aros yr un yn dy gariad a'th dosturi dwyfol drwy bob tymor. Amen.

I ti, o Dad addfwynaf

Caneuon Ffydd: Rhif 785

I ti, O Dad addfwynaf,
fy ngweddi a gyflwynaf
yn awr ar derfyn dydd:
O derbyn di fy nghalon,
mewn hawddfyd a threialon
yn gysgod bythol imi bydd.

Pob gras tydi a feddi
i wrando ar fy ngweddi,
clyw nawr fy llef, O Dad;
na chofia fy ffaeleddau,
a maddau fy nghamweddau,
dy fendith, Arglwydd, dyro'n rhad.

JOHN HUGHES, 1896-1968

MYFYRDOD

Cysylltwn enw John Hughes â byd cerddoriaeth yn bennaf oherwydd ei donau godidog 'Arwelfa' a 'Maelor' a'i flynyddoedd o waith fel Trefnydd Cerdd Sir Feirionnydd. Ond yr oedd yn ŵr amryddawn mewn meysydd eraill hefyd, fel y dengys ei gynnyrch llenyddol a barddonol.

Gweddi syml ar derfyn dydd sydd ganddo yn yr emyn hwn. I mi, yr amser prydferthaf, os dyna'r gair, yw'r awr honno cyn noswylio. Y cyfrifiadur a'r teledu wedi'u ddiffodd, y ffôn wedi distewi (!) ac Elen a minnau'n cael sgwrs am ddigwyddiadau'r dydd uwchben paned. Amser gwerthfawr iawn. A dyma'r amser priodol, wrth gwrs, i'n cyflwyno ein hunain i Dduw mewn gweddi gan ofyn iddo dderbyn ein calon yn ei 'hawddfyd a'i threialon' a'i phwyso a'i mesur yn ei glorian fawr. Ond pur amharod ydym oll, rwy'n siŵr, i neilltuo amser i'n cyflwyno ein hunain iddo. Cofiaf orfod dysgu pan oeddwn yn blentyn bennill a oedd braidd yn drwm i blant, ond yr un neges sydd ynddo:

Rhof fy mhen i lawr i gysgu,
rhof fy enaid i Grist Iesu,
os byddaf farw cyn y bore,
Iesu, derbyn f'enaid inne.

Ein cysur rhyfeddol yw fod Duw yn un sy'n gwrando'n gweddi. Nid un byddar mohono, ond un sy'n llawn cydymdeimlad â ni. Mae yn yr ail bennill adlais o Weddi'r Arglwydd, a hefyd o emyn hwyrol swynol Elfed – emyn y byddai'r diweddar Barchedig Meurwyn Williams yn ei ddyfynnu ar ei raglen *Ar Derfyn Dydd* ar Radio Cymru ar nos Sul:

> Fel defnynnau'r gwlith ar flodau
> O disgynned arnom ninnau
>   fendith dawel nefol fyd;
> caea di ein llygaid heno,
> wedi maddau ac anghofio
>   anwireddau'n hoes i gyd.

Aethom i ddefnyddio rhuthr a phrysurdeb yr oes yn esgus dros beidio â neilltuo ychydig amser i ddiolch i Dduw am fendithion y dydd ac i'n cyflwyno ein hunain i'r Ceidwad sy'n gwylio drosom bob awr. Tuedd rhai yw meddwl am angylion yn eu gwarchod dros oriau'r nos. Nid dyna'n cred ni. Ein Duw, yr hwn sy'n llawn tosturi, sy'n gwneud y gwarchod i gyd.

GWEDDI

> Am freintiau'r dydd aeth heibio,
>   yn ddidwyll molwn di;
> boed sanctaidd, ni erfyniwn,
>   holl oriau'r nos i ni;
> gad inni dan dy adain fod,
> a chadw ni drwy'r nos sy'n dod.
>   (Spinther)

Amen.

Nid oes yng Nghrist na dwyrain, de

Caneuon Ffydd: Rhif 807

Nid oes yng Nghrist na dwyrain, de,
　gorllewin, gogledd chwaith;
cymdeithas gref o gariad sydd
　yn un drwy'r ddaear faith.

Calonnau cywir ymhob man,
　eu hundeb ynddo sydd;
gwasanaeth Crist yw'r gadwyn aur
　sy'n cydio pawb trwy ffydd.

Pob lliw, pob llun, O down ynghyd,
　un teulu ydym ni;
a wasanaetho Dduw ein Tad,
　mae'n frawd neu chwaer i mi.

Yng Nghrist ei hun cyferfydd pawb
　o bedwar ban y byd;
mae'r saint yn un yng Nghrist yn awr
　drwy'r ddaear fawr i gyd.

JOHN OXENHAM, 1852-1941
cyf WILLIAM MORRIS, 1889-1979

MYFYRDOD

Un o ddatblygiadau mawr y byd crefyddol yng Nghymru ers blynyddoedd bellach yw gweinidogaethau bro. Ystyr gweinidogaeth bro yw fod gweinidog o un enwad yn gofalu am fwy nag un enwad yn ei ardal. Nid yw hynny o reidrwydd yn golygu dileu enwadaeth na chael gwared ag addoldai; y syniad yw fod un person yn gofalu am y praidd i gyd yn ei holl amrywiaeth. Ac y mae'n syniad go werthfawr. Fy ngobaith i yw y gwelir llawer mwy o hyn yn digwydd yn y dyfodol. Dychmyger, er enghraifft, ardal ac iddi bedair neu bum eglwys o wahanol draddodiadau Cristnogol ac un gweinidog yn gofalu am y cyfan. Gall y gweinidog hwnnw wedyn roi ei holl adnoddau i'r un lle yn hytrach na'u gwasgaru.

　　Yng nghyfieithiad y diweddar Barchedig William Morris o emyn John Oxenham, gwelir nad 'oes yng Nghrist na dwyrain, de, gorllewin, gogledd'. Mae Iesu Grist yn fwy na'r byd; mae'n fwy na'r Eglwys, ac yn sicr ddigon mae'n fwy nag enwadaeth bitw ein dyddiau ni. Ef yw'r 'Alffa ac Omega, y dechrau a'r diwedd' (Datguddiad 21:6). Beth sydd yng Nghrist? Mae'r ateb yn ail ran y pennill cyntaf: 'cymdeithas gref o gariad sydd yn un drwy'r ddaear faith.' Mae cymdeithas o gariad yn chwalu pob mur ac yn dymchwel pob rhagfarn.

Tanlinellir yn yr ail bennill mai'r hyn sydd bwysicaf yw bod â ffydd yn Iesu. Bydd y ffydd honno wedyn yn esgor ar galonnau cywir, didwyll a fydd yn gadwyn i gydio pawb ynghyd.

Mae ysbryd cenhadol yn amlwg yn yr emyn hwn. Rai blynyddoedd yn ôl, drwy gydweithrediad ag Ysgol y Gorlan, Tremadog, ac yn arbennig Llion Huws, un o'r athrawon a fu fwy nag unwaith ar daith yn Lesotho yn Affrica, gefeilliodd Salem, Porthmadog ag eglwys yn Lesotho. Yn ddiweddar iawn daeth gwraig oddi yno i ardal Porthmadog a threulio wythnos yn mwynhau golygfeydd a gweithgareddau'r fro hon. Daeth i'r Ysgol Sul yn Salem a chafodd pawb, yn oedolion a phlant, gyfle i fwynhau bwffe yn y festri yn dilyn yr ysgol Sul a'r oedfa. Roedd hi'n olygfa werth ei gweld o gwmpas y byrddau: oddeutu ugain o blant, rhieni ifanc, athrawon ysgol Sul ac oedolion yr eglwys. Nac anghofiwn chwaith y gweinidog a'r pregethwr gwadd y bore hwnnw, y Parchedig R. W. Jones, Wrecsam, nac wrth gwrs Elizabeth Koetlisi, y wraig groenddu o Lesotho. Pawb, er gwaethaf y gwahaniaethau o ran oedran, o ran enwad (Presbyteriad yw R. W. Jones) ac, ie, o ran lliw, yn un o gwmpas y byrddau, a phawb ohonom yn ein ffyrdd gwahanol yn gwasanaethu'r un Arglwydd.

Yn yr ail bennod o Lyfr yr Actau, sy'n bennod hynod gyfarwydd, cyfeirir at nifer o ieithoedd yn cael eu siarad o dan ddylanwad yr Ysbryd. Na, nid oedd neb yn deall yr ieithoedd hynny, ond yr oedd unoliaeth yr Ysbryd yn gwarantu fod pawb ar yr un donfedd ysbrydol.

Beth a allaf ei ddweud wrth derfynu? Ni allaf ond dyfynnu'r pennill olaf. Mae hwnnw'n ei esbonio'i hun:

> Yng Nghrist ei hun cyferfydd pawb
> o bedwar ban y byd;
> mae'r saint yn un yng Nghrist yn awr
> drwy'r ddaear fawr i gyd.

GWEDDI

Diolch i ti, Arglwydd, mai Duw sy'n chwalu muriau wyt ti, a Duw sy'n dod â'r pell yn agos trwy Iesu Grist. Diolch am ein creu yn un ynot ti drwy wyrth ryfeddol dy gariad. Amen.

O Dduw, a'n creaist ar dy lun

Caneuon Ffydd: Rhif 813

O Dduw, a'n creaist ar dy lun
yn weithwyr fel tydi dy hun,
derbyn ein llafur ni yn awr
yn foliant byth i'th enw mawr.

Ti fu'n cysegru mainc y saer
â'th ddiwyd waith a'th weddi daer;
sancteiddia ni, a dyro fod
ein gwaith a'n gweddi er dy glod.

Gelwaist rai gynt ar lan y lli
i ado'u gwaith a'th ddilyn di;
rho wybod mai ein galw'r wyd
i'th ganlyn wrth gyweirio'r rhwyd.

Mewn craig a phwll, ynghanol sŵn
peiriannau a'u byddarol rŵn,
rho glywed dy leferydd di:
"Gwnewch hyn er coffa amdanaf fi."

Hawliaist i'r eiddot ger y llyn
dy garu'n fwy na'r "pethau hyn";
tro waith ein dwylo, Geidwad mwyn,
yn llafur cariad er dy fwyn.

HUW ROBERTS, 1901-73

MYFYRDOD

Dyma emyn o eiddo'r diweddar Barchedig Huw Roberts sy'n chwalu'r ffin rhwng y sanctaidd a'r seciwlar.

Aeth cenhadu bellach yn waith i griw o bobl ddethol yn hytrach nag yn anadl einioes eglwys, a rhoesom bwyslais afiach ar sicrhau bod cenhadon yn bobl broffesiynol neu ordeiniedig. Nid Duw sydd wedi'i gyfyngu i le nac amser na sefyllfa nac i bobl benodol yw ein Duw ni, ond un sydd ar waith bob amser a'r ddawn ganddo i ddefnyddio sefyllfaoedd a phobl gyffredin i ddwyn ei waith i ben. Gall cerdded stryd a mynd i mewn i siop fod yn genhadaeth i'r Cristion; gall gweithio mewn swyddfa, siop neu ysgol, rhannu'r post beunyddiol, gweithio mewn swyddfa neu ar y tir, i'r Cristion, eto fod yn genhadaeth. Lle bynnag y bo'r Cristion wrth ei waith, mae'r gwaith hwnnw o reidrwydd yn dystiolaeth Gristnogol ac yna'n genhadaeth. A phwy a all fesur maint y dylanwad?

Dyma union bwynt yr awdur yn yr emyn hwn. Geilw ar i Dduw ein sancteiddio a sicrhau bod 'ein gwaith a'n gweddi' er ei glod. Yna, geilw ar iddo roi gwybod mai ein galw y mae i'w ganlyn 'wrth gyweirio'r rhwyd'. Hoffaf yn fawr y pedwerydd pennill sy'n ein cludo'n syth i fyd diwydiant:

> Mewn craig a phwll, ynghanol sŵn
> peiriannau a'u byddarol rŵn,
> rho glywed dy leferydd di:
> 'Gwnewch hyn er coffa amdanaf fi.'

Gwyddom mai testun trafod yr awr ginio yn chwareli gogledd Cymru bob dydd Llun fyddai pregethau'r Sul yn y gwahanol gapeli, a byddai dylanwad y pregethau felly yn cyrraedd y rhai na fu'n agos i oedfa y diwrnod cynt.

Mae pob cenhadaeth, wrth gwrs, yn dechrau wrth ein traed ein hunain. Cofiaf glywed stori am ffermwyr flynyddoedd lawer yn ôl yn casglu cerrig mewn caeau, a hogyn ifanc yn sefyll wrth adwy un cae ac yn gofyn i'r ffarmwr profiadol: 'Yn lle dw i'n dechrau?' A dyma'r chwip o ateb: 'Wrth dy draed!' A dyna fan cychwyn ein cenhadaeth ni yn enw Iesu Grist.

GWEDDI

Arglwydd ein Duw, gad i ni ystyried mai braint yw bod yn genhadon drosot ym mha le bynnag y bôm ac ym mha brofiad bynnag y'n cawn ein hunain. Amen.

O Dduw, a roddaist gynt

Caneuon Ffydd: Rhif 820

O Dduw, a roddaist gynt
dy nod ar bant a bryn,
a gosod craig ar graig
dan glo'n y llethrau hyn,
bendithia waith pob saer a fu
yn dwyn ei faen i fur dy dŷ.

Tydi sy'n galw'r pren
o'r fesen yn ei bryd,
a gwasgu haul a glaw
canrifoedd ynddo 'nghyd:
O cofia waith y gŵr â'r lli'
a dorrodd bren i'th allor di.

Ti'r hwn sy'n torri'r ffordd
a'i dangos ymhob oes,
bendithia sêl dy blant
a'i troediodd dan eu croes;
rho weled gwerth eu haberth hwy
fel na bo glas eu llwybrau mwy.

TOMI EVANS, 1905-82

MYFYRDOD

Wrth feddwl am lawer o'n haddoldai gallwn gytuno'n llwyr â'r Salmydd pan ddywed: 'Mor brydferth yw dy breswylfod, O Arglwydd y Lluoedd' (Salm 84:1).

Bu ail ran y bedwaredd ganrif ar bymtheg yn gyfnod nodedig am godi rhai capeli gwirioneddol hardd yng Nghymru. Roedd eu pensaernïaeth yn gywrain a'u gwaith coed yn gwbl nodedig, a do, gwariwyd ceiniogau prin iawn gan werin Cymru i sicrhau adeiladau mawreddog. Rhaid edmygu'r rhai a fu wrth y gwaith yn y cyfnod hwnnw, ond bellach daeth tro ar fyd. Aeth yr adeiladau hynny'n rhy fawr i'r gweddill ffyddlon ac yn sugno'u hadnoddau ariannol pryd y gellid bod yn defnyddio'r arian at ddibenion eraill. Adeiladu ar gyfer cyfnod arbennig yr oedd ein cyndadau, a pherygl mawr yw anghofio am eu hyblygrwydd fel pobl. Er enghraifft, os âi adeilad i gyflwr gwael, ei dynnu i lawr a wnaent. Os byddai adeilad arall yn rhy fach, yr ateb syml oedd ei helaethu. Tanlinellu yr wyf hyblygrwydd ein cyndadau. Addoli Duw oedd yn mynd â'u bryd hwy. Yn rhy aml o lawer, addoli adeilad a wnawn ni.

Yn yr emyn hwn o waith Tomi Evans rhoddir clod i'r rhai a fu wrthi'n llafurio ym mhob oes a lle i godi adeilad at ddiben addoli Duw. Y darlun a gawn yn y pennill cyntaf yw o Dduw'r Crefftwr yn creu byd mor gywrain, a chloir y pennill drwy ymbil ar i Dduw fendithio gwaith 'pob saer a fu yn dwyn ei faen i fur dy dŷ'.

Yn yr ail bennill cawn olwg ar Dduw'r Cynhaliwr yn cynnal pob rhan o'r bydysawd, a'r awdur yn ymbil wrth gloi: 'O cofia waith y gŵr â'r lli' a dorrodd bren i'th allor di.'

Yn y pennill olaf daw'r awdur â ni at y syniad o Dduw yn agor ffordd newydd i ni yn Iesu Grist, yn union fel y gweithiwr hwnnw sy'n clirio coed a gwair ac anialwch i greu llwybr. Mae'n werth darllen hanes creu'r Lôn Goed enwog yn Eifionydd, a gŵr o'r enw John Maughan a'i weithwyr yn clirio ac yn lledu er mwyn adeiladu ffordd anturus newydd. Dyma a wnaeth Duw yn Iesu Grist – agor ffordd a dangos y ffordd honno ar gyfer pob oes. Diolcha'r awdur fod cynifer wedi troedio'r ffordd honno 'dan eu croes', a geilw ar i Dduw ein cadw ninnau'n ymwybodol o 'werth eu haberth ... fel na bo glas eu llwybrau mwy'. Diolch, felly, am y rhai sydd wedi cerdded y llwybrau hynny gan gadw'u golwg ar Iesu, awdur a pherffeithydd ffydd.

GWEDDI

> Ofni'r ydym, Dduw ein tadau,
> mai rhy rwydd yw'n llwybyr ni,
> ac y dichon i ni golli
> awydd am dy gwmni di.
> > Gwna ni'n debyg
> i'r ffyddloniaid dewrion gynt.

Amen.

Anfonodd Iesu fi

Caneuon Ffydd: Rhif 866

Anfonodd Iesu fi
i'r byd i wneud ei waith
a gwneud yn siŵr y daw
ei deyrnas ef yn ffaith;
nid gwaith angylion yw
troi byd o boen a braw
yn fyd o gariad pur
a heddwch ar bob llaw:
anfonodd Iesu fi
i wir ryddhau ei fyd,
O Dduw, rho help im wneud
d'ewyllys di o hyd.

EMYN TRADDODIADOL O CUBA
cyf. JORGE MALDONADO
a MEURWYN WILLIAMS, 1940-98

MYFYRDOD

Roedd gan y Parchedig Meurwyn Williams a minnau un peth yn gyffredin, sef ein bod ein dau wedi gweinidogaethu, mewn gwahanol gyfnodau wrth gwrs, mewn dau gylch. Bu Meurwyn yn weinidog yn Rhyd-y-main, Brithdir a Thabor rhwng 1970 a 1973 cyn symud i Soar, Pen-y-groes, Arfon, ac aros yno hyd 1977. Dechreuais innau fy ngweinidogaeth yn Rhyd-y-main a'r cylch (er bod y cylch yn fwy erbyn hynny) ym 1987 a symud ym 1993 i Soar, Pen-y-groes (a'r cylch hwnnw eto'n fwy erbyn hynny). Gwyddom yn dda am gyfraniad goleuedig Meurwyn i fyd darlledu crefyddol gydol ei oes, a hefyd am ei gonsýrn am gyflwr y byd a'i wir ddyhead am weld heddwch a chyfiawnder yn teyrnasu.

Yr hyn a wna yn y cyfieithiad hwn o emyn traddodiadol o Cuba yw nodi'r ffaith mai galwad yw un y Cristion i beidio â'i gyfyngu'i hun i'w filltir sgwâr yn unig ond i fynd allan i'r byd. Yn nechrau'r pennill ceir adlais o eiriau Eseia: 'Dyma fi, anfon fi' (Eseia 6:8). Hawdd iawn yw disgwyl i eraill weithredu, ond os galwn ein hunain yn Gristnogion, gweithredoedd piau hi costied a gostio. 'Fel y mae'r corff heb anadl yn farw, felly hefyd y mae ffydd heb weithredoedd yn farw' (Iago 2:26).

Onid aethom hyd yn oed yn ein heglwysi i ddisgwyl i bawb arall weithredu ond ni?

Â'r awdur yn ei flaen i honni ein bod yn disgwyl gormod oddi ar law'r Hollalluog, ac yn wir mae'n ffasiynol credu mewn sawl carfan o'r Eglwys Gristnogol nad oes angen ond disgwyl oddi wrth yr Arglwydd. Nid dyna ysbryd y Beibl. Galwodd yr Arglwydd drwy'r proffwydi gynt, yn arbennig Amos a Hosea, ar iddynt weithredu yn hytrach nag eistedd yn ôl a disgwyl yn unig: 'Gwae y rhai sydd mewn esmwythfyd yn Seion' (Amos 6:1). Wrth droi dalennau'r Efengylau, down ar draws Iesu Grist yn galw pysgotwyr Llyn Galilea i fod yn 'bysgotwyr dynion' ac i ddefnyddio'r un tactegau yn union – amynedd a chariad – wrth drafod pobl ag a ddefnyddient i ddal pysgod. Ceir yr hanes yn llawn yn Efengyl Luc (5:1–11). Yn ucheldir Dyffryn Conwy ceir nifer helaeth o lynnoedd bychain swynol eu henwau – Geirionydd, Cowlyd, Crafnant ac Eigiau. Treuliasom fel teulu brynhawn hyfryd ger Llyn Crafnant yn ddiweddar. Lleolir y llyn hwn uwchben pentref serth Trefriw. Erbyn hyn mae'n gyrchfan boblogaidd i ymwelwyr. Y prynhawn dan sylw sylwasom ar ddau ddyn yn eistedd ar lan y llyn yn pysgota. Am hir amser ni symudasant ond i arfer y ddawn hon o ddisgwyl mewn amynedd am ddalfa. Yr oedd gweld eu hamynedd yn wers bwysig iawn i mi!

Gyda chymorth yr Arglwydd, gallwn ni Gristnogion droi'r byd i'r cyfeiriad cywir a'i ryddhau o'i boen dim ond i ni osod Crist yn y canol. Ategir hynny gan Elfed yn ei bennill cyfarwydd:

> Pob trais a gormes mwy
> ddarfyddo is y ne';
> dan ddylanwadau marwol glwy'
> mae'r byd i ddod i'w le.

GWEDDI
Diolch i ti, Arglwydd, am dy alwad i fod yn dystion cywir, ffyddlon drosot mewn byd sydd yn cyson fynd i'w dranc. Gwna ni'n wneuthurwyr cyson, parod drosot ti, i weithio heb gyfri'r gost ac i fyw a'n golwg arnat drwy Iesu Grist. Amen.

Heddwch ar ddaear lawr

Caneuon Ffydd: Rhif 867

Heddwch ar ddaear lawr, gan ddechrau'n fy nghalon i,
heddwch ar ddaear lawr, yr hedd a fwriadwyd i ni;
a Duw'n Dad trugarog, brodyr oll ŷm ni,
cerddwn oll gyda'n gilydd, mewn hedd a harmonî.

Dechrau'n fy nghalon i, a dechrau y foment hon,
ar hyd fy nhaith drwy'r byd, rwy'n addo yn ddwys a llon
i greu bob munud a byw bob munud mewn hedd a harmonî,
heddwch ar ddaear lawr, gan ddechrau'n fy nghalon i.

SEYMOUR MILLER, 1908-71 a JILL JACKSON
cyf. HARRI WILLIAMS, 1913-83

MYFYRDOD

Rai blynyddoedd yn ôl aethom fel teulu ar ein gwyliau i weld gogoniannau Sir Benfro. Wrth grwydro yn y wlad y tu allan i dref Abergwaun un diwrnod dyma ddod ar draws capel a'r enw 'Harmoni' ar ei dalcen. Cefais fy ngoleuo gan Elen fy ngwraig mai un o gapeli'r Bedyddwyr ydoedd, a chan ei bod hithau o dras Fedyddiedig o hil gerdd yr oedd yn bleser pur ganddi esbonio i'r Annibynnwr o ŵr sydd ganddi mai dyma un o brif ganolfannau'r Bedyddwyr. Wedi hir ystyried, onid yw'n enw da ar gapel er mai gair Saesneg ar ffurf Gymraeg ydyw?

Gwna'r diweddar Barchedig Athro Harri Williams ddefnydd ardderchog o'r gair yn ei gyfieithiad o emyn Seymour Miller a Jill Jackson. Trafod heddwch y mae'r awduron yn yr emyn hwn a chyfeirio at heddwch byd-eang – rhywbeth y dylem oll fel Cristnogion fod yn anelu ato er mwyn sicrhau dyfodol i'n plant. Bu'r ugeinfed ganrif yn un hynod waedlyd yn hanes ein byd, a'n cyfrifoldeb ni yn rhan gyntaf yr unfed ganrif ar hugain yw gwneud yn berffaith siŵr na welwn Hitler arall a'i ddylanwad afiach, na Hiroshima a Nagasaki arall. Daw pennill Cynan yn fyw iawn i'r meddwl:

Ysbryd Duw, er mwyn y beddau
ar bellennig fryn a phant,
ac er mwyn calonnau ysig,
ac er mwyn ein hannwyl blant,

ac er mwyn yr hwn weddïodd
dros elynion dan ei glwy',
tro'n hwynebau i Galfaria
fel na ddysgom ryfel mwy.

Mae digwyddiad Calfaria yn ein symbylu, gobeithio, i weddïo am heddwch ac i fyw'n heddychlon. '[Iesu Grist] yw ein heddwch ni. Gwnaeth y ddau, yr Iddewon a'r Cenhedloedd, yn un, wedi chwalu trwy ei gnawd ei hun y canolfur o elyniaeth oedd yn eu gwahanu' (Effesiaid 2:14).

Ond y mae i heddwch ei oblygiadau personol. Ni waeth i neb ohonom weddïo a dyheu am heddwch byd-eang os nad ydym ar delerau da â'n cymdogion sydd ar garreg y drws. Beth bynnag eu beiau hwy yn ein golwg, ein braint ni fel Cristnogion yw eu lapio mewn cariad, a'r unig ffordd i hynny ddigwydd yw drwy i heddwch personol fod yn ein calonnau at Dduw ac at ein gilydd. Mae'r cwbl i ddechrau yn ein Jerwsalem personol ni, cyn lledu i greu harmoni yn hytrach na helynt.

Bu fy nghyfaill Rhys Glyn, Pennaeth Ysgol y Gorlan, a minnau'n cydweithio'n agos yn ddiweddar i sicrhau côr pedwar llais ar gyfer Pasiant Port 2009. Cynhelir pasiant ym Mhorthmadog bob tair blynedd, ac mae'n gyfle i'r gymuned gyfan ddod ynghyd i berfformio peth o hanes y fro. Cefais y fraint o arwain y cantorion ac roedd Rhys yn gyfrifol am gyfansoddi tair ar ddeg o ganeuon newydd sbon, gyda Phyllis Evans, Glenda Burke a Gwenda Paul yn gyfrifol am y geiriau. Rhys hefyd, ynghyd â Caryl Roberts, oedd yn cyfeilio. Yr oedd pob un o'r caneuon yn rhai braf i'w canu gan i'r cyfansoddwr sicrhau harmoni cofiadwy.

Mor ddedwydd hefyd yw gadael i'r heddwch sydd ynom greu harmoni cofiadwy yn ein bywyd fel bod ein bywyd yn glod i'r hwn a'n carodd.

GWEDDI

Diolch i ti, Arglwydd, am bob ymgais i sicrhau heddwch byd-eang. Rho i ninnau'r 'hedd na ŵyr y byd amdano, y nefol hedd a ddaeth drwy ddwyfol loes' fel y medrwn rannu'r heddwch hwnnw â phawb mewn amryfal sefyllfaoedd trwy Iesu Grist, yr Heddwch rhyngot ti a ni. Amen.

Dysg fi bob dydd, fy Nuw

Y Caniedydd: Rhif 30

Dysg fi bob dydd, fy Nuw,
O'th flaen i ddweud y gwir;
Gwna fi yn ddidwyll yn fy nghân,
Ac yn fy ngweddi'n bur.

Pob gair a roddaist Ti,
Fe ddeil tra dalio'r ne';
O! rho i minnau wefus bur
A chalon yn ei lle.

Dysg im obeithio'n iawn,
Goleua lwybrau ffydd;
Doed haul neu gwmwl, cymorth fi
I gredu'n well bob dydd.

H. BONAR
(*cyf.* ELFED)

MYFYRDOD

Gweddi syml iawn sydd yng nghyfieithiad Elfed o'r emyn hwn gan Horatius Bonar.

Cofiaf y cyngor cyson a gawn gan fy rhieni pan oeddwn yn blentyn i mi ddweud y gwir am bob camwri a wnawn, ac yr oedd, credwch neu beidio, sawl un! Mor bwysig ydyw i ni fod yn eirwir yn ein bywyd, ac, yn bwysicach na dim, wrth reswm, yn eirwir o flaen Duw, gan ein cyflwyno'n hunain yn union fel yr ydym ger ei fron. Nid doeth i ni geisio bod yn rhywun arall gerbron Duw, oherwydd dyma'r Un, pa beth bynnag a ddywedwn ger ei fron, sy'n adnabod ein holl bersonoliaeth yn filwaith gwell na ni ein hunain. Mynegodd y Salmydd hynny'n groyw: 'Arglwydd, yr wyt wedi fy chwilio a'm hadnabod. Gwyddost ti pa bryd y byddaf yn eistedd ac yn codi; yr wyt wedi deall fy meddwl o bell' (Salm 139:1–3). Y cam nesaf, sy'n dilyn yn naturiol o hynny, yw bod 'yn ddidwyll yn fy nghân, ac yn fy ngweddi'n bur'. Ni allai Iesu oddef rhagrith, a byddai rhagrithwyr yn gyson dan ei lach. Nid oes ond rhaid darllen Mathew 23:1–36, neu Marc 12:38–40, neu Luc 11:37–54 i gael barn Iesu ar y mater hwn. Byddai'n ffasiynol yn y blynyddoedd a fu i bregethwyr greu rhyw fath o oslef bulpudaidd, a'r llais yn troi o fod yn un naturiol ddymunol i fod yn un pruddglwyfus grynedig, a chanlyniad hynny oedd codi mur a chreu ffin rhwng y pulpud a'r oedfa a bywyd yn gyffredinol. Dathliad llawen ddylai oedfa fod, a phawb yn dod at Dduw fel y maent.

Mae'r ail bennill yn fynegiant o Dduw a'i eiriau'n aros yn ddigyfnewid. 'Arwain fi at graig sydd uwch na mi; oherwydd buost ti'n gysgod imi, yn dŵr cadarn rhag y gelyn,' medd Salm 61. Un o'm diddordebau pan oeddwn yn tyfu i fyny yng Nghemaes, Môn oedd mynd ar ambell brynhawn braf i ardal Caergybi ac i ben pellaf Ynys Cybi i gyfeiriad Ynys Lawd. Yno yr oedd dros dri chant o risiau yn arwain i lawr at bont grog a groesai o'r naill graig i'r llall cyn cyrraedd Ynys Lawd a'i goleudy. Cystal dweud y gallai'r profiad fod yn un brawychus o edrych ar y dyfroedd mawr a'r tonnau oddi tanoch a'r bont yn ysgwyd hyd yn oed yn yr awel deneuaf. Cofiaf, wedi un ymweliad, i'm tad fod yn ei wely am rai dyddiau yn dioddef o'r *vertigo* afiach. O fewn ergyd carreg i Ynys Lawd mae Porth Dafarch, ac yn y bae bychan hwnnw a'r dyfroedd a'r tonnau'n ergydio'n galed yn erbyn y creigiau y cyfansoddodd S. J. Griffiths (Morswyn) ei emyn cyfarwydd 'Arglwydd Iesu, arwain f'enaid at y graig sydd uwch na mi'. Yr ydym ninnau, fel y bont grog, yn chwit-chwat ac mewn angen cyson am y Graig hon yn ein bywyd.

Terfyna'r emyn drwy i'r awdur ein hannog, oherwydd cadernid Craig ein hiachawdwriaeth, i fod yn obeithiol, ac i erfyn ar i'n ffydd gael ei chryfhau a'i hadnewyddu'n feunyddiol. Nid statig mo ffydd, fel carafán a erys yn ei hunfan o un pen blwyddyn i'r llall; mae'n debycach i garafán sy'n cael ei thynnu ar hyd pob math o ffyrdd, llydan a chul. Yr hyn sy'n bwysig yw 'cadw ein golwg ar Iesu, awdur a pherffeithydd ffydd' (Hebreaid 12:2).

GWEDDI

Diolch i ti, Arglwydd, am dy gadernid. Rho ynom ninnau'r un cadernid wrth i ni fentro byw, a chadw ni'n wastad yng nghryfder, dyfnder ac uchder dy gariad yn Iesu Grist. Amen.

Os ydwyf wael fy llun a'm lliw

Y Caniedydd: Rhif 83

Os ydwyf wael fy llun a'm lliw,
Os nad yw 'mriw'n gwellhau,
Af at y Meddyg mawr ei fri,
Sy'n gadarn i iacháu.

O'm pen i'm traed 'r wyn glwyfus oll,
Pob archoll yn dyfnhau:
Neb ond y Meddyg da i mi,
Sy'n gadarn i iacháu.

Os wyf heb rym i ddim sy dda,
Dan bwys fy mhla'n llesgáu,
Rhydd Iesu gryfder i'r di-rym;
Mae'n gadarn i iacháu.

O ddydd i ddydd caf nerth i ddal;
Mae'i ras yn amalhau:
Am hyn, nid anobeithiaf ddim,
Mae'n gadarn i'm iacháu.

EBEN FARDD (1802-63)

MYFYRDOD

Emyn syml ei arddull yw hwn o waith Ebenezer Thomas, neu Eben Fardd a rhoi iddo'i enw barddol. Cafodd Eben Fardd, a oedd, ynghyd â rhai fel Robert ap Gwilym Ddu a Nicander, yn un o feirdd y Lôn Goed, brofiadau dirdynnol o chwerw yn ystod ei oes, gan gynnwys colli pum aelod agos o'i deulu – gwraig, tri phlentyn ac ŵyr – o fewn rhychwant pum mlynedd. Dyna a'i symbylodd i lunio'i emyn poblogaidd 'O fy Iesu bendigedig' a'r pennill olaf:

> Pwyso'r bore ar fy nheulu,
>   colli'r rheini y prynhawn;
> pwyso eilwaith ar gyfeillion,
>   hwythau'n colli'n fuan iawn;
> pwyso ar hawddfyd – hwnnw'n siglo,
>   profi'n fuan newid byd:
> pwyso ar Iesu, dyma gryfder
>   sydd yn dal y pwysau i gyd.

Mae nifer o emynau yn ein tywys i fyd Iesu'r Meddyg. Daw emyn Nantlais, 'O Iesu'r Meddyg da' i'r meddwl, a hefyd emyn mwy diweddar o eiddo D. R. Griffiths, 'O Grist, Ffisigwr mawr y byd'. Y tro hwn arhoswn yng nghwmni Eben Fardd a cheisio dadansoddi'r emyn 'Os ydwyf wael fy llun a'm lliw'.

'Dos at y Doctor' yw thema'r emyn, a cheir ynddo gyfuniad o sawl stori ysgrythurol am Iesu'n iacháu. Mae'r nawfed bennod yn Efengyl Mathew yn gyforiog o'r hanesion hyn – 'Iacháu Dyn wedi ei

Barlysu'; 'Merch y Llywodraethwr, a'r wraig a Gyffyrddodd â Mantell Iesu'; 'Iacháu Dau Ddyn Dall'; ac 'Iacháu Dyn Mud' – a gwelir yn gyson ynddynt bobl yn gweld eu hangen ac yn mynd at Iesu. Ceir rhai pobl nad ânt fyth i unman, nid am nad oes ganddynt ffrindiau ond oherwydd eu cartrefoldeb. Mae croeso i eraill fynd atynt hwy, ond nid ânt hwy at eraill! Treuliasom fel teulu gyfnod o ddechrau'r saithdegau i'w canol ym mhen pellaf Ynys Môn ym mhentref braf Cemaes. Mae lleoliad Cemaes yng nghwr pellaf ochr ddwyreiniol yr ynys yn golygu tua thri chwarter awr o daith o'r tir mawr dros Bont y Borth. Roedd y rhan fwyaf o deulu fy mam yn byw ym Mhen Llŷn, a'u cri gyson fyddai 'Brysiwch draw!' neu 'Brysiwch yma eto!' A ffoi yn rheolaidd am wlad Llŷn a wnaem er nad oedd cystal ffyrdd bryd hynny. Ond prin iawn fyddai ymweliadau'r teulu o Lŷn â ni ym mhen draw Môn, er mai'r un oedd y daith o Lŷn i Gemaes ag o Gemaes i Lŷn! Onid oes yma ddameg am y gweinidog a'i aelodau?

Mynd at y Meddyg oedd rhan gyntaf y broses o iacháu. Yr ail oedd cydnabod bod rhywbeth o'i le, a dyna a wna Eben Fardd yn yr ail bennill pan ddywed, 'O'm pen i'm traed rwy'n glwyfus oll, pob archoll yn dyfnhau.' Dyma'r unig gyfeiriad ysgrythurol penodol a geir yn yr emyn. Adlais ydyw o'r bennod gyntaf yn Llyfr Eseia, adnodau 5 a 6: 'Y mae eich pen yn ddoluriau i gyd, a'ch calon yn ysig; o'r corun i'r sawdl nid oes un man yn iach, dim ond archoll a chlais a dolur crawnllyd heb eu gwasgu na'u rhwymo na'u hesmwytho ag olew.'

Ar ôl cyflawni'r broses uchod y bydd yr iacháu yn digwydd a'r bywyd newydd yn dechrau. A'r un yw gwahoddiad Iesu heddiw: 'Dewch ataf fi, bawb sy'n flinedig ac yn llwythog, ac fe roddaf fi orffwystra i'ch eneidiau' (Mathew 11:28). Rydym i gyd yn flinedig ac yn llwythog, a'r cysur yw fod Iesu, drwy ei groes, yn cymryd y baich yn ein lle. Diolch iddo! Un o'r cymeriadau anwylaf y deuthum ar ei thraws ym Mhen-y-groes oedd Jennie Roberts, Gwynant, a fu farw ym Mai 2009. Awn yn aml iawn i Wynant i arllwys fy ngofidiau – mae aelwydydd felly'n rhai prin iawn, ac yn rhai go werthfawr i weinidogion. Gwrandawai hi ac Elfed ei phriod yn amyneddgar, a sylw Jennie yn gyson wrth i mi ymadael fyddai: 'Triwch ddal!' Ac felly 'o ddydd i ddydd caf nerth i ddal'.

GWEDDI
Helpa ni, Arglwydd, i bwyso arnat yng nghanol holl ofidiau bywyd. Yr un wyt ti, a'th gariad yn cyrraedd atom yn Iesu Grist, a ninnau'n cael cyfle i gydio yn y cariad hwnnw. Diolch i ti. Amen.

At bwy yr awn, O! Fab y Dyn

Y Caniedydd: Rhif 198

At bwy yr awn, O! Fab y Dyn,
At bwy ond atat Ti dy Hun?
I ddwys gwestiynau dynol-ryw
Tydi, Tydi, yw ateb Duw.

I bawb, pwy ond Tydi sy'n Frawd?
Tydi yw Cyfaill gorau'r tlawd;
'Cheir neb fel Ti i esmwythau
Y rhai sy'n ysig dan yr iau.

Blinderau'r unig, ofnau'r gwan,
Caledi dynion ym mhob man,
Sy'n agos at dy galon Di,
O! Ddwyfol Frawd fu ar Galfari.

Gwna ninnau'n fwy fel Ti dy Hun,
I'th ddangos yn Waredwr dyn,
Nes dweud o eraill gyda ni –
"At bwy yr awn ond atat Ti?"

Tyn atat bawb drwy'r llydan fyd,
Gwna hwynt yn un drwy'r cariad drud;
Dragwyddol Ffrind ein teulu ni,
At bwy yr awn ond atat Ti?

ELFED

MYFYRDOD

Er cystal *Caneuon Ffydd*, caf bwl o hiraeth weithiau am ambell emyn nas cynhwyswyd yn y gyfrol, ac un o'r rheiny yw'r emyn hwn o waith Elfed – emyn a fu'n gymaint cysur i sawl un ym mhrofiadau dyrys bywyd.

Yn nhri phennill cyntaf yr emyn, sy'n gwbl Feiblaidd, dengys Elfed hollalluowgrwydd Iesu Grist yn delio â'r profiadau hynny. Cawn ein hatgoffa o eiriau Simon Pedr yn y pennill cyntaf: 'Arglwydd, at bwy yr awn ni? Y mae geiriau bywyd tragwyddol gennyt ti.' (Ioan 7:68).

Gesyd yr emynydd y mater yn daclus drwy ein hatgoffa mai Iesu Grist yw'r ateb i'n problemau ni, ac ateb Duw i ni a'n problemau. Mewn byd sy'n gosod Iesu Grist yn yr un cwch â'r proffwydi, mae'n dda cael ein hatgoffa o'i unigrywiaeth. Fel y datganodd Duw ar fynydd Tabor: 'Hwn yw fy Mab, yr Anwylyd; gwrandewch arno' (Marc 9:7). Er godidoced Elias a Moses, Iesu yw 'gwir Fab Duw'.

Ond daw'r ail bennill â ni at wahanol agweddau ar fywyd Iesu Grist. Mae'n Frawd sy'n cydymdeimlo, mae'n Gyfaill sy'n deall, ac mae'n Feddyg sy'n esmwytháu. Diddorol nodi nad 'iacháu' ond 'esmwytháu' a ddefnyddir yng nghyd-destun y Meddyg, ac mae esmwytháu poen cleifion yn rhan allweddol o waith meddyg beth bynnag fo maint a dyfnder y clwyf. Heddiw ceir cyffuriau lu i'r diben hwn, a dylem ddiolch amdanynt. I mi, un o ryfeddodau'r Testament Newydd, a'r Efengylau yn arbennig, yw'r modd y darluniwyd agosrwydd Iesu at y bobl. Nid Iesu pell ac unig a welir ond personoliaeth gadarn, gynnes; ond gadewch i ni fod yn glir nad personoliaeth ymwthgar mohoni chwaith. Fe'n rhybuddiwyd gan Iesu i beidio â bod felly, hyd yn oed wrth gyflwyno'r Efengyl.

Daw'r pedwerydd pennill â ni yn uniongyrchol atom ein hunain, a cheir yma adlais cryf o emyn cyfarwydd Eleazar Roberts 'O na bawn yn fwy tebyg' a'r pennill:

> O na bawn fel yr Iesu
> > yn llawn awyddfryd pur
> i helpu plant gofidiau
> > ac esmwytháu eu cur.

Neu, efallai yn nes fyth, y pennill hwnnw o emyn Eifion Wyn:

> Dod i mi galon well bob dydd
> > a'th ras yn fodd i fyw
> fel bo i eraill drwof fi
> > adnabod cariad Duw.

Disgyblion ydym sydd i fod i godi syched yn eraill am y bywyd sy'n fywyd yn wir, a dylai ein bywydau fod yn adlewyrchiad o'r bywyd hwnnw er mwyn denu eraill. 'Felly boed i'ch goleuni chwithau lewyrchu gerbron eraill, er mwyn iddynt weld eich gweithredoedd da chwi a gogoneddu eich Tad, yr hwn sydd yn y nefoedd' (Mathew 5:16).

Cri fawr y pennill olaf yw ar i ni weld yr unoliaeth honno sy'n dangos ein bod fel byd yn un yn ein holl brofiadau, a bod ein tensiynau yn eiddo i'r ddynoliaeth gyfan. Yr oedd ym Mhen-y-groes, Arfon, ddiacon yn eglwys Soar o'r enw Thomas Elwyn Griffiths. Fe'i gelwid yn 'Llenyn' am resymau nad af i fanylu yn eu cylch yn awr. Bu'n siopwr llwyddiannus iawn ym Mhen-y-groes, ond wedi ymddeol gwireddodd freuddwyd fawr ei fywyd o gael teithio'r byd. A dyna a wnaeth am dros ugain mlynedd yn gweithio fel darlithydd llongau i gwmni P&O. Ar brydiau byddai i ffwrdd o'i gartref am wythnosau ar y tro, a phan ddeuai'n ôl soniai yn llawn asbri am y gwledydd y bu ynddynt. Gwelodd ryfeddodau; gwelodd lawnder bywyd; gwelodd fyrddau llawn y llongau; ond gwelodd hefyd dlodi a newyn, a'i frawddeg gyson fyddai: 'Ma'n syndod mor debyg i'n gilydd yda' ni fel gwledydd, ym mhob peth.' Yn ein hanghenion dyfnaf, pa beth a wnawn ond troi at Iesu?

GWEDDI

Pa beth sy'n fwy llesol inni, Arglwydd, na throi atat ti, yr Un a ddangosodd y fath gariad tuag atom yn Iesu Grist. Helpa ni i fyw'r cariad hwnnw, ac i'w gyflwyno'n gwbl ddiamod i'r rhai sydd mewn angen amdano, trwy Iesu Grist. Amen.

Arglwydd grasol, dyro gymorth

Y Caniedydd: Rhif 268

Arglwydd grasol, dyro gymorth
I gyhoeddi eto i maes
Ddyfnder calon dyn truenus,
Ac anfeidrol olud gras:
    Fel bo dyfnder
Byth am ddyfnder yn cael sôn.

Dyro d'Ysbryd i lefaru
Ac i wrando d'eiriau pur;
Boed dy lewyrch nefol hyfryd
A'th arddeliad ar y gwir:
    O! amlyga
Anorchgyfol nerth dy ras.

DAFYDD MORRIS

MYFYRDOD

Credaf yn gryf ym mhregethiad y Gair, ac nid ymddiheuraf ddim am hynny! Credaf y dylai'r Gair gael ei agor a'i draethu mewn oedfa, ac yn sicr ni ddylid gweinyddu'r Cymun heb ei bregethu. O fynd i fyd symbolaeth am eiliad rhaid cydnabod mai'r pulpud sydd uchaf ac amlycaf yn ein haddoldai. Dengys hynny, yn arwyddocaol iawn, gred yr hen Anghydffurfwyr ym mhregethiad y Gair. A rhag i neb fy nghyhuddo o ragrith a dweud amdanaf, 'Be ma' hwn yn 'i fwydro am bulpud? Fydd o byth yn mynd i'r pulpud pan ddaw o atom ni!' amddiffynnaf fy hun yn syth drwy ateb fod ambell bulpud mor afresymol o uchel a phell oddi wrth ambell gynulleidfa fechan fel bod y cyswllt personol, sydd mor angenrheidiol mewn pregeth, yn diflannu.

    Ond pulpud neu beidio, pa begynau sydd i bregeth? Pa bethau ddylai fod yn amlwg ymhob un? Mae'r ateb gan Dafydd Morris yn yr emyn syml hwn. 'Dyfnder calon dyn truenus' yw un pegwn, a chariad a gras anfeidrol Duw ('anfeidrol olud gras') yw'r llall. Crynhoa'r Apostol Paul y ddau begwn hyn yn rhwydd yn ei adnod gyfarwydd: 'Daeth Crist Iesu i'r byd i achub pechaduriaid' (1 Timotheus 1:15). A dyma'r ddau ddyfnder, a 'dyfnder a eilw ar ddyfnder' wrth reswm!

Sylwer bod y pennill cyntaf yn cyfeirio'n benodol at y pregethwr a'i bregeth, ond bod yr ail bennill yn hoelio'n sylw ar y gynulleidfa a'r angen i honno gael ei meddiannu gan yr Ysbryd i fedru gwrando'n effeithiol, na, nid ar y pregethwr ond ar y neges. Yr Ysbryd sydd bob amser yn goleuo'r deall ac yn adnewyddu'r galon, oherwydd gall yr Ysbryd weithio mewn ffyrdd nas gŵyr neb, a gall y neges hefyd gyffroi'r gwrandawyr mewn ffyrdd cwbl wahanol.

Un prynhawn Sul crasboeth tua chanrif yn ôl, cynhaliwyd oedfa mewn capel. Teimlai hyd yn oed y pregethwr nad oedd yn cael gafael yn ei bregeth. Ond yn ystod yr emyn cyn y bregeth daeth ei gŵr i mewn i'r oedfa, un diarth i bawb, ac ymuno yn y gwrando. Yr wythnos ddilynol, daeth yr union ŵr hwnnw at yr union bregethwr ar un o strydoedd y dref agosaf a dweud wrtho: 'Diolch i chi am y bregeth pnawn Sul dwytha. Ar y ffordd i'r traeth agosaf oeddwn i pan basiais y capel. Clywais sŵn canu a mentrais i mewn. Eisteddais. Gwrandawais. Euthum o'r oedfa yn ddyn cwbl newydd o ganlyniad i'ch pregeth chi. Diolch i chi.' Ar ei ffordd i'r traeth agosaf i derfynu'i fywyd yr oedd y gŵr hwn gan iddo wneud stomp o'r bywyd hwnnw. Ond yr hyn oedd yn anhygoel oedd i'r neges gael dyfnder daear yn ei galon, er i'r pregethwr ei hun feddwl mai honno oedd y bregeth salaf iddo erioed ei chyfansoddi a'i thraethu. Pwy ond yr Ysbryd a all gyflawni gwyrthiau o'r fath? Nid oes amheuaeth i'r gŵr drylliedig hwnnw fynd o'r oedfa yn ysbryd Eseia'r proffwyd gynt gan ddweud: 'Dyma fi, anfon fi' (Eseia 6:8).

GWEDDI

Arglwydd, boed i oedfa fod yn gyfrwng i ni fedru ategu'r geiriau:

>Arglwydd, dyma fi
>ar dy alwad di,
>canna f'enaid yn y gwaed
>a gaed ar Galfarî.

Amen.

Pwy glywodd am bechadur

Y Caniedydd: Rhif 344

Pwy glywodd am bechadur
Mewn unrhyw oes na gwlad,
Erioed a ddaeth at Iesu,
Fu farw wrth ei draed?
Ni thyr y gorsen ysig,
Ni wrthyd neb a ddaw,
Ni ddiffydd llin yn mygu –
Af ato yn ddi-fraw.

Mi glywais sôn amdano,
Mi glywais lawer gwaith,
Fod ynddo drugareddau
Sydd fwy na'r moroedd maith:
Yn ymbil am drugaredd
A disgwyl byth y'm cair:
Os trengi wnaf, mi drengaf
A'm gobaith yn ei air.

THOMAS WILLIAM

MYFYRDOD

Yn yr emyn hyfryd hwn o waith Thomas William, Bethesda'r Fro, Morgannwg, cawn gip ar y modd y denai Iesu bobl ato drwy gyfrwng yr ysgrythurau. I ba le bynnag y trowch yn yr Efengylau, ni ellir ffoi rhag y ffaith fod hyd yn oed enw Iesu yn 'llawn o gysur' ac yn 'llawn o swyn', ys dywedodd Elfed. Gallai ddenu'r tyrfaoedd i wrando arno a hawlio ufudd-dod llwyr. Nid oes rhaid ond edrych ar hanes Sacheus yn nechrau pennod 19 o Efengyl Luc. Cyn i Iesu ddod i aros i gartref Sacheus, yr oedd y gŵr cyfoethog hwnnw wedi gwneud ymdrech i fynd i wrando arno'n traethu ac fe'i denwyd gan rymuster ac agosatrwydd ei Berson.

Un peth sy'n dod yn amlwg am Berson Iesu yn yr Efengylau, fel y crybwylla Thomas William, yw gallu Iesu bob amser i godi'r gwan. Nid yw byth yn fychanus o neb. Diben y cyfeiriad at gorsen, sy'n gwbl Feiblaidd, yw cyfleu breuder a simsanrwydd y Cristion hyd yn oed o gael ei orddefnyddio, a chofier mai pechadur yw'r Cristion, nid un perffaith! Yng nghefn yr oriel yng nghapel Salem, Porthmadog, gosodwyd organ bib ar droad yr ugeinfed ganrif. Defnyddiwyd yr organ yn gyson yn y gwasanaethau hyd at ddechrau'r saithdegau, pan aeth am ryw reswm yn fud. Penderfyniad yr eglwys yn y cyfnod hwnnw oedd prynu offeryn trydan yn ei lle a'i osod yng ngwaelod y capel. Ond wele, tua dechrau'r nawdegau, llwyddwyd i gael nodyn o'r organ bib! Penderfynwyd ei hadnewyddu, a maes o law llanwyd y capel drachefn â hudoliaeth ei sŵn mawreddog. Ond cyn pen dim dyma un o'r stopiau – yr 'Oboe' – yn camweithio. Os defnyddid y stopyn hwn yn aml, fel y dylid, gwnâi sŵn aflafar a amharai ar yr organ gyfan. Penderfyniad cwrdd eglwys tua naw mlynedd yn ôl oedd peidio â gwario mwy o arian arni a sicrhau offeryn trydan newydd sbon, eto yng ngwaelod y capel. Ie, y gorsen yn methu dal y straen o gael ei defnyddio! Tebyg iawn ydym ninnau fel Cristnogion. Cawsom ein meddiannu â'r un gwendid â phawb arall, ond nid yw Iesu'n gwrthod yr un ohonom nac yn edrych i lawr ei drwyn ar neb: 'Dewch ataf fi, bawb sy'n flinedig ac yn llwythog, ac fe roddaf fi orffwystra i chwi' (Mathew 11:28).

Yn ail bennill yr emyn llawenha'r awdur yng Nghrist drwy ddweud nad oes debyg iddo, a bod ei drugaredd at bechadur yn fwy na dim a grëwyd. A'r cyfan a fedrai ef ei wneud oedd erfyn am drugaredd. Mae'n amlwg fod y nodyn hwn yn ymddangos yn gyson yn emynau Thomas William. Meddylier am hwnnw a'r penillion:

> O'th flaen, O Dduw, 'rwy'n dyfod
>   gan sefyll o hir-bell;
> pechadur yw fy enw,
>   ni feddaf enw gwell;
> trugaredd 'rwy'n ei cheisio,
>   a'i cheisio eto wnaf,
> trugaredd imi dyro,
>   'rwy'n marw onis caf.
> Mi glywais gynt fod Iesu,
>   a'i fod ef felly nawr,
> yn derbyn publicanod
>   a phechaduriaid mawr.

Diolch am drugaredd yr Iesu ac am y bobl sy'n erfyn amdano.

GWEDDI

Yn dy drugaredd cofia'n byd, O Arglwydd. Yn dy drugaredd cofia ni a phlanna ynom drugaredd wrth i ninnau gael y fraint o ymwneud ag eraill yng ngwahanol brofiadau bywyd. Amen.

Mi fentraf byth mwy

Y Caniedydd: Rhif 699

Mi fentraf byth mwy
Ar Iesu a'i glwy',
Fy hoffter a'm hyder yw Ef:
Daw rhinwedd i'm hoes
Yn ymyl ei groes,
Dywysog eneiniog y nef.

Fe'm cedwir yn fyw
Trwy gariad fy Nuw
Ar grog y Dihalog ei Hun:
Y glanaf erioed
Yn aberth a roed,
Rhyfeddod y Duwdod mewn dyn.

Un arall ni bydd
I hawlio fy ffydd,
A'm moliant am haeddiant mor hael:
Fe'm gwelir yn lân,
Fy enaid a gân,
Daw golud y gwynfyd i'r gwael.

W. RHYS NICHOLAS

MYFYRDOD

Dyma emyn arall o waith W. Rhys Nicholas y gwelaf ei eisiau yn *Caneuon Ffydd*.

Gwna'r awdur ddefnydd diddorol o'r ferf 'mentro' yn y pennill cyntaf. A chystal i ni gyfaddef nad yw'r ferf honno'n un boblogaidd mewn cylchoedd crefyddol. Mae gennym ofn mentro. Mae cadw at y *cyfarwydd* yn llawer haws na mentro i fyd yr *anghyfarwydd*. Ni fyddai gan y rhan fwyaf o eglwysi Cymru obaith mul pe bai Abraham yr Hen Destament yn weinidog arnynt! Ac ni fyddai gan y rhelyw ohonom fel gweinidogion obaith chwaith pe bai'r un Abraham yn eistedd yn ein capeli o Sul i Sul! Soniais eisoes am y diweddar Ieuan Evans, ysgrifennydd eglwys Annibynnol Rhyd-y-main. Yng nghyfnod cyntaf fy ngweinidogaeth, awgrymais mai doeth o beth fyddai i ni gynnal oedfaon undebol yn achlysurol, a mwynhau mynd o gwmpas y gwahanol gapeli. Cofiaf ymateb y gwron hwn pan godais y mater: 'Trïwch o – fyddwch chi ddim gwaeth o drio!' A thrio a wnaethom. A llwyddo, os caf gyfaddef yn dawel fach. A sawl tro wedyn, ar wahanol achlysuron, cefais yr un ymateb ganddo. Mae angen *ffydd* i fentro; gall llwyddiant ddilyn, neu fethiant, ac mae'n bryd i ni dderbyn bod methiant yn anorfod weithiau.

Yn yr emyn hwn gwêl yr awdur fod menter a ffydd yn mynd law yn llaw ac mai ein braint yw 'mentro ar Iesu'; ni all ond bendithion ddeillio o fentro arno ef. Bydd ein bywyd yn gadarnach ac yn sicrach o fentro arno.

Gesyd Rhys Nicholas y groes yn ganolog i'r mentro hwnnw. Nid oes diben mentro ar Iesu heb fentro ar ei groes, oherwydd dyma a'n ceidw'n fyw.

Daw'r emyn i ben gan gyfeirio at y ffaith nad oes neb ond Iesu yn hawlio'n ffydd. Mewn oes sy'n gosod Iesu ar yr un lefel â phob proffwyd a sant arall, mae'n dda cael sicrwydd fod Iesu'n uwch na phawb drwy'r byd. Dywed yr adnod hon y cwbl wrthym: 'y mae Iesu wedi ei gyfrif yn deilwng o ogoniant mwy na Moses' (Hebreaid 3:3).

GWEDDI
Maddau ein diffyg ffydd a menter, Arglwydd. Maddau ein difaterwch a maddau ein hoerfelgarwch. Maddau'r cwbl, a boed i'th Ysbryd di ein hadnewyddu drwy Iesu Grist ein Harglwydd. Amen.

Ewch dros yr hen, hen hanes

Y Caniedydd: Rhif 823

Ewch dros yr hen, hen hanes
Am bethau'r nefol fyd:
Am Iesu a'i ogoniant,
Am Iesu a'i gariad drud:
Rhowch eiriau hawdd eu deall,
Dan gofio, plentyn wyf
Sy'n egwan a blinedig,
A'm henaid bach dan glwyf.
Byrdwn

Ewch dros yr hen, hen hanes, -
Ewch drosto'n araf iawn,
I mi gael gweld y cariad,
A'r waredigaeth lawn:
Ewch drosto'n fynych, fynych –
'R wy'n methu cofio fawr;
Cyn hanner dydd diflanna
Y gwlith oedd gyda'r wawr.
Byrdwn

Ewch dros yr hen, hen hanes,
O ddifrif, eto'n fwyn:
A chofiwch fi yw'r plentyn
Daeth Iesu er ei fwyn:
Ewch dros yr hen, hen hanes
Bob amser, os am fod
I mi'n ddiddanydd cywir
Mewn unrhyw loes all ddod.
Byrdwn

Ewch dros yr hen, hen hanes,
Os teimlwch fod fy mryd
Ar werthu f'enaid annwyl
Am bethau gwael y byd:
Ie, pan fo byd arall
Yn gwawrio arnaf fi,
Ewch dros yr hen, hen hanes –
"Mae'r Iesu drosot ti!"
Byrdwn

A. KATHERINE HANKEY
(*efel.* ELFED)

MYFYRDOD

Trosiad Elfed yw hwn o emyn A. Katherine Hankey, 'Tell me the old, old story'.

Bydd cof rhai ohonom yn eithriadol o wael o dro i dro a bydd angen ein hatgoffa o ambell addewid a wnaethom! Mae cof y Cristion, medd yr emyn, yn un pallus iawn hefyd am mai pechadur yw yntau a adferwyd drwy ras Duw.

Yn y pennill cyntaf cawn ein hannog i fynd 'dros yr hen, hen hanes' am fawredd Iesu Grist, a hynny mewn geiriau 'hawdd eu deall'. Rwy'n argyhoeddedig ein bod ni fel pregethwyr yn llawer rhy gymhleth ein geirfa yn y pulpud ac y dylem efelychu Iesu Grist yn ei ddamhegion. Mae'n hanfodol fod y gwrandawyr yn deall yr hyn a ddywedwn. Nid oes clyfrwch mewn cymhlethdod!

Anogaeth yr ail bennill yw i ni fynd dros yr hanes yn araf ac yn aml fel y gwnâi Iesu ei hun wrth ddysgu'r bobl. I'r hanes aros yn fyw yn y cof a'r galon ddynol, rhaid mynd drosto'n aml ac yn synhwyrol araf.

Yn y trydydd pennill cawn yr awdur yn ein hannog i fynd dros yr hanes mewn ffordd fwyn. Un o'm methiannau i yn yr ysgol oedd mathemateg. Ni allwn, ac ni allaf, wneud na phen na chynffon o'r pwnc. Cofiaf gael gwersi ychwanegol gyda'r nos i geisio'm goleuo, a chofiaf hefyd mor fyr ei dymer oedd yr athro oherwydd fy niffyg dealltwriaeth!

Apêl yr awdur yn nherfyn yr emyn yw i'r hanes gael ei adrodd wrthym i'n cadw rhag crwydro oddi wrth ras Duw a gwerthu ein heneidiau 'am bethau gwael y byd'. Dyna a wnaeth y Mab Afradlon – gwerthu'i fywyd mewn gwlad bell, ond diolch i'r drefn fe glywodd lais ei dad yn ei alw adref. A phan gawn ninnau ein temtio, gadewch i ni gofio cytgan gorfoleddus yr emyn hwn: 'Mae'r Iesu drosot ti!' I beth, felly, y crwydrwn i wlad bell pechod a Iesu o'n plaid? Cawsom y cwbl ynddo ef, a dylai hynny fod yn ddigon.

Mae angen ein hatgoffa drwy ailadrodd stori fawr yr iachawdwriaeth yn gyson.

GWEDDI
Diolch i ti am dy hanes yn gweithio ym mywyd y ddynoliaeth ac yn ein bywyd ni drwy Iesu Grist. Maddau i ni, Arglwydd, ein cof byrhoedlog. Atgoffa ni, os gweli'n dda, o'r cariad sydd ynot tuag atom. Amen.

Pwy mwy hoff ag Iesu Grist

Y Caniedydd: Rhif 898

Pwy mor hoff ag Iesu Grist, mor hawdd i nesu ato?
Yn ei ŵyneb annwyl Ef ni wêl rhai bychain wg;
Onid yw yn galw plant, ac yn eu derbyn eto?
Clyw bob dydd y weddi fach, "O cadw ni rhag drwg."

Carwn enw'r Iesu, molwn enw'r Iesu!
Enw penna'r nefoedd, enw tlysa'r llawr,
Carwn enw'r Iesu, molwn enw'r Iesu!
Braint yw cael ei garu'n ôl am ei gariad mawr.

Pwy mor fwyn ag Iesu Grist, mor ymarhous yn eiriol?
Gostyngedig yw o hyd, a thyner iawn ei law:
Cadwn yn ei ymyl Ef, a byddwn yn ddihangol,
Ni raid ofni neb na dim, ag Iesu Grist gerllaw.
  Byrdwn.

Pwy mor dda ag Iesu Grist, mor barod i fendithio?
Mae yn meddwl am ei ŵyn ar orsedd-fainc y nef;
Pwyswn ninnau ar ei fron ac awn yn debyg iddo,
Gŵyr y byd pwy yw y plant fu yn ei freichiau Ef.
  Byrdwn.

Pwy mor fawr ag Iesu Grist mewn cariad ac amynedd?
Yn ei ŵyneb annwyl Ef ni wêl rhai bychain wg:
Onid yw yn caru plant, a'u caru hyd y diwedd?
Rhown ein bywyd yn ei law, ac nid oes neb a'i dwg.
  Byrdwn.

EIFION WYN

MYFYRDOD

Yn yr emyn hwn o waith Eifion Wyn, gofyn yr awdur gwestiwn yn nechrau'r pedwar pennill, a'r pedwar yn cyfeirio at Iesu Grist.

  Yn y pennill cyntaf cawn y cwestiwn 'Pwy mor hoff ag Iesu Grist, mor hawdd i nesu ato?' Trwy'r Efengylau, ni allwn ddianc rhag y ffaith fod Iesu Grist yn un y gellir siarad ag ef yn rhwydd. Am hynny dylem ninnau, ei ddilynwyr, fod yn bobl y gall eraill agosáu atom a theimlo gras a chariad Duw.

Cwestiwn yr ail bennill yw 'Pwy mor fwyn ag Iesu Grist, mor ymarhous yn eiriol?' Eto yn yr Efengylau fe'i cawn yn un hynod ostyngedig a thyner at bawb. Nid yw byth yn dangos casineb at y pechadur gwaethaf; yr hyn a wna yw rhybuddio'n dyner nad yw pechod yn dderbyniol gan Dduw. Yn ei ymwneud â phobl, nid yw'n bwrw sen ar neb.

Agorir y trydydd pennill â'r cwestiwn 'Pwy mor dda ag Iesu Grist, mor barod i fendithio?' Pan ddaw gwyliau'r haf, a ninnau fel teulu'n ffoi, ymateb ambell un fydd: 'Ewch ac anghofiwch amdanom!' Yn ôl y pennill hwn, fodd bynnag, nid yw Iesu Grist yn anghofio neb: 'Mae yn meddwl am ei ŵyn ar orseddfainc y nef.' Wrth feddwl amdanynt, mae'n gweddïo drostynt ac yn eu bendithio'r un pryd.

Cloir yr emyn drwy ofyn 'Pwy mor fawr ag Iesu Grist mewn cariad ac amynedd?' Mae gan lawer ohonom ddigonedd o gariad, ond beth am amynedd? Gall amynedd gael ei drethu i'r eithaf. Ni welwyd Iesu erioed yn fyr ei amynedd gyda'r bobl a ysai i ddod ato, ac fe welwyd yr amynedd yn ymestyn i'w ben draw.

Nid oes ryfedd, o ystyried hyn oll, i Eifion Wyn gyfansoddi'r cytgan hwn i'r pedwar pennill:

> Carwn enw'r Iesu, molwn enw'r Iesu!
> enw penna'r nefoedd, enw tlysa'r llawr,
> carwn enw'r Iesu, molwn enw'r Iesu!
> braint yw cael ei garu'n ôl am ei gariad mawr.

Braint yw cael ei garu'n ôl? Ie. Pam? 'Yn hyn y mae cariad: nid ein bod ni'n caru Duw, ond ei fod ef wedi ein caru ni, ac wedi anfon ei Fab i fod yn aberth cymod dros ein pechodau' (1 Ioan 4:10).

GWEDDI

Diolch i ti am holl ryfeddod Person Iesu. Helpa ni i ymddiried ynddo ac i'n rhoi ein hunain yn ei law, oherwydd dyma'r unig law a all fendithio a thywys. Amen.

Yn wylaidd plygu wnawn

Atodiad: Rhif 773

Yn wylaidd plygu wnawn
I Frenin yr holl fyd,
Cans ti, ein Tad, sydd inni'n borth
A'n cymorth cry' o hyd.

Daethom o sŵn y byd
I'th demel dawel di
I brofi yno ryfedd rin
Y gwin a'n cynnal ni.

Cawn rhwng y muriau hyn
Fyfyrio'n hir a dwys
Am dy drugaredd di a'th ras,
A'r deyrnas fawr ei phwys.

O fewn dy dŷ, ein Duw,
Y mae tangnefedd drud
A'n nertha ni i droi yn ôl
I'r llym, herfeiddiol fyd.

Yng nghwmni teulu'r ffydd
Ymbiliwn yn gytûn
Am inni gael yr uchel fraint –
Dy gwmni di dy hun.

GWILYM R. JONES, DINBYCH

MYFYRDOD

Un o gamgymeriadau mawr *Caneuon Ffydd* oedd peidio â chynnwys yr emyn godidog hwn o waith un o hogiau Dyffryn Nantlle, y Prifardd Gwilym R. Jones. Daeth yn emyn hynod boblogaidd ar ôl ei gyhoeddi yn yr *Atodiad Llyfr Emynau a Thonau y Methodistiaid Calfinaidd a Wesleaidd* ym 1985, ond caewyd y drws yn glep rhag iddo ymddangos yn *Caneuon Ffydd*.

Mae'n emyn sy'n hoelio'n sylw yn y pennill cyntaf ar yr addolwr yn plygu glin yn y demel ac yn cydnabod mai 'ti, ein Tad, sydd inni'n borth' a 'chymorth cry' o hyd'. Ac ni ellir wrth well agoriad i addoliad.

Pan ddown ynghyd mewn addoliad, down yno o sawl cyfeiriad a phrofiad, ac nid oes amheuaeth o gwbl na phrofwn gynhaliaeth wrth wrando'r Gair ac ymuno mewn gweddi a mawl. Cawn fyfyrio, chwedl Paul, 'ar y pethau nid ydynt', ac yn nhangnefedd yr addoliad, ac ie, yr addoldy, y mae gwneud hynny. Hyd yn oed pan na chynhelir oedfa mewn addoldy, nid yw'n ddim i mi a sawl un arall droi i mewn, eistedd a threulio amser yn meddwl am Dduw a'i deyrnas ac yn cymryd stoc o'n bywydau. Onid aeth bywyd yn rhuthr enbyd? Bron na ddywedwn fod bywyd yn ei gyfanrwydd bellach yn un rhuthr carlamus o'r naill le i'r llall, a neb â fawr o amser i eistedd, ymlacio a meddwl bod mwy i fywyd na'r hyn a wnawn yn ddyddiol. Mor ddymunol ydoedd pan agorid drysau eglwysi bob dydd. Nid yw hynny'n bosibl erbyn hyn, wrth gwrs.

Pwrpas addoliad, fel y nodwyd, yw peri i ni feddwl, ymdawelu a myfyrio, a diben hynny yw ein galluogi i wynebu bywyd. Henry Drummond a ddywedodd mai lle yw'r deml i fynd iddo er mwyn byw hebddo. A dywedodd galon y gwir. Trown yn ôl i'r 'llym, herfeiddiol fyd' â'r tangnefedd drud hwnnw y sonia Gwilym R. amdano. Ac felly, yng ngoleuni hynny, ni ddylid byth wahanu'r sanctaidd a'r seciwlar. Y mae bywyd yn un. Awn â'r Eglwys allan i'r byd fel y daethom â byd a bywyd yn ei gyfanrwydd i mewn i'r Eglwys a'i osod wrth droed y groes ac yng ngoleuni'r groes.

Gweddi fawr yr awdur yn y pennill olaf yw cael cwmni Duw ei hun drwy bopeth a wnawn yn y cysegr a thu hwnt. Hebddo ef, annigonol fyddai pob oedfa, a chwbl annigonol ac amherthnasol fyddai bywyd.

GWEDDI

O plygwn bawb ei lin
o flaen ein Brenin mawr;
addolwn ef, ein dyled yw,
'rŷm arno'n byw bob awr.
(Gwilym Hiraethog)

Ein braint, Arglwydd, yw plygu ger dy fron i dderbyn dy arglwyddiaeth. Diolch i ti am oedfa a'i chynhaliaeth; diolch i ti am deml a'i thangnefedd; diolch i ti am dy bobl a'u tystiolaeth. Ond yn fwy na hynny oll, diolch i ti am roi pwrpas i'r cwbl yn Iesu Grist. Amen.

O! tyred, Arglwydd Iôr

Atodiad: Rhif 801

O! tyred, Arglwydd Iôr,
I'n neithior ni;
Di-hwyl ein gŵyl i gyd
Heb d'Ysbryd di;
Ar dafod ffraeth y plant
Y sant fo'n fawr ei sôn,
A'r heniaith yn ddi-glwy'
O Fynwy i Fôn.

Gwna'n cariad at ein gwlad
Yn gariad gwir,
Anwylwn fryn a dôl
O'n dethol dir;
Pob lle y sango'n troed
O! boed yr Iesu'n ben;
Na ddeued cysgod pla
I Walia wen.

Boed Dewi ar ei ddydd
Yn ddedwydd iawn,
A chainc y delyn lon
Yn llifo'n llawn;
Rhag bri pleserau rhad
A brad y llwybrau hawdd,
Breswylydd mawr y berth,
Rho nerth a nawdd.

BERLLANYDD

MYFYRDOD

Pan symudasom fel teulu o Gemaes, Môn ym 1977, o Gapel Coffa Cyffordd Llandudno ac Ebeneser, Hen Golwyn a Bethel, Penmaenrhos y daeth galwad i'm tad. Yn Hen Golwyn y cyfnod hwnnw caed rhai o gewri'r pulpud a'r genedl Gymreig yn byw. Un ohonynt oedd y diweddar Barchedig Lewis Valentine, gweinidog amlwg gyda'r Bedyddwyr, Cristion, heddychwr, bardd, a Chymro i'r carn. Un arall oedd y diweddar Barchedig W. Berllanydd Owen, cyn-weinidog yr Annibynwyr yn Hen Golwyn, ac o deyrnged bersonol iddo ef y cynhwysir ei emyn gwladgarol yn y gyfrol hon. Dyma'r unig emyn o'i waith gyda llaw, a gynhwyswyd yn ein casgliadau emynyddol. Digon yw dweud bod emyn gwladgarol Lewis Valentine wedi hen ennill ei blwyf yn ein plith.

Emyn ar gyfer Gŵyl ein Nawddsant yw hwn gan Berllanydd Owen, ac ym mhennill cyntaf yr emyn, cawn y gyffelybiaeth honno o fyd gwledda sy'n gwbl addas o gofio ein harfer o ddathlu'n Cymreictod ar 1 Mawrth. Hyderaf fod ein cariad at ein cenedl yn parhau am weddill y flwyddyn! Hefyd yn y pennill noda Berllanydd yn glir iawn mai ofer fydd ein dathlu a'n llawenydd os na fydd Ysbryd Duw yn ganolog iddo; wedi'r cyfan, Duw ei hun a greodd bob cenedl, ac yr ydym ninnau, chwedl Emrys ap Iwan, 'yn genedl trwy ordeiniad Duw'. A'r weddi ddilynol yn y pennill yw ar i blant fwynhau sôn am Dewi Sant, ac i'n hiaith barhau yn 'ddi-glwy' disathr'. Nid oes dim yn waeth na gwrando ar iaith sathredig. Mae inni berl o iaith a chyfoeth o dafodieithoedd. Gadewch i ni wneud y defnydd gorau posibl ohonynt.

Â ymlaen yn yr ail bennill i nodi mor bwysig ydyw i ni garu ein gwlad yn ddidwyll, a dywed ei bod yn iawn i ni anwylo pob rhan ohoni – ei mynyddoedd a'i bryniau, ei moroedd a'i hafonydd – ond i ni gofio mai eiddo Iesu Grist ydyw. A bydd ef a'i lendid yn cadw 'Gwalia wen' yn rhydd rhag cysgod pla.

Yn y pennill olaf gofyn yr awdur beth fyddai Dewi yn ei feddwl heddiw o'r dydd a neilltuwyd iddo? A fyddai'n hapus ein bod yn dathlu ein Cymreictod ar ei ddydd? A allai chwarae rhan effro yn y dathlu? A fyddai Dewi yn hapus â ni'r Cymry heddiw? Cwestiynau yw'r rhain i ni eu hystyried. Rhown y gair olaf i Eseia a'u cymhwyso at y Gymru gyfoes: 'Y mae eich gwlad yn anrhaith, eich dinasoedd yn ulw, a dieithriaid yn ysu eich tir yn eich gŵydd; y mae'n ddiffaith fel Sodom ar ôl ei dinistrio. Gadawyd Seion fel caban mewn gwinllan, fel cwt mewn gardd cucumerau, fel dinas dan warchae' (Eseia 1:7–8).

GWEDDI

> O deued dydd pan fo awelon Duw
> yn chwythu eto dros ein herwau gwyw,
> a'r crindir cras dan ras cawodydd nef
> yn erddi Crist, yn ffrwythlon iddo ef,
> a'n heniaith fwyn â gorfoleddus hoen
> yn seinio fry haeddiannau'r addfwyn Oen.
> > (Lewis Valentine)

Amen.

Mi ddawnsiais y bore pell

Atodiad: Rhif 884

Mi ddawnsiais y bore pell
Pan grewyd y byd,
Ac mi ddawnsiais dan leuad
A'r haul, a'r sêr i gyd:
A disgynnais o'r nefoedd draw
I ddawnsio'n ffri,
Ym Methlehem
Y ganwyd fi.

Cytgan:
Dawnsiwch yn llawen iawn eich
llef,
Fi ydyw Arglwydd y Ddawns,
medd ef:
Deuwch ar fy ôl yn llawen iawn
eich llef
Canys fi yw Arglwydd y Ddawns,
medd ef.

Mi ddawnsiais i Phariseaid
Culion a chas,
Ond ni ddawnsien nhw ddim
Er eu cymell, wŷr di-ras.
Ac mi ddawnsiais i ddau bysgotwr
Ar lan y môr,
A daeth y ddau
I ddawns yr Iôr.

Cytgan:

Mi ddawnsiais ar Sabath
Er mai sanctaidd y dydd,
Ac mi wnes i ddyn cloff
Fedru rhodio'n gwbwl rydd;
Ac fe'm chwipiwyd am hynny
Gan fy ngadael mewn loes
I farw'n hongian
Ar y groes.

Cytgan:

Mi ddawnsiais ddydd Gwener
Ar y tywyll brynhawn;
Pan fo'r diafol ar dy gefn
Mae'n anodd dawnsio'n iawn:
Ac fe'm claddwyd i wedyn
Yn y bedd dan y maen –
Er hynny aeth
Y ddawns ymlaen.

Cytgan:

Fe fethodd cadwynau'r bedd
Â'm dal yno'n hir,
Canys fi ydyw'r bywyd,
Byw fyddaf byth, yn wir:
Ac fe bery y ddawns
O fewn eich calon, mi wn,
Os dewch ar f'ôl
Drwy'r byd mawr, crwn.

Cytgan:

SYDNEY CARTER
(*Cyf.* R. GWILYM HUGHES)

MYFYRDOD

Pa mor bwysig oedd dawnsio yn y Beibl? Mae'n ddiddorol sylwi bod yr Iddew wrth ei fodd yn dawnsio i fynegi'i lawenydd. Cynhaliwyd dawns, er enghraifft, i ddiolch i Dafydd pan laddodd Goliath! Gwirionodd y merched a bu iddynt ddawnsio'n llawen. Ceir yr hanes hwnnw yn ail lyfr Samuel. Yr arfer fyddai dawnsio yn yr awyr agored. Byddai dynion yn dawnsio hefyd, ond ni cheir yr un enghraifft yn y Beibl o ferched a meibion yn dawnsio gyda'i gilydd. Da cofio hefyd mai mewn cyd-destun crefyddol y cynhelid dawnsfeydd, yn hytrach na mewn cyd-destun cymdeithasol.

Yng Nghymru, yn arbennig yn amser y gwahanol ddiwygiadau crefyddol, cysylltid dawnsfeydd â phaganiaeth, ac onid parddu'o'r ddawns a wnaethpwyd yng nghyfnod Ann Griffiths yr emynydd? Ond mae'r Cymry wedi callio bellach ac mae dawnsio wedi dod yn ffordd gyffredin o foliannu Duw mewn sawl traddodiad crefyddol ac yn arwydd o ryddhad Cristnogol. Ac mae gennym ddigon o sail i hynny yn y Salm olaf: 'Molwch ef â thympan a dawns' (Salm 150:4).

Gall y Cristion ddawnsio mewn llawenydd yn holl amgylchiadau bywyd, ac nid oes angen cymryd y gair *dawnsio* yn llythrennol.

Gwnaeth y diweddar Barchedig R. Gwilym Hughes gymwynas fawr â ni drwy gyfieithu emyn Sydney Carter, 'Lord of the Dance'.

Iesu yw'r dawnsiwr yn yr emyn. Dawnsiodd mewn llawenydd wrth gofio am ei eni ym Methlehem; dawnsiodd gerbron y Phariseaid 'culion a chas'; dawnsiodd i 'ddau bysgotwr ar lan y môr'. Dawnsiodd ar y 'Sabath er mai sanctaidd y dydd'. Dawnsiodd hyd yn oed ar brynhawn tywyll y Gwener hwnnw ac, wrth gwrs, ar fore'r atgyfodiad gan chwerthin ar bwerau'r tywyllwch.

Ergyd olaf y penillion yw y gall Iesu Grist blannu'r ddawns ynom ni ymhob cyfnod. Ond onid aethom ninnau, fel y Phariseaid, yn negyddol a thywyll ac anobeithiol gan wrthod dawnsio? Byddaf bob amser yn falch o gyfarfod â phobl sy'n gweld yr ochr olau i bopeth. Maent yn sirioli bywyd ac yn ei lonni.

Tua dechrau wythdegau'r ugeinfed ganrif, agorwyd cartref preswyl newydd i'r anabl yng Nghyffordd Llandudno, o fewn tafliad carreg i'r Capel Coffa lle y digwyddai fy nhad fod yn weinidog ar y pryd. Enw'r cartref oedd Plas Tre Marl. Bu cyswllt agos rhwng y cartref hardd hwnnw a'r Capel Coffa gan mai pennaeth cyntaf y cartref oedd Bethan, merch y diweddar Barchedig Trebor Roberts, Porthmadog. Trefnwyd rhwng y cartref a'r capel i gyrchu rhai o'r preswylwyr i'r oedfaon bob Sul, a chan fod nifer ohonynt yn bobl ifanc mewn cadeiriau olwyn, cynigiodd nifer ohonom ein help. Un o'r bobl hynny a ddeuai'n rheolaidd i'r oedfaon oedd Fiona Rowlands, merch lawen iawn o Gaergybi. Roedd Fiona wedi bod yn gaeth i'w chadair ers dyddiau plentyndod, ond nid oedd dim a allai ei rhwystro rhag ymuno ym mhopeth. Un flwyddyn, ychydig ddyddiau cyn y Nadolig, cynhaliwyd te parti'r Ysgol Sul gyda'r nos yn festri'r Capel Coffa. Fy nhro i ydoedd i gyrchu preswylwyr y cartref i'r digwyddiad. Euthum i nôl Hefina, un arall o'r preswylwyr, a ddeuai yn wreiddiol o'r Parc ger y Bala ac a fu'n eithriadol o ffyddlon i'r achos hyd ei marwolaeth ym 1988. Yna, wedi gofalu bod Hefina'n ddiogel yn y festri, dyma fentro i gyrchu Fiona. Yr hyn sy'n allweddol i'w gofio yn y stori hon yw iddi fod yn bwrw eira'n drwm beth amser ynghynt a bod y ddaear y tu allan ynghudd dan y gorchudd gwyn. Wrth i mi lywio Fiona drwy'r eira o Blas Tre Marl i gyfeiriad y capel, aeth y gadair i dwll yn y ffordd. Roeddwn i'n ddianaf, ond roedd Fiona druan wedi llithro o'r gadair. Daeth help o'r cartref a buan y sylweddolwyd bod Fiona mewn cryn boen a'i bod o bosibl wedi torri ei choes fregus. Cadarnhawyd hynny maes o law. Roeddwn i, wrth gwrs, yn teimlo'n ofnadwy. Er pob perswâd, methwyd â chadw Fiona draw o'r parti. Mynnodd ddod yng nghanol ei phoen a dywedodd wrthyf yn gyson: 'Paid â phoeni, Iwan bach, dw i'n OK!' A hithau wedi torri'i choes! Dyna wers i ni mewn gweld yr ochr olau i bopeth, ynte? Ac i ddawnsio a mwynhau drwy'r cwbl! Ni all disgybl i Iesu beidio â gwneud hynny.

GWEDDI
Diolch i ti am lawenydd diddiwedd yr Efengyl; am i Iesu ddangos llawenydd drwy bopeth ac am ei gariad at bawb. Helpa ninnau i wneud yr un peth yn ei enw. Amen.

Cais yr Iesu mawr gennym ni o hyd

Atodiad: Rhif 923

Cais yr Iesu mawr gennym ni o hyd
Megis lampau bychain deg oleuo'r byd;
Tywyll yw'r holl ddaear, felly gwnaed pob un
Bopeth i oleuo ei gylch ei hun.

Cais yr Iesu mawr gennym ar ei ran
Ef ei hun oleuo, er nad ŷm ond gwan;
Tremia ef o'r nefoedd, ac fe wêl bob un
Fyddo yn goleuo ei gylch ei hun.

SUSAN WARNER
(cyf. AP IONAWR)

MYFYRDOD

Cyfieithiad o emyn Saesneg cyfarwydd Susan Warner 'Jesus bids us shine' yw hwn gan Ap Ionawr. Bu'r emyn gwreiddiol yn hynod boblogaidd yn y cyfnod a fu, am y rheswm ei fod yn emyn mor syml ei drawiad ac yn emyn nad yw'n cymhlethu dim ar ein tystiolaeth Gristnogol.

Yr ydym oll i fod yn oleuni'r byd, yn union fel yr anogodd Iesu Grist ei ddisgyblion i fod yn 'oleuni'r byd' (Mathew 5:14). Lampau bychain, ie, oherwydd Iesu yw'r Goleuni Mawr, ond lampau er hynny. O edrych ar bentref y Brithdir ym Meirionnydd o'i waelod, gwelir yn glir ei fod ar siâp T. Wrth ddringo i fyny o'r gwaelod saif nifer o dai ar y llaw chwith, ac yn un o'r tai hynny, Tegfryn, y bûm i'n byw am chwe blynedd cyntaf fy ngweinidogaeth, o 1987 hyd 1993. Cyfnod rhyfeddol o hapus oedd hwnnw, a Thegfryn yn gartref delfrydol ei leoliad. Wedi cyrraedd rhan uchaf y pentref, gellir troi i'r chwith a chyrraedd clwstwr o dai a neuadd y pentref, neu droi i'r dde a chyrraedd capel yr Annibynwyr. Yn nhywyllwch fy noson gyntaf yn Nhegfryn sylweddolais nad oedd goleuadau stryd yng ngwaelod y pentref, yn wahanol i'r rhannau eraill. Buan iawn y deuthum i ddeall bod trigolion gwaelod y pentref wedi gwrthwynebu cynllun i osod goleuadau. Ymhen cwta dair blynedd, codwyd y mater eto ac wele, O Drugaredd Fawr, gosodwyd lampau i oleuo'r gwaelod! Cofiaf yn dda edifeirwch y cynwrthwynebwyr, ond cofiaf hefyd eu diolchgarwch am y goleuadau yn y diwedd. Deuent ymlaen heb i neb orfod cario fflachlamp na chadw goleuadau'r tai ynghynn. Dyma'r Cristion, y mae i 'oleuo ei gylch ei hun' heb i neb orfod ei annog i wneud hynny. Mae'r Cristion, medd yr emynydd, yn gweld tywyllwch ac yn synhwyro'r tywyllwch, ie, ar garreg ei ddrws, ac mae'n gwneud ei orau glas i oleuo'r ffordd ymhob ystyr i bwy bynnag sy'n tramwyo o'i gwmpas.

Trasiedi enbyd yw i Gristion, o bawb, wrthod neu fethu goleuo tywyllwch yn hanes rhywun arall, beth bynnag fo maint y tywyllwch hwnnw. Un ddameg o eiddo Iesu Grist a ddylai godi arswyd ar bob Cristion yw honno sy'n cyfeirio at Farnu'r Cenhedloedd. Daw'r ddameg i ben gyda geiriau Iesu, gobeithio, yn diasbedain yn ein clustiau a'n calonnau: 'Yn wir, rwy'n dweud wrthych, yn gymaint ag i chwi beidio â'i wneud i un o'r rhai lleiaf hyn, nis gwnaethoch i minnau chwaith' (Mathew 25:45).

Mae'n gyfrifoldeb arnom i oleuo'r ffordd i bawb, a gwneud hynny weithiau yn ddigwestiwn ac yn sicr yn ddifeirniadaeth. Pan bwyntiwn ni fys at rywun arall, cofier bod pedwar bys yn pwyntio'n ôl atom!

GWEDDI

Arglwydd Iesu, dysg im gerdded
drwy y byd yn ôl dy droed;
'chollodd neb y ffordd i'r nefoedd
wrth dy ganlyn di erioed:
mae yn olau
ond cael gweld dy ŵyneb di.

(Elfed)

Amen.

Clodforwn di, O Dduw

Mawl yr Ifanc: Rhif 7

Clodforwn Di, O! Iesu,
Am Ysgol Sul ein gwlad -
Yr Ysgol sy'n cyfrannu
Ei haddysg inni'n rhad.
Mawrygwn lafur helaeth
Ein tadau erddi hi,
I'w rhoddi'n etifeddiaeth
Gyfoethog deg i ni.

Yn nyddiau ein plentyndod,
Cymerodd ni'n ei chôl,
I'n dysgu i'th adnabod
A cherdded ar dy ôl.
Agorodd ein meddyliau
I werth dy eiriau pur,
A golud y grasusau
Tragwyddol, sy'n dy gur.

Mae'n galw heddiw'n ddyfal
A'r Beibil yn ei llaw;
Paham mae plant ei gofal
Yn chwennych crwydro draw?
Ti, Iesu, a'n henynno
I'w chodi i fawrhad;
Na ddoed y dydd pan ballo
Ei bendith fawr i'n gwlad.

GEORGE REES, 1873-1950

MYFYRDOD

Emyn yn diolch am yr Ysgol Sul yw hwn o waith George Rees. Roeddwn eisoes yn gyfarwydd â phennill Roger Edwards, 'Am yr ysgol rad Sabothol', ond ni ddaeth emyn George Rees i'm sylw tan yn gymharol ddiweddar.

Cytunwn yn llwyr am ddylanwad yr Ysgol Sul ar ein gwlad yn y cyfnod a fu. O ddyddiau Griffith Jones, Llanddowror, a'i Ysgolion

Cylchynol, bu'r Ysgol Sul yn gyfrwng i gyfrannu addysg rad i'n gwlad. Arf bwysicaf yr Ysgol Sul, medd George Rees, yw'r Beibl. Erbyn hyn, wrth gwrs, mae nifer o werslyfrau diddorol wedi'u cyhoeddi ar ei chyfer, ond y Beibl yw sylfaen y cwbl o hyd.

Yr hyn a wnaf drwy'r ychydig sylwadau hyn yw procio'r meddwl drwy gyfrwng pedair llinell olaf yr emyn:

> Ti, Iesu, a'n henynno
> i'w chodi i fawrhad;
> na ddoed y dydd pan ballo
> ei bendith fawr i'n gwlad.

A yw dydd yr Ysgol Sul fel y'i cofiwn wedi dod i ben? Mae gan yr Annibynwyr 26 o eglwysi yn Llŷn ac Eifionydd ar hyn o bryd, a saith ohonynt yn cynnal Ysgol Sul. Stori gyfarwydd? Ie, ond stori drist. Y gwir amdani yw fod y Sul ei hun wedi newid cymaint, er gwell neu er gwaeth. Aeth y Sul bellach yn Sadwrn, ac yn ddiwrnod i deuluoedd ymweld â pherthnasau a ffrindiau. A'r gwir amdani hefyd yw fod rhieni yn gweithio ar y Sul – rhywbeth na ddigwyddai yng nghyfnod fy mhlentyndod i. Hefyd daeth cystadlaethau pêl-droed a rygbi yn hynod boblogaidd, yn arbennig yn y trefi a'r dinasoedd. Tuedd ddiweddar yw rhoi'r bai ar y gwirio sydd bellach yn ofynnol, a bod yr ysgolion Sul wedi diflannu oherwydd hyn. Os yw dyfodol a lles ein plant yn bwysig i ni, mater bach iawn yw cymryd ein gwirio, ac ar y mater hwn safaf yn hollol gadarn o'i blaid yn nyddiau'r cam-drin erchyll ar blant ac oedolion bregus.

Nid oes diben mynd i flagardio a dweud y drefn am na wnaiff hynny ddim gwahaniaeth i lwyddiant ein hysgolion Sul. Mae angen dechrau sylwi ar y ffordd y dena cymdeithasau eraill bobl ifanc i'w corlannau a cheisio'u hefelychu. Onid yw'n bryd, efallai, i ni ddileu yr enw 'Ysgol Sul' a newid yr amser y'i cynhelir? Beth bynnag a wnawn, rhaid cofio hyn: Iesu Grist a ddylai ddod yn uchaf ar agenda pob clwb Cristnogol. Wel dyna enw da!

GWEDDI

Diolch i ti, Arglwydd, am waith yr Ysgol Sul yn y gorffennol. Helpa ni i gofio'i newydd-deb pan ymddangosodd gyntaf. Gwna ninnau'n arloeswyr heddiw i ddiogelu dyfodol Cristnogol ein plant yn Iesu Grist. Amen.

I mi fy nerw ffon yw ffydd

Mawl yr Ifanc: Rhif 45

I mi fy nerw ffon yw ffydd,
fe gâr pob teithiwr hon;
mae'n arf i'w meddu ym mhob cad,
fy nghleddyf yw fy ffon.
A chyda hi ymlaen yr af,
mewn gair a meddwl nerth a gaf,
Er rhwystrau lu parhau a wnaf
heb ofn na braw i'm bron.

Fy Mhen Tywysog, ar ei ôl
canlynodd dynol-ryw;
pa un ai craig sydd dan eu traed
ai porfa welltog yw,
ymlaen yr aethant hwy drwy ffydd,
o bleser byd a'i boen yn rhydd,
ymlaen i wawr tragwyddol ddydd
eu gyrfa gyda Duw.

I mi fy nerw ffon yw ffydd,
fe'm cynnal hyd fy medd;
fy ffydd, i goncro pob rhyw frad,
sydd imi'n loyw gledd!
Dy Ysbryd, Arglwydd, rho i mi,
boed arnaf byth dy ddelw Di;-
sef gras a grym y dorf ddi-ri'
o saint sy'n awr mewn hedd.

Cyf. WILLIAM MORRIS. 1889-1979.

MYFYRDOD

Un o feirdd amlwg yr ugeinfed ganrif oedd y diweddar Barchedig William Morris, gweinidog Seilo, Caernarfon, a brodor o Flaenau Ffestiniog. Yn y cyfieithiad hwn o waith rhyw fardd anhysbys gwna ddefnydd helaeth o'r gair 'ffon' i gario neges yr emyn adref.

Caiff un o'm haelodau yn Salem, Porthmadog, Arthur Edwards, bleser pur yn creu ffyn o bob maint a ffurf, a dotiais wrth wrando arno unwaith yn traethu'n frwd am yr amrywiaeth o bren a ddefnyddir. Ond rwy'n berffaith sicr na cheir un pren cadarnach na derw, a dyna pam y mae William Morris yn yr emyn hwn yn cyffelybu ffydd i ffon dderw. Yn y Beibl ceir sawl cyfeiriad at ffyn – ffyn i guro a ffyn i bwyso arnynt. Ond ffon i bwyso arni yw delwedd yr awdur yn yr emyn hwn, a thanlinella bwysigrwydd ffydd ymhob sefyllfa a'r ffaith na all dim ein rhwystro pan fydd gennym ffydd: 'Er rhwystrau lu parhau a wnaf heb ofn na braw i'm bron.' Dyna'r awdur yn agor ei fater, fel petai, yn y pennill cyntaf.

Yn ddiddorol iawn, nid amlygir sylfaen y 'ffon' neu'r ffydd – Iesu Grist – tan yr ail bennill. Defnyddir yr ymadrodd 'Pen Tywysog' i ddisgrifio Iesu er mwyn cyfleu'r ffaith mai ef sydd ar flaen y gad, a bod pobl ar hyd y canrifoedd wedi dilyn y Tywysog Tangnefedd hwn yn y frwydr yn erbyn drygioni. Oni cheir yma adlais o'r adnodau hyn, ac yn yr adnodau, her i ninnau: 'Am hynny, gan fod cymaint torf o dystion o'n cwmpas, gadewch i ninnau fwrw ymaith bob rhwystr, a'r pechod sy'n ein maglu mor rhwydd, a rhedeg yr yrfa sydd o'n blaen heb ddiffygio, gan gadw ein golwg ar Iesu, awdur [Pen Tywysog yn yr Hen Gyfieithiad] a pherffeithydd ffydd' (Hebreaid 12:1–2)? Eu ffydd ynddo ef oedd eu hunig ganllaw i wynebu bywyd yn ei holl amrywiaeth, a ffydd yn unig a all ein cadw ninnau rhag digalonni yng nghanol brwydrau cyfarwydd bywyd.

Yn y pennill olaf tanlinella William Morris mai ffydd yw'r unig arf a all ein cynnal ar hyd ein hoes. Clywn am wledydd sydd wrthi'n ddyddiol yn brwydro mewn ffydd yn erbyn anghyfiawnder cymdeithasol. Nid oes raid i ni frwydro i'r graddau hynny, ond ceir rhai yn Ne Affrica heddiw sy'n brwydro'n ddyddiol gyson. Gorfu i ninnau'r Cymry frwydro dros ein hunaniaeth. Heddiw, mae cynnal y dystiolaeth Gristnogol yng Nghymru yn frwydr barhaus. Teimlwn ein hunain yn cael ein taflu o don i don yn gorfod brwydro yn erbyn hyn, llall ac arall. Fel eglwysi, er enghraifft, rhaid i ni frwydro â chymdeithasau eraill sy'n cynnal gweithgareddau ar y Sul, a theimlwn yn ddiymadferth. Ond, yn enw Crist, ein braint yw dal i frwydro.

GWEDDI

O Ben Tywysog, diolch i ti am frwydro drosom ymhob modd. Helpa ni i frwydro dros dy achos heddiw yn ein byd, a ffydd yn ffon i'n harwain a'n hysgogi. Gad i ni gofio bod ffydd yn frwydr barhaus. Gofynnwn felly am dy gynhaliaeth. Amen.

Hoff yw canu am y Ceidwad

Mawl yr Ifanc. Rhif 146

Hoff yw canu am y Ceidwad
aned draw ym Methlem dref;
O! na wyddai pawb amdano -
Cyfaill plant y byd yw Ef.

Daeth o'r nef bob cam i'w cadw,
y mae eto fyrdd a mwy
sydd heb wybod am ei eni, -
ewch â'r newydd iddynt hwy.

Mae'n eu caru hwy fel ninnau,
a bu farw er eu mwyn;
Onid yw ei enw arnynt,
maent o rif ei annwyl ŵyn.

Ewch â'r hanes tlws am Iesu
dros y moroedd, drosom ni;
canwn ninnau am ei gariad,
a gweddïwn drosoch chwi.

EIFION WYN. 1867-1926

MYFYRDOD

Byddai'n rhyfedd iawn, a minnau'n weinidog ar eglwys Salem, Porthmadog, pe na bawn yn cyfeirio at Eliseus Williams, neu Eifion Wyn, un o feirdd amlycaf Cymru a fagwyd yn yr eglwys. Gwyddom oll am emynau megis 'Un fendith dyro im', 'Efengyl tangnefedd' a 'Dod ar fy mhen', ond at emyn a hepgorwyd o'r casgliadau diweddar y trof yn y myfyrdod hwn.

Yn rhan gyntaf y ganrif ddiwethaf roedd yn ffasiynol iawn i rai emynwyr lunio emynau cenhadol eu natur. Hyd y gwn, dyma'r unig emyn cenhadol o eiddo Eifion Wyn.

Sail yr emyn yw genedigaeth Iesu Grist, a rhaid cofio, wrth gwrs, iddo gael ei gyfansoddi mewn cyfnod pan oedd yr hanes am eni'r Iesu yn gyfarwydd yng Nghymru i bobl o bob oed, gan gynnwys plant.

Ni all neb ddarllen yr emyn heb sylwi ar ogwydd yr awdur, sef ein bod ni yng Nghymru, bryd hynny, yn gwybod yr holl hanesion am Iesu, ond bod rhai mewn gwledydd eraill yn gwybod dim amdano. Wrth gwrs, emyn ei gyfnod ydyw, ac yr oedd y Genhadaeth Dramor yn bwysig iawn i eglwysi o bob enwad ar y pryd. Yng nghyfnod fy mhlentyndod i, er enghraifft, roedd y Genhadaeth honno'n eithriadol o bwysig. Cofiaf yn dda am y blwch glas a osodwyd ar silff yn y tŷ, a bod disgwyl i mi 'roi rhwbath yn y bocs glas' bob prynhawn Sul ar ôl cinio! Â Eifion Wyn ymlaen yn ei emyn i nodi'n glir, er na wyddent y nesaf peth i ddim amdano, fod Iesu'n eu 'caru hwy fel ninnau' ac iddo farw er eu mwyn hwy hefyd. Gwna Eifion Wyn gymwynas fawr drwy nodi bod Duw yn Iesu Grist yn caru pawb, fel y mynegwyd yn Efengyl Ioan: 'Do, carodd Duw y byd gymaint nes iddo roi ei unig Fab, er mwyn i bob un sy'n credu ynddo ef beidio â mynd i ddistryw ond cael bywyd tragwyddol' (Ioan 3:16).

Mae'n anhygoel meddwl am yr holl bobl a aeth allan i wledydd pell a thlawd i genhadu dros Iesu. Bu Eglwys Bresbyteraidd Cymru ar flaen y gad yn anfon cenhadon i wahanol wledydd yn y ganrif ddiwethaf. Bu'r enwadau eraill wrthi hefyd, ond ar raddfa ychydig yn llai. Beth oedd yr amcan? Yr amcan, wrth gwrs, oedd ymateb i gomisiwn Iesu i'w ddisgyblion: 'Ewch i'r holl fyd a phregethwch yr Efengyl i'r greadigaeth i gyd' (Marc 16:15). Adlewyrchir y comisiwn hwnnw ym mhennill olaf y bardd o Borthmadog:

> Ewch â'r hanes tlws am Iesu
> dros y moroedd, drosom ni;
> canwn ninnau am ei gariad,
> a gweddïwn drosoch chwi.

Bu newid chwyrn ers cyfansoddi'r emyn. Nid 'dros y moroedd' y mae'r anwybodaeth am Iesu bellach, ond yn ein gwlad ein hunain. Aeth Cymru'n faes cenhadol ers degawdau, ac onid yw'n syndod mor amharod ydym weithiau i dderbyn pobl o wledydd eraill i'n gosod ni ar y llwybr union?

GWEDDI

Diolch i ti, O Dduw, am bawb a fentrodd i gyhoeddi'r Efengyl i bedwar ban byd a gorfod wynebu pob math o greulonderau. Diolch i ti am eu hymroddiad. Maddau i ni ein hoerfelgarwch a'n hamharodrwydd i dderbyn eraill yn ôl atom i'n cynorthwyo yn y gwaith yma yng Nghymru, y maes cenhadol bellach. Amen.

O! Dad, drwy f'oes fe'm porthaist i

Llawlyfr Moliant Newydd: Rhif 63

O! Dad, drwy f'oes fe'm porthaist i,
Ni welais eisiau dim;
Bob bore dy fendithion Di
A ddaw o newydd im.

Ni allaf fesur maint dy rad
A ddaw o'r nef i lawr,
Na diolch digon byth, O! Dad,
Am dy ffyddlondeb mawr.

Dy drugareddau tyner yw
Na ddarfu amdanaf fi;
Dod eto gymorth gras i fyw
Bob dydd i'th ddangos Di.

GEORGE REES

MYFYRDOD

Bu gwraig o'r enw Elizabeth Koetlisi o Lesotho yn ne Affrica yn aros gyda ni yn y fro hon yn 2009. Daeth o ganol tlodi'r wlad honno i ganol cyfoeth ein gwlad ni. Ni wn a allwn ni wir amgyffred y newyn a oedd mor gyfarwydd iddi hi a'i chyd-frodorion. Digon yw dweud iddi gael ei chyfareddu gan gyfoeth gogledd Cymru, ac nad oedd yn fyr o fynegi hynny wrthym.

Yn yr emyn syml hwn o waith George Rees, Prestatyn, cawn ein hatgoffa o'r digonedd a gawn yn ein bywydau bras. Mynega'r awdur, yng ngeiriau Llyfr Galarnad Jeremeia (3:23), mor gyson y disgyn bendithion yr Arglwydd: 'Y maent yn newydd bob bore, a mawr yw dy ffyddlondeb.' Meddylier am y trugareddau a gawn yn ddyddiol – bara a llefrith ffres, papurau newydd a llythyrau drwy'r post – a'r cyfan yn ganlyniad i waith prysur rhywrai dros nos i sicrhau digonedd i bawb yn y bore. Oni chymerwn y pethau hyn yn gwbl ganiataol, fel pe baent i fod i'n cyrraedd? Nid oes raid i ddim ein cyrraedd, ond cyrraedd a wnânt, diolch i'r rhai sydd wrthi'n nosweithiol-blygeiniol. A dweud y gwir, mae'n amhosibl eu rhifo'n llawn. Meddylier faint o siopau sydd i'w cyflenwi, faint o dai sydd i'w cyrraedd, a faint o lythyrau, biliau a chardiau sydd i'w dosbarthu!

Cydnebydd yr awdur mai Duw ei hun sy'n gyfrifol am y cyflenwad diddiwedd a grasol a dderbyniwn o ddydd i ddydd. Duw sy'n sicrhau bod pob olwyn yn troi ymhob ystyr, oherwydd ynddo ef yr ydym yn 'byw, symud a bod'.

Oherwydd hyn i gyd, ein braint ni yw dangos daioni Duw ymhob ystyr wrth i ni ymwneud â'n gilydd: ei ddangos yn ein meddwl, ei ddangos mewn gair, a'i ddangos hefyd mewn gweithred. Nid tynnu sylw atom ein hunain yw pwrpas gweithredoedd da ond dyrchafu Duw. Rhoddodd Iesu Grist rybudd digon clir i'w ddisgyblion cynnar: 'Pan fyddi di'n rhoi elusen, paid â chanu utgorn o'th flaen' (Mathew 6:2). Flynyddoedd yn ôl bellach, cefais wersi gan Arthur Vaughan Williams ar organ capel Seion, Llanrwst. Wrth ymarfer ryw ddydd, defnyddiais y stopyn 'Trumpet' yn rhy aml wrth chwarae darn ar yr organ. Gwaeddodd Arthur Vaughan dros y capel: 'Rho'r *trumpet* 'na i mewn, Iwan bach – mae o'n tynnu gormod o sylw ato'i hun.' Ac fel y gŵyr y cyfarwydd, y mae organ Seion yn un eithriadol o fawreddog ei sain. Ni ddylem ninnau, chwaith, dynnu sylw atom ein hunain ond gofyn i Dduw am 'gymorth gras i fyw bob dydd' i'w ganmol Ef.

GWEDDI
Gochel ni, Arglwydd, rhag tynnu sylw atom ein hunain. Boed i ni ddal ar bob cyfle i'th ddyrchafu di ac i ddiolch i ti am dy holl fendithion drwy gyfrwng dy gariad mawr trwy Iesu Grist. Amen.

Diolchwn iti, Nefol Dad

Mawl yr Ifanc Rhif 140

Diolchwn iti, Nefol Dad,
am olau'r haul ar liwiau'r wlad,
a gwelwn beunydd mai Tydi
sy'n llunio ei phrydferthwch hi.

Rho inni'r nerth i dyfu'n hardd
fel blodau'r maes a blodau'r ardd:
yn deg o liw, yn gain o lun
fel gwaith dy ddwylo Di dy Hun.

A thyner law, O! meithrin ni
yn naear dy brydferthwch Di;
a danfon awel fwyn, ddi-loes,
i wasgar peraroglau'n hoes.

E. LLWYD WILLIAMS, 1906-1960

MYFYRDOD

Y diweddar Barchedig E. Llwyd Williams piau'r emyn hyfryd hwn sy'n clodfori Duw fel Crëwr yn y pennill cyntaf. Hoffaf y disgrifiad o Dduw yn rhoi 'golau haul ar liwiau'r wlad', a daw i'm meddwl lifoleuadau yn troi nos yn ddydd ar gae pêl-droed. Mae'r cyfieithiad newydd o'r adnod hon yn hanes y creu yn drawiadol a dweud y lleiaf: 'Gwnaeth Duw y ddau olau mawr, y golau mwyaf i reoli'r dydd, a'r golau lleiaf y nos' (Genesis 1:16).

O gofio mai emyn wedi'i fwriadu ar gyfer pobl ifanc yw hwn, nid yw'n syndod fod yr ail bennill yn cynnwys yr anogaeth hon:

Rho inni'r nerth i dyfu'n hardd
fel blodau'r maes a blodau'r ardd;
yn deg o liw, yn gain o lun
fel gwaith dy ddwylo di dy hun.

Ni wadwn o gwbl fod ar bobl ifanc ymhob cyfnod ddylanwadau estronol sy'n eu rhwystro rhag tyfu'n hardd fel y blodau. Teimlwn don o dristwch pan â plant a phobl ifanc i afael cyffuriau dieflig, a chael eu caethiwo'n llwyr. Onid oes yma adlais o un o emynau Elfed?

> O rho dy law i'r ieuanc sydd
> yn colli'r ffordd ar ganol dydd.

Ie, rho dy law, estyn dy law ac nid dy ddwrn. Buom yn llawer rhy barod fel eglwysi i ddweud y drefn am ein pobl ifanc heb lawn sylweddoli'r dylanwadau a'r galwadau sydd ar eu bywydau y dyddiau hyn. Sut mae eu hannog, felly? Mae'r allwedd eiriau yn y pennill olaf:

> Â thyner law, O! meithrin ni
> yn naear dy brydferthwch di.

Gorffen yr emyn drwy erfyn ar i Dduw anfon 'awel fwyn, ddi-loes i wasgar peraroglau'n hoes'.

Bydd y peraroglau hynny a adawn ni ar ein hôl, sef ysbryd cariad, yn siŵr o adael argraff ar genedlaethau eto.

GWEDDI

Diolch i ti, Arglwydd, am gyfnod ieuenctid. Helpa ni i dywys ein pobl ifanc ar hyd ffordd ragorol cariad i'r bywyd sy'n fywyd yn wir drwy Iesu Grist. Amen.